김종철 사회문화 에쎄이

# 아픈 다리 서로 기대며

창 작 과 비 평 사

*1995*

# 책머리에

이 책의 초교지로 교정을 보면서 나는 해묵은 빚을 갚으러 가는 사람처럼 홀가분함을 느꼈다. 그 빚은 실제로 꼭 10년 전에 진 것이다. 1985년 가을에 김명수 시인과 함께 받은 신동엽창작기금이 바로 그것이다. 그 무렵 외국어책 번역과 함께 문학평론을 하고 있던 나는 창작과비평사로부터 뜻밖의 연락을 받았다. 심사위원들이 의논한 결과 나를 그 기금의 수혜자 가운데 한 사람으로 결정했다는 것이었다. 그때까지 나의 문학평론 경력은 겨우 3년이었다. 그래서 어리둥절한 마음과 고마움이 뒤섞인 기분으로 그 기금을 받았다. 창비사와 신동엽 시인의 부인 인병선 여사가 공동으로 주관하던 그 기금에는 명백한 '수상조건'은 없었으나, 가까운 기간 안에 문학관련 책을 내야 한다는 약속이 불문율처럼 붙어 있었다. 결론부터 말하면 나는 그 약속을 지키지 못했다. 게으름이 가장 큰 원인이지만 내가 당한 사건들에도 얼마쯤 책임을 돌리고 싶은 생각이

든다.

내가 문학평론을 시작한 것은 아주 우연한 계기 때문이었다. 대학의 같은 과 동기로 30년 벗인 정희성 시인이 78년 창비사에서 『저문 강에 삽을 씻고』라는 시집을 내면서 발문을 부탁해왔다. 나는 그 무렵 내가 속한 해직언론인 단체의 동료들과 함께 『말콤 엑스』를 번역하고 있었다. 문학을 전공하기는 했으나 대학을 나온 뒤 문학적인 글보다는 신문기사 쓰기와 재야단체의 성명서 작성, 번역 같은 일만 해온 내가 시집 뒤에 글을 붙인다는 것이 큰 짐으로 여겨졌으나 오랜 친구의 부탁을 어쩔 수 없어 발문을 썼다.

나는 그 시집이 인쇄소에서 잉크를 묻히고 있는 동안 갑자기 잡혀가는 신세가 되었다. 동아자유언론수호투쟁위원회가 '10·24자유언론실천선언' 4주년을 맞아 당시의 벙어리 언론에 경고하는 뜻으로 펴낸 「민권일지」가 긴급조치 9호에 걸린다 해서 열 사람이 감옥에 갔는데, 나도 그 대열에 끼인 것이다. 그래서 『말콤 엑스』도 『저문 강에 삽을 씻고』도 서대문구치소에서 읽었다. 그때는 재소자에게 책을 들여보내는 과정이 까다로워서 그 두 책은 '불허'였다. 나는 잘 아는 교도관이 밀수해준 덕에 그 책들을 읽고 옆방의 학생들에게도 빌려주었다.

79년 10월 26일 박정희씨가 저세상으로 간 뒤 한달 반이나 감옥에 더 갇혀 있다가 바깥 세상으로 나왔더니 기다리던 민주화는 오지 않고 군사독재가 다시 시작되었다. 나는 다시 번역업으로 돌아갔다. 그러던 어느 날 창비의 백낙청·염무웅 선생이 어떤 자리에서 "문학평론을 한번 해보라"고 권유하는 것이었다. 그 발문에서 어떤 가능성을 보았다는 뜻으로 들리는 말을 곁들이면서.

나는 고민을 하던 끝에 그렇게 해보겠다고 약속했다. 그 당시 계간 『창작과비평』은 폐간된 지 오래였고, 편법으로 『한국문학의 현

단계』라는 무크를 내고 있었다. 거기에 내가 처음으로 쓴 글이 「작가의 진실성과 감동—이문구론」이었다. 소설도 작가도 함께 좋아하던 터라 그런 소재를 골랐던 것이다.

그 뒤 나는 주로 그 무크에 「상업주의소설론」 「저항과 인간해방의 리얼리즘—김정한론」처럼, 나 나름으로는 공을 들인 평론을 발표하면서 다른 매체에도 이런저런 글을 보냈다. 그것이 3년 만에 책 두어 권 분량은 된 것 같다. 그러던 중 84년에 민중문화운동협의회에 징발되어 나갔고, 85년에는 거기서 다시 민주통일민중운동연합으로 파견되었다. 신동엽기금을 받은 것은 민통련이 태어난 지 몇달 뒤였다.

이듬해인 86년 '5·3인천투쟁'으로 수배를 당하기 전에 그 원고들을 정리했다면 빚을 갚을 수 있었을 텐데, 경력도 짧은 주제에 책을 내겠다고 하기가 쑥스럽기도 하고, 쫓기며 사는 몸이라서 그럴 겨를도 없었다. 87년 6월항쟁 직전에 경찰에 잡혀서 세번째 징역을 살고 나오니 대통령선거 바람이 불어닥쳤고, 그 열풍을 겪고 난 뒤 언론계로 돌아가서 닥치는 대로 글을 쓰다 보니 문학평론은 휴업이 아니라 폐업하다시피 되어버렸다.

나는 90년대 들어서부터 부쩍 더 창비사와 인병선 여사에 대한 미안함을 느꼈다. 그러나 80년대에 쓴 문학평론들은 이제 구닥다리가 되었으니 언제 자료집으로나 펴낼 수 있을까.

꼭 빚을 갚는다는 목적말고도 나는 90년대 우리 사회를 문화적 시각으로 조망하는 에쎄이집을 내겠다는 계획을 세우고 있었다. 이 책은 그 두 가지 동기가 어우러져 나오게 된 것이다.

이 책의 여러 부분에서 한 이야기지만, 나는 80년대 말께부터 세계적으로 일어난 보수화의 소용돌이를 착잡한 마음으로 지켜보았다. 동독이 서독에 흡수통일당하고, 옛 쏘비에뜨 체제가 무너지면서 로마노프 왕조의 제정러시아 깃발이 국기로 부활하고, 레닌의 동상이 땅에 처박히는 이 역사의 대반전을 어떻게 해석해야 할 것인가. 동유럽 사회주의 국가들은 물론이고 중국과 베트남까지 자본주의에 물들어가는 현상은 왜 일어나는가. 그리고 우리나라 안에서는 90년의 3당합당 이래 군사정권의 세력에 기반을 둔 새로운 권력이 등장했다고는 해도, 극우나 다름없는 이념과 통치방식으로 민족문제는 물론이고 국제정세에 대응하는 데서도 미욱하고 편협한 자세를 보이기 일쑤이고…… 이런 상황에서 '공언한 사회주의자'가 아니더라도, 역사가 땀흘려 일하는 이들을 주역으로 만드는 방향으로 발전하기를 바라는 사람들이 정치적·이념적 허무주의에 빠지는 것은 당연하지 않을까.

나는 특히 국내정치에서 상대적 진보성을 갖거나 정치적 경륜과 실천력이 비교적 앞서는 인물이나 세력이 늘 좌절하는 것을 보고 실망을 느낀 적이 많다. 그래서 근래 2,3년은 정치에 관한 글을 쓰는 것이 뜸했다. 그것은 현실에 대한 실망인 동시에 가까운 장래에 희망의 빛이 보이지 않는 데서 오는 낙담이기도 했다. 나는 혼자서 심각하게 고민했다. 원래 스스로를 비관주의자라고 여기지는 않지만, 허무주의나 냉소주의를 경계해야 한다고 자신에게 채찍질을 했다.

나는 우리가 사는 시대를 더 넓은 시각으로 보는 길을 모색해보기로 했다. 정치나 운동의 단순하고 굳은 논리보다 넓은 의미의 문화적 관점으로 에쎄이를 써보기로 작정했다. 그러나 책을 내려고 원고를 정리하다 보니 그런 설계에 훨씬 못 미침을 절실히 느낄 수 있었다. 더구나 신문이나 다른 인쇄매체에 쓴 짧은 글들에 그런 시각을 담기는 어려운 일이었다.

이 책은 3년 전에 '정치글모음'이라는 부제를 달아 『저 가면 속에는 어떤 얼굴이 숨어 있을까』를 낸 뒤 두번째로 이름을 걸고 펴내는 책이다. 그때 그 제목이 지나치게 시류를 따랐다는 생각에 지금도 꺼림칙해서 이번에는 내 생각을 뼈대로 한 제목을 주장해보았다.

나는 이 책으로 창비사와 신동엽 시인 일가에 진 빚을 갚으면서, 앞으로는 부담없이 어떤 글을 자유롭게 쓰고 싶다는 의욕을 느낀다. 그것은 대체로 이런 구상에 바탕을 두고 있다. '신문사에서 일하면서 버릇처럼 토막글을 쓰다 보니 80년대 초반 연필에 침을 묻히면서 꼭꼭 힘주어 평론을 쓰던 시절이 그립다. 그 뒤에 세상은 많이도 변해서 나도 워드프로세서를 두드리고 있다. 과학문명은 우리를 이렇게 몰고 간다. 이념과 물질생활의 토양이 격류를 탄 듯한 이 시대에 우리는 어떤 닻을 내리고 어떤 돛을 달고 항해해야 하는가, 남과 북이 서로 체제를 민주화하고 통일의 바다에서 만나려면 정치·문화적으로 분단 반세기를 어떻게 정리하고 새로운 이정표를 세워야 할 것인가.'

가능하다면 이런 주제로 다음 책을 쓰고 싶다는 소망은 강하지만 노력과 여건이 뒷받침할지 걱정이다. 그러나 나는 이 책머리에 이런 결심을 밝힘으로써 자신을 구속하려 한다.

20년 가까이 여러 면으로 도움을 주신 창비 가족에 감사드린다. 그리고 겹치는 대목을 교통정리하고 교정부터 편집까지 세심히 신경을 써준 편집부 김정혜씨에게 고마움을 전한다.

1995년  2월

김 종 철

8

# 차    례

제 3 부  메워야 할 골, 넘어야 할 벽

제 1 부

# 우리 문화의 너비와 깊이

# 서울 시인 최영미와 연변 시인 김학송

꽃이
피는 건 힘들어도
지는 건 잠깐이더군
골고루 쳐다볼 틈 없이
님 한번 생각할 틈 없이
아주 잠깐이더군

그대가 처음
내 속에 피어날 때처럼
잊는 것 또한 그렇게
순간이면 좋겠네

흐드러지게 피어나던 진달래의 붉은빛이 라일락 향기에 밀려 스
러지던 5월 초 어느 날, 나는 신문사 내 자리에서 최영미의 『서른,

잔치는 끝났다」를 읽고 있었다. 며칠 전 창작과비평사에 들렀다가 얻은 그 시집은 이미 신문의 5단통 광고를 통해 익히 알고 있던 책이었다.

맨 앞에 실린 「선운사에서」라는 시는 탁월한 서정시라는 느낌을 주었다. 나는 그 시를 읽으면서 송창식이 노래로 만들어 널리 알려진 서정주의 「선운사」를 연상했다. "선운사에 가신 적이 있나요／바람 불어 설운 날에 말이에요／동백꽃을 보신 적이 있나요／눈물처럼 후두둑 지는 그 꽃 말이에요."

'사랑하고 헤어짐의 허망함을 이렇게 짧은 시행에 압축한 이 시인은 참으로 대단한 서정시인이로군.' 나는 진심으로 감탄하면서 책장을 넘겼다. 표제시인 「서른, 잔치는 끝났다」가 나온다.

> 물론 나는 알고 있다
> 내가 운동보다도 운동가를
> 술보다도 술 마시는 분위기를 더 좋아했다는 걸
> 그리고 외로울 땐 동지여! 로 시작하는 투쟁가가 아니라
> 낮은 목소리로 사랑노래를 즐겼다는 걸
> 그러나 대체 무슨 상관이란 말인가

이것이 개인의 고백이라면 최영미 시인은 70년대 이래 우리가 그렇게도 많이 들어온 말인 운동권 출신인 듯하다. 그는 운동가는 아니었더라도 적어도 운동가들과 가까이 지낸 사람이었음이 분명하다. 운동보다 운동가를 더 좋아했다는 고백은 지난 20년 가까이 군사독재정권에 맞서 싸우거나 저항한 사람들의 공감을 살 수 있을 것이다. 누구나 다 투사가 될 수 없는 일이고, 운동권의 동반자로 운동가를 사랑하고 함께 어울린 이들의 넉넉한 마음도 우리가 익히

겪어본 바이므로.

　그러나 이런 고백 끝에 나오는 "그러나 대체 무슨 상관이란 말인가"는 무슨 말인가? 그 연대를 그런 세계에 몸담고 살아온 나는 망치는 아니지만 작은 막대기로 뒤통수를 얻어맞은 듯한 충격을 느꼈다.

　나는 더 읽어내려갔다. "잔치는 끝났다／술 떨어지고, 사람들은 하나 둘 지갑을 챙기고 마침내 그도 갔지만／마지막 셈을 마치고 제각기 신발을 찾아 신고 떠났지만／…／어쩌면 나는 알고 있다／누군가 그 대신 상을 차리고, 새벽이 오기 전에／다시 사람들을 불러모으리란 걸／환하게 불 밝히고 무대를 다시 꾸미리라"

　'역시 그렇군. 냉소만 하는 것은 아니잖아.' 내 머릿속의 이런 중얼거림은 이 시의 다음 연인 마지막 행에서 다시 막대기가 되어 나를 쳤다. "그러나 대체 무슨 상관이란 말인가"

　최영미의 냉소와 회의와 자기부정은 시집의 여기저기서 고개를 든다. 그러나 이런 고백이나 세계관이 최영미의 본령이 아니라는 것은 마지막 장의 '후기'까지 읽고 나면 뚜렷이 알 수 있다. 그는 무턱대고 운동이나 투쟁적인 삶을 빈정대거나 삐딱하게 바라보는 여인이 아니라 세상과 사람들을 향해 가슴을 활짝 열고 있는 인간이다. 나는 이 시집을 읽어내려가던 두 시간 남짓에 곤혹과 민망함, 후련함과 해방감, 사랑과 이별의 달콤함과 가슴 아림, 성적 충동에 관한 대담한 고백이 일으키는 자극과 충격 같은 감정 사이를 오락가락했다.

　최영미의 이력은 시집 앞날개에 간략히 적혀 있다. 4월혁명 이듬해에 태어났으니 세는 나이로 서른네살이겠고, 뭇사람들이 머리 싸매고 들어가려는 대학의 서양사학과를 나와 어느 이름난 미대 대학원에서 미술사학과를 수료했다니 지성과 감성과 미의식의 수준을 가히 짐작할 수 있으리라. 더구나 웃고 있는 그의 반신 초상은 시원스런 미인의 얼굴이 아닌가. '한국판 시몬느 보부아르' 아니면 '정신과 육체의 중심이 잘 잡힌 전혜린의 출현'이라는 평가도 나올 법하다. 호사를 즐기는 문필가들은 '90년대의 문학적 사건'이라고 부르지 않을까. 게다가 시집이 나온 지 보름도 지나기 전에 1만 부가 2만 부가 팔렸다니 큰 사건임에 틀림없다.

최영미는 아주 진한 사랑을 경험한 여인 같다. 그 스스로 '후기'에서 고백하고 있듯이 "지상에서의 사랑이 어디까지 아름답고 추할 수 있는지"를 다 보았다니 말이다. 나는 최영미처럼 서슴없이, 목울대가 아니라 뱃속에서 우러나는 소리로 성을 노래하는 시인을 본 기억이 없다. 질 낮은 외설을 빼면, 적어도 우리나라에서는 그렇다. 나는 「Personal Computer」라는 시의 마지막 행에 쌍시옷으로 시작되는 '그 단어'를 고딕체로 돌출시킨 것을 보고 소심한 가슴을 쓸어내렸다.

최영미의 시집을 막 덮으려는 참에 손님 한 분이 찾아왔다. 출판사를 하는 고등학교 동창생의 안내로 나를 만나러 온 그 40대 남자는 진한 이북 사투리를 쓰고 있었다. 작은 키에 깡마른 몸집, 가느다란 눈의 그 사나이는 중국 길림성 연변에서 온 김학송 시인이었다. 그는 그 친구가 경영하는 출판사에서 방금 나왔다는 시집 한 권을 내게 주었다. 『니가 크면 어떻게 엄마질 해!』 이것이 그 시집의 제목이었다.

나는 막 읽기를 끝낸 최영미의 시집에서 받은 인상을 미처 정리하지도 못한 채 그 책으로 건너갔다. 그런데 이게 무슨 우연인가? 『서른, 잔치는 끝났다』가 서울 토박이 여성이 서울을 노래한 것이었는데, 그 연변 시인의 거의 모든 시편도 서울에서 보고 겪은 일들을 다루고 있었다.

지성과 감성이 번뜩이는 최영미의 시집에서 놀고 있던 나의 머리는 김학송의 「서울 노래」로 옮겨가면서 단순과 소박과 인정의 물결을 타고 있었다. 그리고 최영미가 그렇게 본 서울과 그곳의 사람들이 김학송에게는 이렇게 비친다는 사실에 크게 흥미를 느꼈다.

그는 서울 지하철에서 겪은 일을 노래한다. "맞은켠에 앉은/20대의 아가씨가/굉장히 이쁘게 생겼대요/바라보는 나의 눈이/막 즐거워지던데요 // 그런데 아주 못사는 모양으로/청바지를 입었는데/무릎이 터져 맨살이/삐죽이 내어 보이고…… //어찌 못살면/저 예쁜 처녀가……/참 눈물이 납니다/불쌍한 생각이 자꾸만 솟구칩니다"

그는 그 처녀를 시장에 데리고 가서 바지를 하나 사입히고 싶었단다. 그런데 나중에 듣고 보니 "일등짜리 멋쟁이들은 일부러 찢어 입고 다닌다"는 것이다. 그래서 그는 "참, 서울 여자들은/멋도 아주 째지게/따는 줄을 내가 어찌 알았겠수?"라고 실토한다.

김학송은 동지 추위를 하는 매서운 날씨에 "아랫도리가 홀랑 벗겨진 듯한" "미니스커트를 딱 받쳐입고" 다니는 "대학생 비슷한 두 여자"를 보고 놀라기도 한다.

처음에 이렇게 '촌사람' 노릇을 하던 그는 서울 생활이 흐름에 따라 서울의 속살을 읽을 수 있게 된다. 덩치가 엄마보다 더 큰 "영등포 꼼지여관집 여자애"가 자기 신던 양말도 씻지 않고, 덮던 이불도 포개지 않는 것을 보고 "애가/걸음발만 타면/일부터 시키는/중국의 엄마들"을 생각하며 "니가 크면 어떻게 엄마질 해!"라고 질타한다.

서울에 처음 와서 그 물질적 풍요, 호사와 활력을 찬탄의 눈으로 바라보던 김학송의 눈길은 차츰 비판과 풍자 쪽으로 바뀌어간다.

서울엔
교회당이 많고
강아지가 많고
사장님이 많고
그리고
짜가가
많다

———「서울에 많은 것」전문


　연변 시인은 40평도 넘는 아파트에 사는 어느 여인을 보면서 "어
찌 보면 아주 호화로운／고급 감방에 갇혔다"는 느낌을 받고 "골프
스쿨／사우나, 헬스／스포츠 클럽／하는 따위의／혼이 없는 간판
이나 글들이／너무너무 많"은 서울 거리에서 "그토록 이쁜／우리글
을 두고 하필이면／남의 혼이 담긴／남의 글을 본떠／열심히 자기
를 부정해야 하는／그런 이유는 무엇인지요……?"라고 묻는다.
　그의 마음은 마침내 고향으로 돌아간다. "서울의 메마른 풍요보
다는／시골의 축축한 가난이 좋아／내 마음이 자꾸만 그곳으로／
달려감을 말리지 못합니다／그곳에서 영혼은／샘물을 마시고／나
는 밤마다／꿈으로 즐겁답니다"
　결국 이런 것인가? 아무리 풍요롭고 화려하더라도 도시는 사람
이 살 곳이 못 되고, 인간이 끝내 둥지를 틀어야 할 데는 농경문화
가 끈질기게 버티고 있는 시골이란 말인가?
　나는 스스로 이렇게 묻다가 최영미 시집 끄트머리에 실린 김용택
시인의 발문을 생각했다. "최영미는 나에게 있어서 가장 감당하기
힘든 정서의 소유자이다. 그의 시를 이야기한다는 자체가 내겐 벽

찬 일이다. 하나 그렇다고 내가 최영미의 시를 이해하지 못하는 것
은 아니다. 그는 아주 좋은 시인이며, 서울을 확실하게 장악해가
는 정직함을 가진 한 사람이다. 그의 시는 어쩌면 우리 시들이 우
왕좌왕하는 한복판에 그의 말마따나 '작은 부정 하나'가 아니라 '큰
부정 하나'가 될 것이다."

  김용택은 서울에 가기를 지옥에 가는 것만큼이나 싫어한다고 고
백한다. 서울은 "한번 떨어진 운전면허시험을 다시는 보러 가지 않
겠다고 다짐하는 그 다짐과 맞먹는, 가기 싫은 곳"이라는 것이다.
그런데도 그는 "서울을 확실하게 장악해가는" 최영미에게는 찬사를
보내고 있다. 나는 여기에서 '서울 대 시골'의 대립항에 관한 해답
을 찾아야 한다고 본다. 서울은 답답하고 메마른 곳이다. 그러나
서울을 둘러싼 수도권에는 1500만이 넘는 사람들이 살고 있다. 대
여섯 개 대도시까지 합치면 우리나라 인구의 절반 이상이 서울이나
다름없는 환경에서 살고 있다. 이것은 엄연한 현실이다. 그렇게
사는 사람들 속에서 '어서 고향으로, 농촌으로 돌아가고 싶다'고
버릇처럼 읊조릴 수는 없는 노릇이다. 그래서 서울살이의 실체를
정직하고 대담하게 노래하는 최영미가 90년대의 뛰어난 리얼리스
트로 평가받을 수 있을 것이다.

  이 점을 인정한다 하더라도 나는 어딘가 가슴 한구석이 허전함을
어쩌지 못한다. 그것은 이 시대의 헛헛증 같은 것이 아닐까? 우리
가 살고 있는 지금 이날들은 분명히 혼돈 속에서 맴돌고 있다. 이
데올로기는 조롱을 당하고, 혁명은 역사책 갈피에만 있다. 시야를
좁혀 한반도만 보더라도 남쪽에서는 민주화도, 그 수단이라는 개
혁도 쉬어터진 죽처럼 되어가고 있다. 사람들은 가치니 도덕이니
하는 것보다는 향락과 물신의 축복을 향해 달려가고 있다. 그러나
그늘진 곳이 너무 많아, 신음하고 허덕이는 소리는 여전히 들려오

는데 그들을 인간답게 살게 해주려고 애쓰는 사람들은 갈수록 줄어
든다. 혁명과 투쟁을 외치던 사람들은 이제 어떻게 하면 차분한 소
리로 대중에게 다가갈 수 있는가를 열심히 궁리하고 있다. 나는 이
런 현상을 그저 탓하지만은 않는다. 다만 꿈도 희망도 변혁의 의지
도 묽어져버린 이 시대 안에서, 무엇으로도 풀 수 없는 갈증을 느
낄 뿐이다.

70년대가 그립다. 쫓겨나고 얻어맞던 사람들이 청진동 목로집에
서 막걸리 잔을 기울이다 통행금지 시간이 되어도 헤어지기가 아쉬
워 여관에서 합숙을 하던 그 시절이. 80년대가 아직도 피를 더웁
게 한다. 군사정권의 살육과 탄압 아래서도 사람들이 따뜻한 동지
애를 나누던 80년대가.

그러나 지금은 너무 삭막하고 황폐하다. 그래서 나는 이 시대를
냉정하면서도 활달하게 노래하는 최영미의 문학적 자질과 능력을
높이 평가하면서도 마음은 김학송의 두엄내 나는 고향으로 달려간
다.

—— 1994년 6월·월간 말

# 김남주 시인의 천국과 지옥

서울 서대문 고려병원 6층의 작은 병실에 누워 있는 김남주 시인의 얼굴은 검고 누런 색이 뒤섞여 병이 얼마나 중한가를 알려준다. 볼의 살이 거의 빠지다시피 해서 눈망울이 유난히 커 보인다. 그는 지금 췌장암 말기에 들어서 있다.

김남주는 정치인처럼 화려하지는 않지만 사랑과 존경을 듬뿍 받아온 이름이다. 그는 시인이다. 시인이면서 혁명을 위해 목숨을 바치는 '전사'로 불리기를 더 좋아한 사나이다. 그는 이른바 간첩이 아닌 양심수로서는 기록이라고도 할 수 있는 9년 2개월 동안 옥살이를 하고 88년 말에 풀려났다. 그 오랜 세월 그는 담뱃갑의 은박지나 빵봉지에 손톱이나 쇠꼬치로 눌러 쓴 시편들을 밖으로 내

---

＊ 이 글을 쓰고 나서 얼마 뒤 저자가 해외에 취재 나가 있는 동안 김남주 시인이 세상을 떠났다는 소식을 들었다. 장례에 참여하지 못한 미안함을 조금이라도 전하려는 뜻에서 여기 싣는다.

보내서 여러 권의 시집을 내는가 하면, 목숨을 건 단식투쟁으로 바깥사람들을 애타게 하기도 했다. 그러나 김남주 시인의 옥중생활에서 무엇보다 감동적인 것은 박광숙 여사와의 '쇠창살 연애'였다.

"그녀가 나에게 보낸 편지의 내용은 간단했다. '옥바라지를 해드리고 싶어요. 허락해주세요.' 그뿐이었다. 나는 그녀의 모습을 머릿속에 그려보았다. 허약했다. 나는 또 계산해봤다. 그녀 나이 서른살, 내 나이 서른네살. 내가 15년의 징역을 다 살고 나가면 내 나이 마흔아홉살, 그녀 나이 마흔다섯살. 캄캄했다. 결국 나는 그녀의 제의를 받아들이지 않기로 결정했다."(김남주 산문집 『시와 혁명』에 실린 글 「철창에 기대어」에서)

투옥되기 전에 한 조직에서 가명의 동지로 만난 두 사람은 결국 옥중결혼을 한다. 김시인의 불허에 아랑곳하지 않고 영치금 넣기부터 빨래까지 옥바라지를 정성스럽게 한 박여사의 손을 그가 잡을 수밖에 없었던 것이다.

개인적 관계로 말하면 나는 청년시인 김남주를 1976년 말에 처음으로 만났다. 긴급조치의 서슬이 퍼렇던 그 무렵에는 해직언론인들의 송년회가 거의 유일한 재야 행사였는데, 그는 자유실천문인협의회(지금의 민족문학작가회의) 사람들과 함께 그 모임에 왔다. 지금 감옥에 있는 작가 황석영씨가 '뱀장사' 만담을 한 끝에 김남주 시인이 노래를 불렀다. "이름조차 엘레나로 달라진 순이"를 구성지게 부르던 모습이 18년이나 지난 지금도 눈에 선하다.

1946년 전남 해남군 삼산면에서 가난한 농군의 아들로 태어난 김남주 시인은 부드럽고 따뜻한 외모와는 달리 불처럼 칼처럼 살아온 사람이다. 광주일고를 다니다가 '시험기계'가 되기를 거부하고 고 2학년 때 중퇴한 뒤 검정고시를 거쳐 전남대에 들어간 그는 학점 미달로 4학년 때 퇴학당했다. 학생이 아닌 그는 가장 가까운 벗

이강과 함께 반유신투쟁에 나서 「고발」이라는 지하신문을 만들었
다가 첫번째 옥살이를 했다. 70년대 중반부터 그가 정광훈·윤기
현과 함께 한 농민운동, 윤상원·황석영·김상윤·최권행과 주도
한 민중문화운동은 지금 전국 곳곳의 후배들 사이에 피와 살로 살
아 있다.

문학평론가 염무웅씨가 지적했듯이 "80년대에 들어와 쓰인 김남
주의 시들은 우리 시문학사상 그 누구와도 비교될 수 없는 첨예한
의식과 혁명적으로 순결한 정신을 열정적으로 단호하게 때로는 냉
정하게 단순화시켜 노래한다." 민족민중문학에서 시를 말할 때 '70
년대는 김지하, 80년대는 김남주'라고 할 정도로 그는 문학의 거목
으로 우뚝 솟아 있다.

그러나 나는 지금은 노래로 널리 불리고 있는 「함께 가자 우리」
처럼 푸근한 그의 시들도 좋다. "산 넘고 물 건너/언젠가는 가야
할 길/누군가는 이르러야 할 길/가시밭길 하얀 길/가다 못 가면
쉬었다 가자/아픈 다리 서로 기대며."

그는 운동에서는 단호한 투사였고, 작가회의 상무이사로는 알뜰
한 살림꾼이었다. 그리고 그 누구에게도 겸허하고 다정하다. 두어
해 전에 '인류 최후의 니나노집'이라는 돈암동의 문패 없는 술집에
함께 갔을 때, 노래를 몇바퀴 돌리기도 전에 김남주씨는 그 집 아
가씨들의 '오빠'가, 소설가 윤정모씨는 '언니'가 되는 것을 보았다.

일어나 앉지도 못하는 채 천장을 보며 가쁜 숨을 몰아쉬는 김시
인의 손을, 함께 문병 간 지선 스님이 꼬옥 잡는다. 나는 중얼거리
듯이 이렇게 말했다. "그 긴 감옥살이도 겪었는데……" 그는 싱긋
웃으며 대답한다. "여기 비하면 감옥은 천국입니다."

——1994년 1월·한겨레신문

# 노래판굿 '꽃다지'와 「미스 사이공」

9월 28일부터 30일까지 서울 한복판에서 우리나라 민족예술운동사에 굵은 글씨로 기록될 한 '사건'이 벌어졌다. 사단법인 한국민족예술인총연합이 주최하고 전국노동조합대표자회의가 후원한 94 노래판굿 꽃다지 공연 「모여드세」가 바로 그것이었다. 그때는 민자당의 박아무개 상임고문이라는 사람이 민예총을 '공산당'이라고 단정하면서 한 해에 2억 몇천만 원이나 되는 문예진흥기금을 그런 '빨갱이들'한테 지원한 사실을 비난한 뒤 얼마 지나지 않은 무렵이었다. 더구나 그는 민예총 위에는 청와대의 한 수석비서관이 있다고 공언함으로써 큰 파문을 일으켰다. '공산당이 주최하는 문화행사가 정부가 운영하는 세종문화회관에서 열린다?' 나는 속으로 그런 생각을 하면서 그 큰 공연장 안으로 들어섰다.

이틀째인 그날 저녁 객석이 다 차지는 않아서 빈자리가 여기저기 보였지만 장내에는 무언가 진하고 끈끈하고 화끈한 기대 같은 것이

가득 차 있었다.

나는 지난 80년대 중반부터 민족민중예술 단체들이 벌인 마당굿 판이나 노래 또는 춤판을 많이 보아왔지만 90년대 들어서는 그런 자리를 자주 찾아갈 수가 없었다. 피하지 못할 초대가 있을 때만 가까스로 그런 공연장에 갔으니, 이런 게으름에 대해서는 스스로 를 꾸짖을 뿐이다. 더구나 많은 노동자들과 민족민주운동 진영의 활동가들은 물론이고 적지않은 학생과 일반인들의 찬사와 사랑을 받아온 노래판굿 꽃다지에 관해 무지하다는 사실은 스스로 생각해 도 부끄럽기 짝이 없는 일이다. 나는 이런 정신적 짐을 지고 있던 터에 올해만은 꼭 노래판굿에 가보겠다고 벼르고 있었다.

그런데 정작 그 판은 관중이 더운 숨결을 뿜으면서 어깨동무를 하는 열린 공간이 아니라 제도권이라고 부르는, 그것도 '고급문화' 의 전유물처럼 되어 있는 세종문화회관에 마련되었다. 이제까지 주로 노천에서 열리던 민족민중예술의 공연이 어찌 보면 호사스러 운 그런 대공연장에 진출할 때 어떤 문화적 차이가 빚어질까?

막이 올랐다. 아니 거기에는 높고 넓은 막이 있지만 그것은 오르 지 않았다. 굿이 시작되기 얼마 전부터 노래 선생님들이 무대에 나 와서 「모여드세」에서 부를 노래들을 관중에게 학습시키고 가벼운 율동까지 가르치는 열림굿이 이미 벌어져 있었던 것이다. 나는 그 런 경우에 스스럼없이 노래를 따라 부르지도 못하고, 하물며 옆사 람과 어깨를 걸고 이런저런 동작을 할 숫기도 없다. 나이 탓만은 아닐 것이다. 그런데 그 관중 대부분은 아주 자연스럽게 어우러지 고 있었다. 사무직 노동자로 보이는 30대와 그 부인이 옆자리에 신경쓰지 않고 흥겹게 노래를 부르는가 하면, 그을린 얼굴과 투박 한 손으로 보아 산업노동자임이 분명한 젊은 남녀들도 신명나는 대 로 온몸을 움직이고 있었다.

지난해 극단 현장이 문예회관 대극장에서 공연한 「노동의 새벽」
은 관중 다수가 노동자들이었다는데, 이번에는 지식인이나 예술계
종사자들의 얼굴도 많이 보였다.

'민주대머리'라는 애칭을 가진 배우 겸 대중집회 사회자 박철민
씨는 늘 그렇듯이 유연하고 구수하고 재치있는 말과 몸짓으로 관중
과 하나가 되고 있었다. 그리고 그의 부인으로 나오는 전송임씨의
육중하고도 펑퍼짐한 체구가 친밀감을 잔뜩 안겨준다.

나는 노래판굿에 가기 전에 이런 짐작을 했다. 요즈음처럼 나라
와 사회가 어지럽게 돌아가고, 노동자와 농민들이 갈수록 벼랑으
로 몰리고 있는 판에 민주노총 건설을 주제로 한 공연이 진한 감동
과 공감을 일으킬 수 있을까? 제1세계는 물론이고 제3세계에서도
혁명이나 변혁이 옛날처럼 피를 끓게 하는 말이 아니고, 특히 우리
나라에서는 이른바 문민정부가 들어선 뒤 재야운동과 학생운동은
물론이고 노동자 농민의 조직운동도 대중적 지지라는 면에서 큰 어
려움을 겪고 있는 터에.

이런 시절에 세종문화회관처럼 교향악이나 아리아가 울려퍼지는
곳에서 노동운동을 소재로 한 노래판굿이 어떤 성과를 거둘 수 있
을까? 그리고 전통적으로 마당에서 벌어지던 굿판이 닫힌 공간으
로 들어갈 때 관중은 어떤 반응을 보일까?

그러나 이런 내 걱정은 「모여드세」를 보는 과정에서 첫째마당이
끝나자마자 깨끗이 사그라져버렸다.

열림굿 '모두들 여기 모였구나'에서 노동해방 열사들의 신위가
등장할 때 장내에는 엄숙한 분위기가 감돈다. 그것은 80년대부터
우리가 마당굿판이나 대학생들의 대중집회에서 익히 보아온 장면
이다. 관중을 숙연하게 하는 열림굿이 끝나고 첫째마당 '나는야 넥
타이맨'에 들어간 뒤 나는 얼마쯤 지루함을 느꼈다. 사무직 노동자

들의 신세타령이나 출세욕 같은 것이 느슨한 동작과 대사에 실려 들려오기 때문이었다.

그러나 둘째마당 '프라이드 인생'에서 노동자 만구와 태성이 프라이드 운전자를 폭행하는 오렌지족을 나무라다 행패를 당하는 장면부터 굿판에는 아연 활기와 극적 긴장감이 돌기 시작한다. 하룻밤을 경찰서에서 보낸 뒤 집에 돌아간 만구는 마누라에게 수상한 외박을 했다는 오해를 받는다. 그는 후배 노동자인 태성을 통해 아내에게 해명을 한다. 이런 과정에서 태성은 자기의 성장배경을 자연스럽게 들려준다. 60년대에 노동운동을 하다 좌익으로 몰려 감옥살이를 한 친아버지가 있다는 사실을 어머니에게 듣고 서울로 와서 노동자 생활을 하게 된 그의 이력이 자연스럽게 드러난다.

태성의 아버지는 「모여드세」에서 긴장의 끈을 늦추지 않는 복선이자, 노동운동은 조직에 따라 성패가 좌우된다는 것을 그야말로 극적으로 깨닫게 하는 인물이다.

셋째마당 '가슴 벅찬 진군의 역사'를 보면서 나는 87년 6월항쟁의 연속선상에서 전국적으로 일어난 노동자 대투쟁이 역사 속에 묻힌 일회적 사건이 아니라 지금도 노동자들의 투지에 불을 지피고 민주노총 건설의 동력이 될 수 있음을 깨달을 수 있었다. 최근 우리는 현대중공업 노동자들의 파업투쟁이 자율적 타결이라는 성과를 거둔 뒤 권력이 느닷없이 개입해서 노조 지도부를 구속하는 사태를 목격한 바 있다. 형사문제를 삼지 않겠다는 회사 쪽의 약속을 믿고 일터로 돌아간 노동자들에게 권력이 홍두깨를 들이댐으로써 이 정권의 본질을 여지없이 보여준 것이다. 그래서 지금 뜻있는 노동자들은 그들이 극복해야 하는 대상은 부도덕한 자본가뿐 아니라 정권 자체라는 사실을 뼈저리게 느끼고 있을 것이다.

몇해 전 울산에서 있었던 골리앗 투쟁은 지금도 기억에 생생하

다. 조선소에 우뚝 솟아 있는 그 거대한 탑에 올라가서 더위와 굶
주림을 견디면서 목숨을 걸다시피 하고 싸운 노동자들은 결국 자본
의 편에 선 권력의 힘에 밀려 물러나고 말았다. 이번 노래판굿에서
골리앗 투쟁은 압권으로 다가온다. 세종문화회관의 높은 천장이
축소판 골리앗 크레인을 수용할 수 있는데다 그 구조물에 올라간
배우들의 모습과 그들이 치켜든 깃발이 비장한 분위기를 자아낸
다. 싸움에 진 그들이 깃발을 내리면서 흘리는 눈물은 패배만을 상
징하지 않는다. 그날 좌절한 그들은 전노협과 업종회의, 전노대
같은 조직을 결성하고, 마침내 민주노총 건설을 향해 힘차게 발길
을 내딛는다.

넷째마당 '큰 탈이야'는 민주노총 건설의 열기에 놀란 자본과 권
력을 풍자한다. 기업체 사장, 정보기관 간부, 어용학자 같은 체제
쪽 사람들이 극대화된 크기의 탈을 쓰고 나타난다. 그동안 탈춤판
에서 갖은 탈을 보아왔지만 이 노래판굿을 위해 만든 탈들은 풍자
를 위한 도구로서 탁월한 효과를 내고 있음을 알 수 있다.

다섯째마당 '아름다운 만남'은 한 늙은 노동자와 젊은 후배 노동
자들의 결합을 감동적으로 보여준다. 머리가 희끗희끗한 그는 수
십년에 걸친 노동현장의 경험을 들려주면서 "나는 조직운동에 실패
했기 때문에 노동자가 주인 되는 세상을 만드는 데 크게 기여하지
못했다"고 고백한다. 이 장면에서 태성이 어머니에게서 받은 하모
니카가 그 늙은 노동자의 입으로 전해진다. 태성은 그가 일찍이 집
을 떠난 아버지임을 알아차리게 된다. 그러나 눈물 범벅이 되는 상
봉은 거기에는 없다. 아버지도 아들도 담담한 표정으로 노동자가
세상의 주인이 되어 이룩할 미래를 관중과 함께 노래한다.

맺음굿에서 출연자들과 관중은 완전히 하나가 된다. 「희망의 노
래」 「철의 노동자」 「단결투쟁가」가 무대 위와 아래에서 뜨겁게 울

린다. 기립박수를 하던 관중이 거듭 '앙꼬르'를 외치면 배우들은 억누를 길 없는 신명에 실려 한곡 또 한곡을 부른다.

노래판굿 공연에 나와 함께 간 사람은 캐나다에서 온 젊은 여성이었다. 그는 서울의 한 대학에서 우리나라 사람들에게 영어를 가르치고 있는데, 한국의 민족민중문화에 관심이 깊다면서 그런 공연을 볼 기회를 갖게 해달라고 내게 부탁을 했다. 열림굿부터 맺음굿까지 노래판굿을 주의 깊게 본 그는 마지막에 배우들과 관중이 하나로 어우러지는 장면을 보고 "도저히 믿을 수 없는 일"이라고 되풀이 말했다. 내가 "당신 나라에도 이런 공연이 있느냐"고 묻자 그는 관중이 이렇게 적극적으로 반응하는 공연은 거의 없다고 대답하는 것이었다.

캐나다는 그렇다 치고 미국은 어떤가? 나는 지난해 박인배씨가 연출한 「노동의 새벽」을 보면서 미국의 뮤지컬에서 흔히 볼 수 있는 춤과 노래의 양식을 많이 빌려온 것은 아닌가 하는 생각을 한 적이 있다. 이번에 같은 연출가의 작품인 「모여드세」를 보면서도 그런 느낌이 들었다. 그러나 무언가 분명히 다른 점들이 너무나 많다.

흔히 뮤지컬이라고 하면 미국 뉴욕 맨해튼의 브로드웨이를 그 본산으로 꼽는다. 그리고 거기서 성공한 작품들이나 새로운 시나리오를 가지고 만든 음악영화들도 뮤지컬이라고 부른다. 일찍이 1960년대에 우리나라에도 선을 보인 「싸운드 오브 뮤직」 「웨스트 싸이드 스토리」 「남태평양」 「오클라호마」 같은 영화들은 미국 뮤지컬의 진면목을 여실히 보여준 바 있다. 나와 동행한 캐나다인은 「웨스트 싸이드 스토리」를 여덟 번이나 보았다고 말했다. 그 영화의 노래와 춤과 이야기 전개가 그야말로 마력적이었다는 것이다.

여기서 노래판굿 「모여드세」와 미국의 뮤지컬 영화들을 단순히 비교할 수는 없는 일이다. 그래서 나는 그 나라에서 본 단 하나의 뮤지컬과 「모여드세」가 어떤 양식적 차이를 갖는지, 관객과 어떻게 조응하는지를 검토해보겠다.

지난 7월 초순 어느 날 나는 브로드웨이에서 「미스 사이공」이라는 뮤지컬을 보았다. 42번가이던가, 아주 큰 그 극장 정면의 네온 싸인은 '4년째 공연중'이라고 알려주고 있었다. 브로드웨이에서 이 정도의 장기공연은 놀라울 것이 없지만 그 작품은 대단한 인기를 누리고 있었다.

「미스 사이공」의 줄거리를 간추려 소개하면 이렇다. 1975년 4월 30일, 당시 남베트남의 수도이던 사이공이 하노이 정권이 이끄는 민족해방전선의 대공세로 함락(현재 베트남의 공식용어로는 도시 해방)되기 얼마 전 그 도시의 한 카바레에서 뮤지컬은 시작된다. 엔지니어라는 별명을 가진 노회하고 세련된 지배인이 숫보기 호스티스 한 사람을 무대에 올린다. 거기서 동료들과 술을 마시던 한 미군 하사관은 그 여성에게 반하고, 둘은 뜨거운 사랑에 빠진다. 그들은 잠자리도 같이 한다. 사이공 최후의 날, 그 하사관은 '미스 사이공'을 찾아 함께 떠나려고 하지만 혼란 속에서 끝내 발견하지 못하고 마지막 헬리콥터를 타고 탈출한다. 홀로 남은 그 여성은 통일베트남에서 그 미군의 아들을 낳는다. 통일 이전부터 그녀를 짝사랑하던 베트남 청년이 통일 뒤 장교가 되어 열렬히 구애하지만 그녀는 완강히 거부하고 '정절'을 지킨다. 갖은 고생을 하던 그녀는 엔지니어의 권유에 따라 함께 보트를 타고 베트남을 벗어나서 빠리로 간다.

미군 하사관은 집에 돌아간 뒤 밤마다 그녀 꿈을 꾸면서 괴로워한다. 눈치를 챈 아내의 추궁에 못 견뎌 그는 고백을 한다. 아내는 그의 괴로움을 덜어주려고 남편과 함께 보트피플이 많이 모여 있다

는 빠리로 간다. 우여곡절 끝에 그 베트남 여성이 어느 카바레에서
일하고 있다는 것을 알고 연락을 한다. 그녀는 부부가 묵고 있는
호텔을 찾아간다. 그러나 거기에 혼자 있던 부인을 본 그녀는 그
하사관이 기혼 남자였다는 사실을 알고 소스라치게 놀란다. 그녀
는 황급히 집으로 돌아간다. 미국인 부부가 그 집을 찾아가자 그녀
는 아이를 그들에게 맡기고 방으로 들어가 권총으로 자살해버린
다. 이것이 그 뮤지컬의 끝이다.

어떻게 보면 아주 단순한 이런 비련의 이야기가 왜 4년이 넘도록
많은 미국인들을 그 극장으로 불러들이고 있을까? 무엇보다도 먼
저 뮤지컬의 소재가 베트남 콤플렉스에 젖어 있는 미국인들을 심리
적으로 위안해주는 것이 그 뮤지컬의 상품적 가치를 높여주었을 것
이다. 미국은 세계의 양심세력이 '추악한 전쟁'이라고 비판한 그
싸움에 엄청난 병력과 물자를 쏟아붓는가 하면 고엽제나 네이팜탄
같은 살상무기를 무차별로 쓰면서도 참패를 당하고 물러날 수밖에
없었다. 이 사실은 아직까지도 미국인들의 자존심에 깊은 상처로
남아 있다. 그런데 그 뮤지컬은 바로 그때 미국이 저지른 만행은
아예 외면하고 한 미국 남성과 베트남 여성의 사랑을 아름답고 순
수하게 그림으로써 미국 관중에게 도덕적 위안과 감동을 안겨준
다.

「미스 사이공」에서 통일베트남 정권은 아주 희화화되거나 기괴
한 권력으로 그려지고 있는데, 이 점도 미국 관중을 역사적으로 오
도하는 것이다.

이런 소재와 주제의 기만성을 뺀다면 「미스 사이공」은 완벽하다
고 평가할 정도의 노래와 춤과 무대장치가 빛나는 작품이다. 주역
에서 조역까지 연기에 흠잡을 점이 별로 없고, 사이공 함락의 날
극장 천장에서 실물 크기의 헬리콥터가 내려오는 장치에 이르기까

지 숨이 막힐 정도로 빠르고 짜임새있게 뮤지컬이 진행된다. 그야 말로 미국적 뮤지컬의 승리인 것이다.

그러나 「미스 사이공」의 관중은 노래판굿 「모여드세」를 보는 사람들처럼 '해방'되어 있지 않다. 그들은 유럽에서 수입된 오페라를 볼 때처럼 한 막이 끝나기 전에는 박수를 치지 않는다. 다시 말하면 출연진과 관중이 하나가 될 수 있는 여지가 거기에는 없다.

이런 점에서 나는 89년에 시작되어 올해로 여섯번째를 맞이한 노래판굿 꽃다지 공연이 미국의 뮤지컬에 비해 훨씬 민주적이고 열려 있는 무대라고 생각한다. 그래서 나는 연극평론가 이영미씨의 평가에 전적으로 동의한다.

"꽃다지 공연이라면 만사를 제쳐놓고라도 달려오는 엄청난 수의 관중과 판의 뜨거운 열기는 근대 이래의 우리 예술사에서 유례가 없는 것이었다고 감히 이야기할 수 있다."

노래판굿이 끝난 며칠 뒤 박인배, 이영미씨 부부를 만난 자리에서 나는 이렇게 권했다. "미국에 갈 계획이 있다니까 뮤지컬을 꼭 보고 그쪽의 장점, 이를테면 대본 구성, 연출, 연기, 노래와 춤의 훈련 과정, 극장의 시설과 장치, 그것을 활용하는 방식을 주의 깊게 공부하는 것이 좋겠다"고. 이런 면에서 「모여드세」는 적지않은 문제를 안고 있었다.

———1994년 10월 · 월간 말

# 노래방에서

우리나라 사람들처럼 노래를 좋아하는 겨레가 있을까? 어떤 회사에서 신입사원 환영회가 열리거나 승진 축하모임이 벌어져서 술이 몇순배 돌아 거나한 기분이 되면 누군가가 반드시 노래부르기를 제안한다. 대학생들의 미팅이나 아주머니들의 계나 할아버지, 할머니들의 들놀이에서 노래가 빠진다는 것은 상상할 수도 없다. 한국에 오래 머문 외국인은 이런 노래문화에 익숙하겠지만 여행길에 잠깐 들른 이들은 '도대체 이 나라 사람들은 왜 이렇게 노래에 미쳤을까'라고 생각하며 고개를 갸우뚱할 것이다.

한국은 참으로 노래의 나라이다. 외국인이 굳이 어떤 모임에 가보지 않더라도 요즘 몇걸음 가면 하나씩 나타나는 노래방 간판을 보면 갈수록 뜨거워지는 노래 열풍을 실감할 수 있다. 몇해 전부터 드문드문 생겨나기 시작한 노래방은 이제 서울이나 부산 같은 대도시는 물론이고 지방의 소읍에까지도 침투해 들어갔다. 장사가 짭

짧해서, 문을 닫는 데가 많다는 소리는 들리지 않고 개업이 꼬리를
문다는 소식이다.

오는 3월이면 고등학교 2학년이 되는 나의 아들은 오래 전부터
노래방에 가자고 졸라댔다. 그 아이는 지난해 봄이던가, 어느 친
척의 회갑잔치가 끝난 뒤 노래방에 함께 간 적이 있다. 잔치가 파
한 뒤 중학생부터 할머니까지 "노래방에 가자"고 한입이 되어 주장
하는 것이었다. 아이들과 어른들이 방을 하나씩 얻어 마이크를 잡
다가 서로 왕래하며 노래를 부르기도 했는데, 모두 그렇게 즐거워
할 수가 없었다.

그것이 아들의 유일한 노래방 경험이었다. 얼마 전에 우리 부부
가 기념할 만한 날이 있어 저녁에 노래방에 가기로 결정을 했다.
아이는 친구한테서 들었는지 "LDP가 설치된 데를 가야 노래부를
맛이 난다"고 귀띔을 했다. 나와 아내와 아들은 동네의 이 노래방
저 노래연습장을 기웃거리다 LDP가 있는 곳을 발견하고 작은 방으
로 들어갔다. 나는 다른 기회에 노래방이나 단란주점에 가본 적이
더러 있어 시큰둥하게 앉아 있었지만 아내와 아들은 노래번호책을
열심히 뒤적인다.

아내는 주로 「천둥산 박달재」나 강승모의 「무정 블루스」 같은
뽕짝을 부르고 아들은 신승훈이나 김건모, 서태지와 015B의 최신
유행곡을 1초가 아깝다는 듯이 계속 이어나간다. 나도 현인의 「서
울야곡」, 패티김의 「가을을 남기고 떠난 사람」, 조용필의 「친구
여」 같은 곡을 불렀다. 아들은 뽕짝이 나올 때는 시큰둥하게 앉아
있다가 제가 부를 차례가 되면 그야말로 온 힘을 다 쏟아 마이크에
숨결을 불어넣는다. 그런데 그 노랫말들이라는 것이 내가 보기에
는 깊이가 있기는커녕 가벼운 감동조차 주지 못하는 것들뿐이다.
어떤 노래는 아예 문법이나 어법을 무시하고 있다.

나는 열곡 스무곡을 불러대는 아들의 입을 보면서 생각에 잠겼다. 요즈음 청소년들의 음악적 감수성은 기성세대와는 완전히 다른 것인가? 그들과 삼십대의 차이는 무엇인가?

문득 지지난해 여름 우리 산악회 가족들이 전남 보길도로 여름 휴가를 갔던 때 일이 떠오른다. 저녁을 지어먹은 뒤 예송리 남쪽 언덕 너머에 있는 바닷가 자갈밭에 모닥불을 지피고 어른들과 아이들이 둘러앉았다. 거세어지는 불길과 함께 분위기가 무르익어 노래판이 벌어졌다. 아이들이 저마다 독창을 한 뒤 합창으로 들어갔다. 그때 한창 유행하던 서태지와 아이들의 「난 알아요」라는 노래를 부르자는 데 만장일치로 합의한 여남은 명의 아이들이 율동과 함께 노래를 시작했다. 제일 작은 아이가 국민학교 4학년이고 맨 위는 대학생이다. 그들은 그 빠른 노래를 그야말로 토씨 하나 틀리지 않고 합창을 했다. 하도 신기해서 노래가 끝난 뒤 아들에게 물어보았다. "너 저 노랫말 외우는 데 얼마나 걸렸니?" 몇번 듣고 알았다는 게 대답이었다. 친구들도 대체로 그렇다는 것이었다. 나는 벌린 입이 다물어지지 않았다. 그들은 특수한 기억능력, 아니 초능력을 갖고 있는가?

이야기를 요즈음 일로 돌려보자. 어느 날 저녁 나의 아내가 「애모」의 노랫말을 외우느라고 테이프를 수십번이나 돌려대는 것을 보았다. 「하여가」에 비하면 단순하기 짝이 없고 짧디짧은 그 노랫말을. 아들은 옆에서 제 엄마의 그 비참한 모습을 보면서 싱긋이 웃고 있었다.

LDP 노래방의 한 시간은 잠깐이었다. 아들은 시간을 알리는 빨간 숫자가 0을 가리키자 쩝쩝 입맛을 다신다. 하도 딱해서 내가 "좀 더 할래?" 하고 물으니 눈이 반짝 빛난다. 5000원을 주고 30분을 더 시켰다.

며칠 뒤에 아내가 말한다. "쟤가 너무 스트레스에 눌려 있었나
봐요. 보름에 한번쯤 노래방에 데리고 가는 게 어떻겠어요?" 노래
방에 다녀온 뒤 아들은 기분이 개운하고 화장실에서도 배설이 잘
된다고 말했다는 것이다. 다만 아쉬운 것은 그날 못 부른 노래가
아직 수십곡이나 남아 있다는 사실이다.

노래방이 대변하는 조선 사람의 노래 사랑은 이제 도도한 물결과
같아서 그 흐름을 막을 수가 없다. 이런 문화적 현상에 대한 학문
적 판단은 뒷날에 시도할 일이다. 단 하나, 나는 노래방을 쾅쾅 울
리는 그 곡들이 거의 모두 서양의 발라드, 팝송, 댄스뮤직, 그리
고 이름은 우리나라 가요지만 뽕짝이라고 통칭되는 트롯 계열의 노
래들이라는 사실을 지적하지 않을 수 없다. "당신도 뽕짝을 즐겨
부른다면서 무슨 소리냐"고 꾸짖으면 할말이 없다.

나는 이렇게 대답할 수밖에 없다. "부를 수 있는 노래는 뽕짝과
서양풍의 가요, 그리고 노랫말이 아예 외국어로 된 것들밖에 없다"
고. 나는 정말 육자배기나 판소리를 부르고 싶다. 그리고 꽹과리
와 장고를 두드리고 날라리를 불 줄 알았으면 좋겠다. 이것은 내가
우리의 전통음악이나 민족음악을 사랑해야 한다는 강박관념 때문
에 하는 말이 아니다. 나는 육자배기를 듣고 있으면 몸이 천길 땅
속으로 꺼지는 듯한 비애를 느끼고 어깨가 들먹여지는 신명도 맛본
다. 판소리도 풍물도 그 흐드러진 날라리 소리도 나의 피를 끓게
한다. 그러나 참으로 불행하고 비참하게도 나는 그것을 배울 기회
를 갖지 못했다. 그래서 나는 올해에는 꼭 육자배기 몇곡이라도 배
우겠다고 결심하고 있다. 올해나 내년에도 안 되면 아들이 더 커서
문화적으로 철이 들어 우리 음악을 함께 배우자고 내 손을 끌기를
기대할 수밖에 없다.

————1994년 3월·함께걸음

# 「서편제」와 「노동의 새벽」 그리고 노래방

　우리는 지금 세기말에 살고 있다. 여의도 어느 방송국 건물에 높게 걸린 전광판에 "21세기까지 2000며칠"이라고 적힌 숫자가 날마다 하나씩 줄어들고 있어 20세기가 종말로 다가서고 있음을 실감나게 한다.

　한 세기 전 이맘때 유럽은 혹독한 세기말의 진통을 겪었다. 프랑스를 상대로 한 전쟁에서 이기고 제국주의 진영에서 세력을 키운 독일은 군국주의 체제를 강화하면서 해외 식민지 쟁탈에 열을 올렸다. 프랑스에서는 빠리꼬뮌의 좌절 뒤 보수세력이 독일에게 당한 패전을 설욕하려고 제국주의적 식민지 경쟁에 가세했고, 영국은 영국대로, 미국은 미국대로 자본주의의 새로운 시장을 찾아 그야말로 광분하고 있었다. 유럽의 반대편인 아시아에서는 제국주의가 어지럽게 벌이는 침략전쟁이 민중을 삶의 벼랑으로 몰아붙이고 있었다. 서양의 열강에 일본이 가세한 그 살육 경쟁은 식민지로 전락

하는 땅의 사람들에게는 견딜 수 없는 시련이었지만, 그런 조건 속
에서도 자주와 해방을 지향하는 운동은 기운차게 솟아올랐다.

그러나 유럽에서는 펜과 이성과 양심의 무기력함에 절망한 지식
인들과 문화예술인들이 자포자기에 빠지거나 퇴폐에 탐닉하는 세
기말적 증후군이 두드러지게 나타났다.

### 오늘날 세계의 세기말적 혼란

오늘날 세계는 분명히 세기말적 혼란에 빠져 있다. 그런데 이 현
상은 19세기 말과는 달라서 어떤 사회문화적 질병이나 퇴폐적 정
신상태로 여겨지지는 않는다. 20세기 말이라는 역사적 시점의 특
징은 '사회주의에 대한 자본주의의 우월성 또는 승리'라는 말로 요
약할 수 있다. 겉으로 보기에는 그렇다는 말이다. 드러난 사실들
만을 근거로 할 때 이 말을 부정할 수는 없다. 옛 쏘비에뜨 체제가
무너진 뒤 러시아는 자본주의적 개혁을 향해 갈지자걸음을 하고 있
으나 삶의 질이 나아지기는커녕 경제난이 갈수록 심해지고 있다.
옐친 정권은 정치·경제적으로 미국에 종속되는 길을 걷고 있다고
해도 지나치지 않을 것이다. 20세기의 초기를 억압과 착취에 신음
하는 인민을 해방시키는 혁명으로 장식함으로써 온 세계의 진보적
지식인과 민중에게 자랑과 희망을 안겨준 그 나라가 지금 정처없이
방황하고 있는 것이다.

혁명의 종주국이 이렇게 된 상황에서 동유럽 제일의 부국이던 동
독은 서독에 흡수통일된 뒤 '내부 식민지'가 되다시피 했으며, 유
고는 피비린내 나는 내전에 휩싸여 있다. 폴란드, 헝가리, 체코,
루마니아도 괄목할 만한 경제성장을 이루었다는 소식은 들리지 않
는다.

체제적으로 사회주의를 굳게 지키고 있는 중국, 베트남, 쿠바,

북한도 어렵기는 마찬가지이다. 중국은 높은 경제성장의 길로 들어서기는 했으나 공산당 당료와 관리들의 부정부패 때문에 '사회주의적 계급체제'라고 불러야 마땅한 구조가 굳어져가고 있다. 베트남 역시 축소판 중국이 되어간다는 인상을 준다. 쿠바와 북한은 어쩔 수 없이 고수하는 폐쇄주의 때문에 외딴섬에 사는 고아 같은 처지가 되어버렸다.

자본주의는 분명히 압승을 거둔 듯이 보인다. 역사의 이런 반전은 남한사회의 진보적 운동에 엄청난 영향을 끼쳤다고 잘라 말할 수 있다. 70년대의 유신독재, 80년대의 전두환·노태우 군사정권에 맞서 민주화와 민족통일을 이루려던 사람들 중에는 서구적 의미의 자유민주주의자도 있었지만 사회주의적 이념을 추구하는 이들이 많았음도 분명하다. 자본주의 체제에서는 민중의 정치적 지배권과 경제적 평등이 이루어질 수 없다고 보았기 때문일 것이다. 그들은 반공법이나 국가보안법이라는 덫 때문에 실천이나 행동에서 살얼음판을 걸을 수밖에 없었다. 나는 그들이 모두 북한체제 식의 사회주의나 개인숭배를 지지하는 사람들이었다고 보지는 않는다. 인류사의 보편적 발전 원칙을 믿는 운동가들이 다수였다고 생각한다.

그러나 그들 가운데 대부분은 이제 사회주의적 혁명 또는 변혁에 대한 믿음이나 의지를 공개적으로 버리고 있고, 어떤 사람들은 지난날 그렇게도 매도하던 '개량주의'의 대변자로 나서고 있다. 이것이 남한사회에 두드러진 세기말적 현상이다.

다른 한편에서는 19세기 말 유럽을 휩쓸던 자포자기와 안일과 퇴폐의 풍조가 정치는 물론이고 문화예술에서까지 진보를 거세하려 들고 있다. 한마디로 이런 풍조는 문민정부임을 유난히 강조하는 김영삼 정권이 들어선 뒤 드세어졌다고 볼 수 있다. 일찍이 3당합당을 통해 군부세력과 손을 잡은 끝에 대통령의 자리에 오른 그를 얼굴만 바꾼 지역패권주의적 보수집단의 대표라고 보는 쪽에서는 '상대적 진보와 정의'가 늘 패배하는 데 실망해서 역사의 발전을 회의하고 있고, 이런 정권의 성립을 군사독재의 청산이라고 보는 쪽에서는 이제 민주화의 장애가 사라졌다고 보고 투쟁보다는 개혁에 초점을 맞춰야 한다고 주장하고 있다.

이런 흐름은 재야라고 불리는 민족민주운동의 진로를 명확히 갈라놓았다. 전자는 운동을 계속하면서 약해진 대중적 기반 위에서나마 고단하게 활동하고 있고, 후자는 권력에 참여하거나 소시민의 안락한 삶을 추구하고 있다.

이런 한국적 세기말의 상황에서 대중에게 다시 희망을 심어주고 정치적 깨달음을 주는 작업은 투쟁적 운동보다는 문화예술운동에 더 무게를 두어야 할 것이다. 이런 시기일수록 교조적 담론이나 전투적 운동론보다는 문화운동적 접근이 정치·사회·문화적으로 혼란에 빠진 대중을 이해하면서 대중과 함께 가는 데 도움이 되리라고 본다.

나는 무릇 글쓰는 이들이나 문화운동가들은 이런 혼돈의 시대일수록 거창한 정치적 구호를 외치는 데 힘을 쏟기보다는 대중과 함께 기뻐하고 슬퍼하는 이웃의 자세로 살면서 창작이나 활동을 해야 한다고 믿는다.

### 90년대의 '으뜸문화' 노래방

1994년 3월, 우리나라의 대도시뿐만 아니라 중소도시와 농촌의 소읍에서까지 대중 속에 가장 깊숙이 파고들어 있는 것은 노래방이다. 대도시들에서는 몇십걸음도 안 가서 하나씩 나타날 정도로 노래방은 한국 대중문화의 얼굴이 되어버렸다.

나는 노래방에 여러번 가보았고 요즈음도 기회가 오면 더러 간다. 딱히 노래방을 분석하고 평가하려고 하는 것이 아니라 제 발로 또는 좋아하는 사람들하고 어울려서 간다.

노래방에 여러번 가본 나의 경험을 바탕으로 이야기를 풀어보겠다. 내가 노래방에 처음 간 때는 92년 여름이었다. 처가에 회갑잔치가 있어 국민학생부터 노인까지 30여 명이 저녁을 함께 했다. 어른이고 아이고 거의 만장일치로 노래방에 가자는 의견들이었다. 서울 중심가의 노래방에 들어가 방 둘을 빌려 대학생까지의 아이들은 한방에, 어른들은 다른 방에 자리를 잡았다. 아이들은 최신 유행곡을 자막도 보지 않고 정확한 박자로 노래했고, 어른들은 「황성옛터」부터 「허공」까지 신명을 내며 불러댔다. 예약한 한 시간이 후딱 지나자 아이들과 어른들이 이구동성으로 한 시간을 연장하자고 했다. 나중에는 양쪽이 이 방에서 저 방으로 오가면서 노래를 부르고 들었다. 노래방을 나오던 때 그 흐뭇하면서도 아쉬운 표정들이라니! 나는 이것이 우리 처가 일족만의 '문화생활'은 아니라는 사실을 잘 알고 있다.

노래방은 왜 그렇게도 강렬하게 사람들을 사로잡는가? 나는 곰곰이 생각해보았다. 우리나라 사람들이 이딸리아인들과 첫째 둘째를 다툴 만큼 노래부르기를 좋아하기 때문인가? 내가 들은 바로는 그들보다 우리가 노래부르기를 더 좋아하는 것 같다. 회사의 신입사원 환영회건 젊은이들의 미팅이건 아주머니들의 계모임이건 분위기가 무르익을 때 노래를 돌려가며 부르지 않는 데가 어디 있는가? 그렇지 않다면 조선 사람이 아니다. 그리고 이딸리아에 노래방이 이렇게 많다는 말은 듣지를 못했다.

노래방은 '어울림의 문화'를 사랑하는 우리 겨레의 체질에 첨단의 영상문화가 접목된 것이다. 원래 카라오께라는 이름으로 일본에서 개발한 이 노래문화는 그 나라의 발달된 비디오 기술에 업혀 '비디오게'로 진보했고, 한국에 수입되어 놀라운 대중화를 이루었다.

노래방이 싸다는 것도 성공의 한 비결이다. 대여섯 명이 들어가서 금주령 아래 만 원만 내면 한 시간을 즐길 수 있으니 상업성이 보장되는 것이다. 방이 스무 개나 된다면 하루 수입이 엄청나지 않겠는가.

나는 노래방의 상술에서 희한한 것을 보았다. 노래 끝에 '빵빠바방' 소리와 함께 점수가 나오는 게 바로 그 상술이다. 점수를 적게 받은 사람은 더 받으려고 열심이고, 많이 받은 사람은 입술이 귀에 달라붙을 정도로 함박웃음을 웃는다.

그런데 정말 터무니없는 점수도 있다. 아는 사람은 알지만 갈래 사전 편찬자이고 사진작가이며 시인인 박용수 선생은 올해 환갑 나이로, 열여덟살 때인가 장티푸스로 청각을 잃었다. 그러나 그는 정말 뼈를 깎는 노력을 기울여 말도 하고 노래도 부를 수 있게 되었다. 그러나 40여년 전에 들은 기억으로 노래하기 때문에 그의 음정은 높낮이가 거의 거꾸로이다. 어느 날 나는 박선생이 청진동의 노래방에서 남인수의 노래를 부른 뒤 98점이 나오자 손뼉을 치며 즐거워하는 것을 보았다. 그 다음 노래가 80몇점이 나오자 그는 기계가 엉터리라고 불평을 하는 것이었다. 나는 가수 이연실씨가 스스로 작사·작곡·노래를 한 「목로주점」을 부르고 70몇점을 받았다는 이야기도 들었다.

어쨌든 노래방은 아편 못지않게 대중을 빨아들이고 있다.

### 「서편제」를 본 아들의 감상

노래방의 메뉴에는 국악은 한 곡도 없다. 조용필의 「한오백년」

이나 김세레나의 개량식 민요가 들어 있기는 하지만, 그것들을 정
통적 민족음악이나 국악이라고 볼 수는 없다. 따라서 노래방에 가
는 사람들은 흔히 뽕짝이라고 부르는 트롯이나 서양식 발라드풍의
노래 또는 요즘 유행하는 랩 같은 첨단가요나 팝송을 즐기러 가는
것이다.

　이렇게 보면 90년대 후반의 대중문화를 지배하는 노래방은 민족
적 주체성과는 거리가 멀다. 그런데 희한한 현상이 벌어졌다. 판
소리를 소재로 한 「서편제」라는 영화가 관객 100만 이상을 동원하
는 한국 영화사상 최고의 기록을 세운 것이다. 얼핏 이해가 가지
않는 일이다. 「사랑과 영혼」이니 「클리프 행어」니 하는 미국 영화
들이 100만을 가뿐히 넘기는 풍토에 익숙한 우리나라 흥행계에서
‘국산’이 그런 대기록을 세웠다는 사실은 참으로 놀랍고, 어찌 보면
이변이다. 그것도 치고받거나 아기자기한 사랑을 나누는 게 아니
라 피나는 수련과정을 거치는 소리광대들의 삶을 다룬 영화라니！

　지난해 가을 어느 날 고등학교 1학년이던 나의 아들이 「서편제」
표를 구해달라고 부탁했다. 보태지도 빼지도 않고 말하면, 그 아
이는 아널드 슈워츠제네거의 「터미네이터」 같은 폭력영화나 「인디
아나 존스」처럼 ‘해방자 양키’의 이데올로기를 은근히 퍼뜨리는 모
험영화, 또는 「쥬라기공원」 같은 공상영화 아니면 거들떠보지도
않는다. 그래서 나는 그 부탁을 듣고 아주 이상한 느낌이 들었다.
어쨌건 표를 구해주었다. 같은 반 동무하고 함께 「서편제」를 보고
온 아들에게 감상을 물었다. “아주 좋다”고 말한다. “어떤 점이 좋
디？” “이야기가 하도 감동적이어서 눈물을 참느라고 혼났어요. 음
악도 좋고.”

　나는 작은골을 쇠망치로 얻어맞은 듯한 충격을 받았다. 아들이
어떤 시류에 휩쓸려서 「서편제」를 찬양하는 게 아님이 분명했기

때문이다. '그렇구나. 이 아이는 서태지나 마이클 볼턴의 노래에 묻혀 살지만 영화나 음악을 잘 만들면 제 나라 것도 좋아할 수 있구나.' 나는 참으로 대견한 발견을 한 것 같아 기분이 흐뭇했다.

여기서 독자들의 이해를 돕기 위해 개인적 고백을 한마디하겠다. 나는 우리 '소리'를 사랑한다. 지나치게 양반문자가 끼여들기 이전의 판소리, 오장육부를 무너지게 하거나 신명을 돋우는 육자배기, 그리고 몸 속에 잠들어 있는 신명에 도리깨질을 하는 풍물, 마지막으로 그 무엇보다도 피 속에 흐르는 역마살을 자극하는 날라리 소리가 좋다. 그러나 나는 제대로 부를 줄 아는 우리 소리가 한 곡도 없다. 「진도아리랑」 같은 것은 남들과 어우러져 부를 수 있지만 제대로가 아님은 물론이다. 그래서 음악에 있어서 나는 우리 소리를 짝사랑하면서 어쩔 수 없이 남의 소리를 부르면서 산다.

### 문예회관 대극장의 '운동권 연극'

아무튼 「서편제」의 폭발적인 인기는 교과서나 텔레비전에서 푸대접을 받거나 외래문화에 밀려 뒷방 차지를 하고 있던 민족음악이 대중성을 얻을 수 있는 가능성을 넓게 열어주었다. '소리영화'를 만들자는 제안을 임권택 감독으로부터 받고 고민했다는 김명곤씨의 고민은 참으로 엄청난 행복으로 열매를 맺었다. 그는 최근에 펴낸 산문집 『비가비 광대』에 실린 「서편제와 나」라는 글에 이렇게 적고 있다.

"이 작품의 각색과 출연에 대한 제안을 받았을 때부터 내 가슴은 흥분과 일에 대한 의욕으로 세차게 뛰기 시작했다. 대학 시절부터 친다면 20여 년간 판소리에 심취해서 짝사랑을 해오고, 판소리가 사람들에게 푸대접을 받는 것에 분노하고, 이따금 보여지는 방송의 드라마나 국악 프로에서 너무도 서투르게 애정 없이 소개되는 판소리에 대해 한탄하면서 그토록 다양하고 아름답고 심오하고 가슴 깊은 곳을 울리는 판소리를 왜 그토록 진부하고 어렵고 고리타분하게밖에 그려내지 못하는가 하는 문제에 대해 고민해오던 터라 그 고민의 덩어리를 한번 속시원히 풀어헤쳐볼 기회가 왔다고 직감했기 때문이다."

김명곤씨처럼 비가비 광대인 박인배씨가 연출한 노래극 「노동의 새벽」은 「서편제」와는 다른 맥락에서 90년대 후반의 문화적 사건으로 기록될 만하다. 대학의 마당이나 공장의 뜰에서 이슬을 맞거나, 기껏해야 30평 남짓한 소극장 무대에서 맴돌던 '운동권 연극'이 동숭동 문예회관 대극장에 처음 진출한 것은 역사적 사건임에 틀림없다.

내가 구경한 것은 개막 이튿날이었다. 기본적으로 마당극의 짜임새를 갖고 있는 「노동의 새벽」은 종전의 박인배 작품들에 비해 구성이 탄탄했다. 아마추어 냄새를 물씬 풍기던 배우들도 프로의 문턱까지는 가 있었다. 그리고 무엇보다도 두 달 가까이나 연습을 한 것이 옛날의 벼락치기 식 공연의 허점들을 말끔히 씻어주고 있었다. 객석도 3분의 2 이상이 찼다.

그러나 박인배씨의 부인이자 연극·노래 평론가인 이영미씨의 말을 듣고 나는 실망했다. 손님 대부분이 노동조합 사람들이라는 것이었다. "요즘 대학생들은 이런 연극 보러 많이 오지 않아요. 전에 노동현장에 초청공연을 자주 나가던 '현장' 같은 극단이 이제 가지를 못하니까 노동자들이 극장에 와서 돈 내고 보는 거라구요."

바뀐 시대의 징후가 거기에도 나타나고 있었다.

그건 그렇고, 「서편제」의 성공이나 「노동의 새벽」의 대중문화권 진출이 민족민중문화가 지배문화나 대중문화와 어깨를 겨룰 수 있는 시대가 왔음을 입증하는 것은 아니다. 「서편제」는 예술로서 철

저한 대중성을 확보했기 때문에 흥행에도 성공했고, 「노동의 새
벽」은 대중성과 전문성을 향해 진지하게 다가감으로써 마당극의
지평을 넓게 연 것이다. 일본 대중문화 수입의 문을 열자는 소리가
높은 요즈음, 민족의 문화적 주체성을 세우는 작업이 시급함을 절
감하면서 언젠가 「서편제」와 「노동의 새벽」에 나오는 소리들이 노
래방에서 들릴 날이 오기를 고대한다.

———— 1994년 3월·월간 말

# 혁명이 사라진 시대의 문화

한 세기를 마감하는 1990년대의 역사적 특징을 한마디로 요약하라고 하면 나는 서슴지 않고 '혁명이 사라진 시대'라고 말하겠다. 20세기에 들어서서 혁명이라는 말과 불가분의 관계에 있던 러시아에서는 레닌의 동상이 공중에서 땅으로 끌어내려졌고, 압제와 착취의 상징이던 제정러시아의 삼색기가 러시아공화국의 국기로 부활하는 아이러니의 극치가 벌어졌다. 스딸린주의에 맞서 수십년이나 독자적 사회주의 건설을 향해 가던 유고슬라비아는 사회주의와는 관계도 없는 인종과 종교의 갈등으로 참혹한 내전을 겪고 있다. 동유럽 사회주의 국가들 가운데 경제적으로 가장 앞서가던 동독에서는 자본주의 서독에 흡수통일당한 뒤 국가 원수였던 호네커의 극심한 부패와 위법이 드러나 그가 재판정에 서야 했다.

루마니아의 차우셰스쿠 정권이 부패의 극으로 치닫다가 파멸한 것은 그렇다 치고, 폴란드·헝가리를 비롯한 사회주의 국가들이 자본주의와 사회주의의 튀기 같은 경제체제를 만들려고 힘을 쏟고 있는 것을 보면서 이 시대에서 혁명의 냄새를 맡는 사람은 없을 것이다. 가난하고 힘은 약하지만 중남미에서 유일하게 사회주의 체제를 유지하던 니까라과에서 혁명의 열매들이 시들어버리고 러시아 공산당이 권력을 잃은 뒤, 중국·쿠바·베트남·북한이 그야말로 '방어적으로' 사회주의 혁명의 완성을 외치고 있지만 그 소리에는 옛날처럼 힘이 실려 있는 것 같지 않다.

얼마 전에 나는 전남 구례 쪽의 지리산 골짜기에 간 적이 있다. 안개가 자욱이 피어나는 이 산자락 저 계곡을 보면서 1940년대 후반과 50년대를 피로 물들였던 빨치산과 토벌대를 생각했다. 좌와 우 중에 누가 옳고 그르고를 떠나서 그 시대에는 무력으로나 이데올로기로 혁명을 이루려는 일에 몸을 바치는 사람들이 있었고, 그것은 순수한 희생으로 받아들여지기도 했다. 그러나 이제 그 골짜기들에는 목숨을 버리면서까지 무엇을 성취하려는 사람이나 집단에 대한 냉소와 역사허무주의가 진하게 배어 있는 듯이 보였다.

우리나라의 국가보안법에는 아직도 '고무·찬양'이라는 조목이 시퍼렇게 살아있지만, 이 사회에서 합법적으로 출판된 수많은 책들을 근거로 보면 레닌은 목숨을 걸고 인민의 삶을 더 행복하게 만들려는 세력의 대표였고, 로마노프 왕가는 절대 다수인 인민을 억압하면서 비인간적 삶을 강요하는 지배계급의 최상층부였다고 말할 수밖에 없다. 러시아혁명이 성공한 뒤 70여 년 만에 레닌은 역사의 패자로 전락했고, 로마노프 왕가는 승자까지는 못 되더라도 복권의 가능성을 부여받았다. 이런 역사의 반전은 소수의 권력자와 자본가의 지배권을 없애고 민중이 주인이 되는 권력을 세우는 것, 다시 말하면 사회주의적 혁명을 지향하던 여러 나라의 지식인과 민중에게 깊은 실망과 좌절감을 안겨주었음이 분명하다.

남한사회에서도 그 영향은 빠른 속도로 나타나서 7, 80년대에 독자를 크게 불려나가던 사회과학 서적들 가운데 대부분은 초판 1000부도 소화시키지 못하는 공황을 맞았다. 현실정치에서도 공개적으로 사회주의 정당의 건설을 주창하거나 민중 주도의 정부 수립을 공약으로 내거는 정치집단은 총선이나 대선에서 유효투표의 1%도 얻지 못하는 참패를 거푸 당했다.

지금 우리 사회에서 사회주의 혁명을 주장하거나 진보정당 재건을 추진하는 사람들의 목소리는 아주 공허하게 들린다. 그런 운동이나 외침은 대중의 호응을 거의 받지 못하고 있다. 개인적으로 나는 지금 남한사회에서 사회주의적 혁명이 가능하다고 보지도 않고 진보정당운동이 깊이와 넓이를 확보할 조건이 마련되어 있지도 않다고 생각하지만, 이런 판단과는 별개로 무언가 꼬집어 말하기 어려운 아쉬움을 느낀다. 자기의 이상과 포부를 실현하기 위해 목숨을 걸고 혁명을 이루려는 인간이나 집단이 비웃음이나 경멸의 대상이 되는 사회는 분명히 꿈과 희망이 없는 곳이라는 생각 때문일까? 조금 다른 비교가 되겠지만, 지난번 대선이 민주대연합 진영의 패배로 끝난 뒤 새로운 보수정권과 언론은 재야라고 통칭되는 민족민주운동권의 힘이 쇠잔해버렸다고 보거나, 거기서 일하는 사람들을 가엾게 여기는 듯하고, 적지않은 국민들도 동조하고 있다. 과연 그들이 이런 대접을 받아야 하는가? 그들인들 권력과 부를 누리면서 안락하고 즐겁게 살고 싶은 욕구가 없겠는가? 이성과 과학과 도덕성과 조직의 힘으로 사회를 변혁하겠다는 사람이나 집단을 비웃는 이런 풍조는 이제 세계 전역에 돌림병처럼 번져나갈 기세를 보이고 있다.

정치·경제·사회적 체제의 틀을 빚어내는 동력이며 그 체제에 끊임없이 생명력을 불어넣는 문화에도 그런 증후군이 흑사병처럼 번지고 있다. 내가 20년 가까이 친하게 지내는 한 원로시인은 이런 말을 한 적이 있다. "70년대는 운동도 문학도 황홀했다. 아니, 80년대 중반까지도 그랬다. 그때는 종로 5가에서도 청진동에서도, 그리고 감방에서도 같은 길을 가는 이들을 만나면 그렇게 마음이 흐뭇하고 정겨웠다. 지금은 어떤가? 사람과 사람, 조직과 조직 사이에 너무나 많은 벽들이 들어섰다. 한마디로 황량하다."

우리 사회 전반을 지배하는 정치냉소주의 또는 극단적 개인주의와 인간성의 황폐 그리고 세계적 보수화의 흐름은 진보적 지식인이나 문화예술가들은 물론이고 젊은 세대에까지 무기력증을 확산시키고 있는 것 같다.

이제 무슨 일을 어떻게 하며 무슨 목표를 향해 나아가야 하는가? 가슴속에서 솟아오르는 이런 물음에 대해 자신을 납득시킬 만한 대답을 갖지 못한 사람들이 많을 것이다. 이 문제를 문화예술인이나 학자들에 국한시켜 보더라도 심각하기는 마찬가지이다. 내일 지구가 없어지더라도 오늘은 한 그루의 사과나무를 심는다? 혁명이나 역사의 발전이나 운동 따위 부질없는 말은 다 걷어치우고 하기 쉽고 마음 편하고 돈벌이도 되는 창작이나 연구에 힘을 쏟으면 그만 아닌가? 실제로 이런 경향이 나타나고 있다. 요즈음 베스트셀러라고 불리는 소설들을 보면 역사를 움직여온 주체인 민중의 삶이나 사상보다는 특출하거나 기이한 재능이나 인생 역정을 보인 인물들을 소재로 한 것들이 주류를 이루고 있다. 민족문학 진영에 속해 있던 시인들 중에도 서정시라는 이름으로 파편화된 개인의 정서를 푸념처럼 뱉는 이들이 늘어나고 있다. 동조할 수는 없지만 이해 못할 일은 아니다. 혁명이 사라진 시대, 혁명이 꿈과 희망으로나마 살아있지 못한 시대는 인간을 왜소하게 만들고 문화와 예술의 생동력을 앗아버리기 때문이다. 게다가 문화·예술의 표현매체들

이 과학기술의 발달에 따라 급속히 변화하므로, 전통적 문예의 종
사자들은 숨을 헐떡거리며 황새 뒤를 따라가는 뱁새처럼 괴로워할
수밖에 없다. 텔레비전을 선두로 한 온갖 전자매체들과 첨단 표현
기술들이 전통적 문화·예술의 표현수단들을 압박하면서 자라나는
세대를 빨아들인다. 지금 중고등학생들 가운데 랩 같은 외래음악
형식을 가볍게 여기고 우리 고유의 음악에 귀를 기울이는 쪽이 극
소수임은 물론이다. 영화도 미술도 춤도 서양이 '조선'을 압도하고
있다.

이런 현상은 그저 국수주의적 완강함이나 외래문화 배척운동으
로 극복할 수는 없는 것이다. 절대 다수의 대중이 문화적 식민지화
에 대한 반성은커녕 고치기 어려운 불감증에 걸려 있기 때문이다.
그렇다고 해서 체념만 하고 있을 것인가?

개인적 고백을 통해 이 문제를 푸는 한 실마리를 제시해보겠다.
얼마 전에 나는 막심 고리끼의 원작을 베르톨트 브레히트가 희곡으
로 만든 「어머니」에 초대를 받았다. 거기 출연하는 배우 두어 명
이 잘 아는 사이여서 초대를 거절할 수가 없었다. 그러나 마음이
정말 내키지 않았다. '러시아에서 혁명이 노리개가 되고 레닌그라
드가 뻬쩨르부르크로 돌아가는 마당에 이런 연극이 무슨 감동을 주
겠는가? 더구나 공연의 주체가 무슨 협회라지 않는가?' 이런 생
각을 품고 객석에 앉아서 오르는 막을 바라보던 때의 느낌은 심드
렁했다.

블라소바의 아들이 잡혀가면서 그 어머니가 파업을 선동하는 전
단을 뿌리는 일에 나서고, 문맹인 할아버지들과 함께 사회주의를
학습하는 장면이 펼쳐지면서 나의 심드렁함은 이내 사라지고 눈길
이 무대로 빨려들어갔다. 혁명의 열기에 휩쓸린 그 도시가 1993년
서울의 동숭동 무대에 재현되는 것은 시의에 맞지 않을 것 같다던

나의 선입견은 완전히 사라졌다. 특히 러시아의 노동자들이 파업을 벌이고 군중이 거리에서 짜르 군대의 총칼 앞에 쓰러져가는 장면에서는 그 시대의 혁명적 열정이 그대로 전해졌다. 무대의 시간과 공간 처리는 간명하면서도 속도감이 있었고, 특히 음악이 좋았다. 빠블로프던가, 남주인공이 부르는 노래가 폐부 깊은 곳을 찌르고 들어왔다. 막이 내렸을 때 관중은 몇분 동안이나 손뼉을 쳤다. 기립박수를 하는 사람도 많았다. 유럽의 이름난 성악가나 오케스트라가 공연한 극장과 같았다. 연극 관객도 대부분이 옷차림이 화려한 ‘살 만한 사람들’로 보였다.

나는 비 온 뒤 하늘을 볼 때처럼 상쾌하고 개운한 기분을 느꼈다. 그 비밀은 무엇일까? 인간이 인간답게 살려고 동지와 하나가 되어 싸우고 목숨까지 바치는 혁명은 아름답고 숭고한 것이다. 본고장에서도 능욕을 당하는 러시아혁명이 (남한사회에서는 더욱 우스꽝스러운 역사의 한 장이 되어 있는 그 혁명이), 사람 사는 세상에서 높은 가치를 지닌 사건으로 형상화됨으로써 시간과 공간을 초월해서 감동을 준 것이다.

아주 보수적인 연극만을 다루어온 「어머니」의 연출자는 애초에 연출 부탁을 받고 망설였다고 한다. 그러나 하나의 작품을 만들기로 결심하고 나서 그는 그 희곡의 이데올로기에 집착하지 않고 90년대의 관객에게 호소력이 강한 연기와 무대장치와 음악과 조명을 구사함으로써 큰 성과를 거두었다.

혁명이 사라진 시대에도 문학과 예술 속에서 혁명이 살아 숨쉴 수 있다는 증거를 나는 거기서 보았다. 이것은 지금 잔뜩 찌푸린 현실의 하늘 아래 살고 있는 우리 사회의 문화·예술인은 물론이고 민족민주운동권의 사람들에게도 밝은 계시가 될 것이다.

훌륭한 문학과 예술은 결국 역사를 관통하는 인간의 가장 높은 가치인 사랑과 우애와 희생 그리고 그 가치를 실현하기 위해 어깨를 겯고 함께 나가는 이름없는 사람들의 삶을 형상화하는 것이다. 그것은 혁명일 수도 있고 이런 이름을 받지 못하는 작은 움직임일 수도 있다.

  진달래와 개나리의 철이 오는데도 가슴을 활짝 펴고 싶은 마음이 내키지 않는 요즈음, 나는 동숭동 무대에서 받은 그 감동을 되살리면서 무언가를 '생산'하는 일을 더 열심히 해야겠다는 각오를 다진다. 이것은 같은 시대를 살아가는 문인들이나 예술가들 그리고 민주화와 통일을 위해 애써온 모든 이들에 대한 당부이기도 하다.

──── 1993년 3월·민족문학사연구 제3호

# 신세대와 역사의 물길

　며칠 전 우리 부부는 고등학교 2학년에 막 올라간 아들과 함께
「투캅스」라는 영화를 상영하고 있는 서울 종로 3가의 어느 극장에
들어갔다. 함께라고 말했지만 거의 전적으로 아들의 요구와 간청
에 따라 이틀 전에 표를 미리 사서 일요일에 극장에 들어간 것이었
다. 「서편제」가 나라 안에서 만든 영화로는 처음으로 관객 100만
이상을 동원한 것이 지난해의 '문화적 사건'이었는데, 「투캅스」가
70만을 넘어 「서편제」를 능가할 기세를 보인다니 나도 그게 어떤
영화인지 호기심이 부쩍 일었다.

　그런데 극장에 들어서자마자 나는 외국은 아니더라도 어느 이방
지대에 들어간 듯한 느낌이 들었다. 관객은 거의 모두가 청춘남녀
들이었다. 어쩌다 40대가 눈에 뜨이기는 하지만 나처럼 50을 눈앞
에 둔 사람은 노인처럼 보이기 십상이었다.

　그 영화는 전반적으로 경쾌하고 재치가 번뜩이고, 때로는 우리

사회의 병통을 고발하기도 하는 날렵한 작품이었다(그것이 몇해 전 우리나라 극장에서 선을 보인 프랑스 영화 「마이 뉴 파트너」의 복사판이나 다름없다는 사실을 안 것은 영화를 본 지 며칠 뒤의 일이었고 실망도 컸지만).

두 시간 가까이 돌아가는 「투캅스」를 보면서 젊은이들은 정말로 재미있어했다. 썩은 경찰관의 전형인 안성기와 정의감과 사명감으로 충만한 신참 박중훈이 엮어내는 흥미진진한 장면들, 적당히 섞인 섹스와 폭력은 할리우드 상업영화의 세련미에 손색이 없었다.

영화관을 나서면서 나는 젊은 관객들의 표정이 흡족함으로 넘치는 것을 보았다. 그러면서 이른바 그들이 신세대라는 것을 절감했다.

오늘의 젊은 세대는 삶의 방식부터 문화와 이데올로기에 이르기까지 기성세대와는 분명히 큰 차이를 보인다. 그들은 컴퓨터를 생활필수품으로 여기거나, 적어도 컴퓨터에서 소외되면 신세대가 아니라고 생각하는 젊은이들이다. 그들은 그 지옥 같은 입학시험 공부를 하면서도 귀에 라디오 수신기나 워크맨을 꽂아야 공부의 능률이 오른다는 세대이기도 하다.

한 사회의 체제와 생산영역에서 중·상층부를 이루는 계층을 기성세대라고 본다면, 30대 중반 이상이 거기에 들어갈 것이다. 대학생들이 따지는 방식으로는 80학번쯤까지가 기성세대에 속할까? 그러나 이렇게 나누고 보니 내가 아는 85학번 사람들을 보면 신세대로 분류하기에는 요즈음의 '정통' 신세대와는 무언가 크게 다르다는 생각이 든다. 막연하면서도 실체가 잡힐 것 같은 그 차이는 무엇일까?

대학 사정에 밝은 어느 여성은 이런 이야기를 했다. "요새는 동아리 활동하기가 정말 힘들대요. 신입생들이 이념써클에 들어왔다가 조금이라도 힘겹거나 재미가 없으면 금방 떠나버려서 조직을 꾸리기 어렵다는 거지요. 옛날처럼 이념서적을 읽혀 이론무장을 시키는 것도 인기가 없답니다."

나는 이 말이 90년대 신세대의 성격을 잘 보여준다고 생각한다. 오늘날 '역사는 진보한다'거나 '인류의 역사는 계급투쟁의 역사이다'라는 고전적 명제는 우리나라는 물론이고 세계적으로 낡은 유성기 소리처럼 들린다. 옛 쏘비에뜨 체제가 무너지고 동유럽 사회주의 나라들이 자본주의 '따라가기'에 열을 올리면서 20세기의 역사를 변혁시킨 가장 강력한 이데올로기인 맑스레닌주의는 조롱과 냉소를 받고 있다. 게다가 자본주의 체제에 비해 상대적으로 도덕적 순결성이 높고 부정부패가 적다고 여겨지던 사회주의 진영에서 갖은 치부가 드러나자 '자본주의의 승리'를 노래하는 소리가 더욱 높아졌다.

나는 지금 우리 사회가 지키고 발전시켜야 할 어떤 이념을 제시하려고 이런 말을 하는 것이 아니다. 인류의 역사에서, 지식인들과 대중이 진보적 세계관이나 철학을 갖지 못하고 찰나적 향락에 빠지거나 자기중심주의적 삶에 몰두하는 시대가 많이 있었는데 지금이 그렇지 않은가를 강조하고 싶을 뿐이다.

오늘의 신세대 모두를 오렌지족이라고 도매금으로 몰아서는 안 될 것이다. 다만 나는 그들이 기성세대가 지닌 장점들이 무엇인가를 깊이 생각하고 그것을 창조적으로 발전시켜나가면 좋겠다고 생각한다.

—— 1994년 3월·한겨레 21

# 우리 아이들을 삼키는 외국문화의 태풍

요즈음 우리 사회를 보고 있노라면 거대한 파도 위에서 몸부림을 치는 조각배 같다는 느낌이 든다. 대학에 들어갈 수 없는 자녀의 부모들이 '억'자가 붙는 거액을 주고 부정한 방법으로 합격증을 사고, 그렇게 대학생이 된 젊은이들이 남의 나라에 밀입국한 불법체류자들처럼 심한 불안과 열등감에 짓눌린 채 나날을 보낸다.

우리나라의 기성세대와 청소년들이 모두 이렇게 부도덕하거나 파렴치하지야 않겠지만, 이런 현상이 이 사회의 부끄러운 자화상임을 부정할 수 없을 것이다.

한두 사람이 빠져 있는 도덕 불감증이 아니라 셀 수 없이 많은 어른과 청소년들에게 번져 있는 이 심리적 질환은 심각한 증후군이라고 할 만하다. 우리 사회가 왜 이렇게까지 되었을까?

## 문화적 무정부상태에 빠진 우리 사회

정치나 경제에 못지않게 인간의 존엄성과 자주성을 파괴하는 것은 병든 문화이다. 특히 미국과 일본에서 쏟아져들어온 천민자본주의 문화, 인간의 창조력과 판단력과 감성을 발달시키기보다는 철저히 소비의 주체로 전락시키고, 문화적 주체성을 갉아먹는 상업주의 문화의 해독은 말할 수 없이 크다.

입시 부정에 관련된 부모들과 대학의 관계자들 그리고 부모의 추한 거래에 순종한 젊은이들이 건전한 정치의식이나 세계관, 문화적 주체성을 지니고 있다고 볼 수는 없을 것이다. 그런데 정도의 차이는 있지만, 지금 우리 사회에서 다수의 대중이 바로 이런 문화적 무정부상태에 빠져 있다.

지금 우리나라의 자라나는 청소년들이 고유의 전통문화나 민족문화보다는 외국문화를 숭상하고 있음을 부인할 사람은 없을 것이다. 소수가 그렇지 않다 하더라도 그들은 열외에 지나지 않는다. 자라나는 세대가 제 나라 문화를 업신여기고 남의 나라 문화에 넋을 파는 이 끔찍한 현상이 왜 생겨났는가를 차분하게 생각해보자. 결론부터 말하면, 문화적 식민지화를 불러온 사람들에게 가장 큰 책임이 있다. 1905년에 일본이 조선을 보호국으로 만들고, 1910년에 이른바 '합병'을 한 뒤, 민족의 독립과 해방을 위해 싸운 이들 말고, 일제에 빌붙어 부귀와 영화를 누리던 자들은 우리 말과 글 대신에 일본의 것을 '모국문화'로 삼는 데 앞장섰다.

일제 식민지 때는 대중이 강제로 일본 문화에 종속되었지만, 8·15 뒤의 문화적 식민지화는 성격이 크게 달랐다. 어제까지 '천황폐하 만세'를 부르던 친일파가 민족애국지사로 둔갑해서 미군정의 총애를 받으면서 문화정책을 세우고 교과서를 만들었다. 일본 군국주의 문화의 자리에 양키문화가 들어섰다(양키라는 말은 영국

인들이 아메리카로 이주한 사람들을 싸잡아 부른 것으로, 남북전
쟁에서 남부인들이 북부인들을 그렇게 부르기도 했지만 이제는 미
국인을 가리키는 말로 쓰이고 있다). 그뿐 아니라 유럽의 문학과
예술이 최고의 가치를 지녔다고 가르치는 교육이 반세기 가까이 계
속되고 있다.

### 남의 문화에 넋을 주고 살면 민족의 주체성과 창조성 잃어

우리의 아이들에게 한번 이렇게 물어보자. "솔직히 말해보라.
우리 조상들이 즐겨 부르던 판소리, 육자배기, 경기민요, 서도소
리하고 바흐나 모짜르트나 베토벤의 음악을 비교하면 어느쪽이 음
악성과 예술성이 뛰어난가? 이미자나 주현미나 현철의 트롯이 좋
은가, 서태지나 김종서나 이현우의 노래가 좋은가?" 십중팔구가
아니라 백에 아흔아홉이 나중 것에 동그라미를 칠 것이다. 이것은
단순히 청소년들만을 나무랄 일이 아니다. 그들을 그렇게 가르친
기성세대와 교육에 문제가 있다.

예술에는 절대적 가치나 비교우위가 있을 수 없다. 한 나라나 민
족의 음악과 미술과 연극과 춤은 그 사회를 구성하는 사람들의 사
상과 감성의 표현이다. 따라서 미국의 로큰롤이 우리나라의 육자
배기보다 음악성이나 예술성이 앞선다는 평가를 내리는 것은 잘못
이다. 이미자와 마돈나의 비교도 마찬가지다. 그런데 교과서가 판
소리보다는 베토벤을, 우리 민요보다는 유럽의 가곡들을 우대하기
때문에 어린 시절부터 이런 주입식 교육을 받은 국민이 서양음악을
윗자리에 놓는 것은 필연적이다. 우리나라에서 사회적 지위가 높
거나 교양인임을 자처하는 사람들 중에 베를린 필하모니나 루치아
노 파바로티의 공연을 10만 원이 넘는 표를 사서 보는 것을 자랑스
럽게 여기는 이가 많지, 판소리 발표회나 탈춤마당에 만 원 내고

들어가는 것은 선심 쓰듯 하는 사람조차 드물다는 것은 무엇을 말
하는가?

　미술로 이야기를 돌려보자. 코흘리개 적부터 코가 뾰족하고 눈
이 푸르고 키가 큰 서양 사람들을 미남미녀로 보는 데 길들여진 청
소년들은 자기도 그렇게 되고 싶어 성형수술도 하고 외국의 패션잡
지도 보고 옷차림도 흉내를 낸다. 그들이 조선 사람의 전통적 아름
다움에는 청맹과니가 되게 만드는 것은 그리스의 조각을 미의 화신
이라고 가르치는 교사들과, 텔레비전과 연예잡지들이다. 이런 말
이 오늘의 청소년들에게는 고리타분한 훈계로 들릴 수도 있을 것이
다. 그러나 나는 분명히 말하겠다. 우리의 할아버지와 할머니와
아버지와 어머니, 그리고 바로 그대들의 피 속에 수천년이나 흐르
고 있는 문화를 업신여기고 남의 문화에 넋을 앗기고 살면 민족의
주체성도, 인간의 자주성과 이성과 창조적 사고력도 잃게 된다고.
그리고 그런 사람들이 우글거리는 사회에서 '입시 도둑'은 반드시
생겨나게 마련이라고.

—— 1993년 3월 · 대교사랑

# 한글과 한자의 '50년 전쟁'

　제 나라 사람이 만든 글자를 쓸 것인가, 남의 나라에서 빌려온 글자를 섞어 쓸 것인가를 두고 50년 가까이 논쟁을 벌이고 있는 데가 한국말고 달리 있는지 모르겠다. 두해 전인 92년 2월 한 전직 교수를 비롯한 5명이 "국민학교 교과서의 한글 전용은 헌법 제31조가 규정하고 있는 능력에 따른 균등 교육학습권과 전통민족문화 창달권을 침해한 위헌"이라면서 헌법재판소에 소원을 낸 것이 이 해묵은 싸움에 다시 불을 붙였다. 근자에는 조선일보가 「아·태 시대 우리들의 국제문자 한자를 배웁시다」라는 연속 기획기사를 무려 17번이나 실으면서 한글 전용이라는, 뿌리를 굳게 내린 어문 정책을 뒤엎으려 들고 있다. 그 신문의 영향력이 큰 만큼 호응도 만만찮은 것 같다.

　나는 새삼스럽게 이 논쟁에 가담하려고 이 글을 쓰지는 않는다. 글쓰기를 업으로 하는 사람으로서 실제로 겪은 바를 바탕으로 이

50년 전쟁에 대한 나 나름의 평가를 전하려 할 뿐이다.

나는 1976년 봄부터 10년 가까이 어쩔 수 없이 번역으로 삶을 꾸려나가야 했다. 70년대 중반에 들어서는 한글 전용에 가로쓰기를 하는 출판사들이 꽤 생겨나서 "외국어를 한글로만 옮기되 의미에 혼란이 일어날 가능성이 있을 때만 괄호 안에 한자를 써달라"는 주문이 많았다. 나는 그 여남은 해 동안 본인 이름을 단 번역서 20여 권을 포함해서 50권 가까운 외국 책을 우리말로 옮겼다. 그러던 어느 날 나는 참으로 신기하고도 놀라운 사실을 발견했다. 책 한 권의 번역을 마치고 원고를 처음부터 끝까지 정독하면서 정리하다 보면 괄호 속에 한자를 달아주어야 할 경우가 한 권에 대여섯 번도 나오지 않는다는 것을 확인할 수 있었던 것이다.

6·25전쟁이 터진 이듬해에 국민학교에 들어간 우리는 밀도 높은 한자 교육을 받았기 때문에 일찍이 한자가 뒤섞인 신문을 읽을 수 있게 된 세대이다. 그래서 글에도 한자를 섞어 쓰지 않으면 불편하다고 말할 수 있는 세대이기도 하다. 그런데도 한글로만 10여 년이나 번역을 하고, 한겨레신문에 와서 여섯 해 가까이 한글로만 글을 쓰고 있는데도 괄호 안에 한자를 병기해야 할 필요를 느끼는 적은 거의 없다시피 했다.

개인의 신상명세를 밝힌다면 나는 경성제국대학의 학통을 이어받은 학교의 국어국문학과를 나왔다. 우리 동급생들은 1학년 때부터 어떤 스승에게서 외솔 최현배 선생의 한글전용론과 한글 풀어쓰기를 원색적으로 공격하는 강의를 받았다. 그때 그 스승의 강의에서 감정적인 면을 많이 보면서 고개를 갸우뚱했던 기억이 지금도 머리에 뚜렷이 남아 있다.

그렇다고 해서 나는 최현배 선생이 어떤 면에서 너무 급진적이고 비현실적인 주장을 하는 데는 동의할 수 없었다. 비행기를 '날틀'

이라고 하자는 것이야 언어생활의 주체인 대중이 그렇게 합의하고
따르면 그만이지만 이화여자대학교를 '배꽃계집큰배움집'이라고 부
르자는 주장은 너무 비현실적이라는 생각이었다. 이런 점말고 외
솔 선생의 민족주의적 한글관과 주체적 태도는 지금도 높이 평가하
고 있다.

김영삼 정권이 '국제화와 개방'을 소리 높이 외치면서, 아시아권
의 경제전쟁에서 이기려면 국민학교 적부터 한자를 가르쳐야 한다
는 외침도 거세게 일고 있다. 일리가 있는 말처럼 들리지만 곰곰이
따져보면 현실에도 논리에도 맞지 않는다. 얼마 전에 주일 한국대
사가 일본 대중문화 수입을 제안하면서 서울 거리의 간판에 한자
표기가 거의 없어서 일본인 관광객들이 불편해한다고 말했다. 그
렇다면 토오꾜오나 오오사까에는 한국 손님들을 위한 한글 간판이
붙어 있다는 말인가?

외국어는 필요한 사람이 필요한 만큼만 배우면 된다. 우리나라
사람들이 중학에 들어가서부터 그 어느 나라 사람보다 열심히 배우
는 것이 영어인데, 대학을 졸업한 이들 가운데 영어로 된 전문서적
을 해독하기는 제쳐두고 영어회화를 제대로 하는 사람이 얼마나 되
는가? 그런 능력을 갖추려면 비싼 돈 들여 학원이나 어학연수기관
에 여러 해를 다녀야 한다. 입학시험 위주로 영어문장을 시체 해부
하듯이 가르친 결과가 바로 이것이다.

한자 교육도 마찬가지이다. 우리의 소중하고 방대한 조선 한문
학을 전공할 사람은 본격적으로 한문을 배울 일이고, 우리말의 어
원을 더 정확히 알거나 시대의 흐름을 거스르는 국한문 혼용 신문
들을 쉽게 읽고 싶은 사람은 스스로 한자 공부에 더 힘을 쓰면 된
다.

나는 '우리말의 보물창고'라는 벽초 홍명희의 『임꺽정』이나 박경

리의 『토지』가 한자를 잘 섞어 쓴 글이 아님을 이 글의 결론으로
삼겠다. 나는 이런 책들을 읽으면서 사전을 찾지 않고는 '토종 우
리말'의 뜻을 정확히 알 수 없음을 부끄럽게 여긴다.

──1994년 3월 · 한겨레신문

# 말과 글의 무정부상태

　문자가 생기기 전의 선사시대를 생각해본다. 그때 원시인들은 어떤 말을 썼을까? 한반도에 살던 우리 조상들이 언어를 가지고 있었다면 '말'이란 말을 어떻게 표현했을까? 기록이 없으니 언어 학자들도 밝혀낼 수 없는 일이다.

　말과 관련해서 나는 재미있는 사실 한가지를 생각한다. 돌아가신 문익환 목사가 주도하여 이루어낸 『공동번역성서』 창세기의 첫 문장과 옛날에 읽던 성서의 그 부분이 다르다는 점이다. 후자에는 분명히 "태초에 말씀이 있었다"로 되어 있었는데 전자에는 "한 처음에 하느님께서 하늘과 땅을 지어내셨다"로 바뀌어져 있는 것이다. '태초'를 '한 처음'으로 옮긴 것은 표현의 차이라고 이해할 수 있지만, 어떻게 '말씀'이 '하늘과 땅'으로 변했는지는 짐작이 가지 않는다. 공동번역이 히브리 성서를 원본으로 삼았고 옛날 성경은 영어 성경을 우리말로 옮겼기 때문인가?

어쨌든 태초부터 '말씀'이 있었다는 성서적 언어관은 인류가 생겨났던 적부터 말을 주고받았다는 뜻일 터인데 과학적 사관으로는 수긍하기 어려운 일이다.

### '숏다리'들의 오리지널 잉글리시 ?

인류가 진화를 거듭하면서 혀가 말하는 연장이 되었을 것이다. 그런 말이 분화되어 지금 지구에 사는 종족들 가운데 말을 안 가진 겨레는 하나도 없을 정도로 말은 다양한 얼굴을 하고 있다. 내가 새삼스럽게 말과 글을 주제로 삼는 까닭은 근자에 말을 둘러싼 혼란이 아주 심해지고, 나라 말과 글을 낮추고 깎아내리려는 보수·반동적 움직임이 다시 거칠게 일어나고 있음을 답답하게 여기기 때문이다.

우리는 아침에 일어나자마자 말을 듣고 말을 형상화한 글을 읽는다. 도시건 농촌이건 텔레비전 없는 집은 거의 없으니까 세수를 끝내기가 무섭게 채널을 돌리는 것이 거의 모든 사람의 일과의 시작이다. 직장에 출근하는 이들은 버스나 자가용 안에서 좋건 싫건 라디오를 듣는다. 아침에 '화장하는' 자리서부터 읽는 신문은 일간지만 해도 1천만 부가 넘는다. 그야말로 말과 글의 홍수인 것이다.

그런데 우리 사회의 말과 글은 무정부상태라고 해도 지나치지 않을 정도로 혼란에 빠져 있다. 말을 가장 정확히 써야 할 아나운서들이나 뉴스를 전하는 앵커 또는 기자들 중에는 표준말을 제대로 못하는 사람이 드물지 않다. 언론인들이나 전문 문필가들 중에도 온전한 글을 못 쓰는 이들이 흔히 눈에 띈다. 어떤 사람들은 제 나라 말이 된 외래어와 남의 나라 말인 외국어도 구분하지 못한다. 코미디언이나 개그맨이라고 부르는 '우스개 연기자들'의 말은 대부분이 그야말로 말에 대한 테러 같다. 숏다리니 롱다리니 하는 튀기

말이 청소년 사이에서 무섭게 퍼지더니 이제는 어른들도 그 말을 흉내내면서 재미있어한다. 어떤 가수들은 아예 노랫말의 일부를 영어로 지어 부른다. 「내 사랑 투 유」는 차라리 애교 있는 편이다. 「아라비안 나이트」라는 노래는 "Hey friend, why did you forget your dream yesterday" 따위의 '오리지널 잉글리시'를 토해낸다. 민족적 주체성은 제쳐두고 인간으로서의 자존심을 가진 사람이라면 이런 노래를 들으면서 낯이 뜨거워질 것이다. 그런데 우리나라의 많은 청소년들은 그렇지가 않다. 그런 노래를 부르는 가수들을 우상처럼 섬기고 있다.

텔레비전이나 신문의 광고는 더 어지럽다. 언제부턴지 백양 양말은 BYC, 무등 양말은 MDC로 둔갑했다. 미에로화이바는 美+~에로+fiber의 합성어이고 포카리스웨트는 power+calory+sweat의 줄임말이라니 세상천지에 이런 조어법이 어디 있는가?

있기는 하다. 일본이 바로 그런 나라다. 그 나라 사람들의 언어 사대주의는 하도 심각해서 정신병이라고 말할 수밖에 없다. 보기를 들어보자. 침대를 '벳토'라 하고 서양 과자를 '께끼'라고 부르는 것이야 이해할 수 있지만 대학간의 대항경기를 인따깔렛지에또 (intercollegiate)라고 쓰는 신문을 보면 구역질을 넘어 심한 경멸을 느끼지 않을 수 없다. 그들은 아무 서양말에나 제 나라 어미를 붙여 동사를 만들기도 한다. '사보루'는 '사보따주하다'라는 뜻이다.

하기야 원래 제 나라 글이 없어서 한자를 빌려 일본식 문자를 만든데다, 아직도 한자를 섞어 쓰고 있는 일본인들이 언어생활에서 주체성이 없는 것은 당연하다. 그런데 우수함과 과학성을 널리 인정받는 한글을 가진 우리나라에서 일본의 문화적 후진성과 흉내내기 버릇을 본받는 외국어 남용 풍조가 갈수록 심해지고 있으니 참으로 딱한 일이다.

### 오까모또가 벌인 '유신 언어순화운동'

우리가 중·고등학교에 다니던 50년대나 60년대만 해도 영어나 일본어의 낱말을 섞어가면서 대화하는 사람들은 경박하고 줏대 없다고 해서 손가락질을 받았다. 그러나 앞에서 말했듯이 요즈음 청소년들 대다수는 외국어가 안방 차지를 한 노래를 즐겨 부르고, 서양 배우나 가수의 시시콜콜한 신상명세까지 줄줄 외우는 것을 자랑으로 여기니 시대가 변해도 한참 변했다. 이것을 문화적 진보라고 부를 수 있는가? 천부당만부당한 말이다.

왜 이렇게 되었을까? 잘못된 교육과 문화정책 탓이다. 1945년의 8·15 이래 중등교육 과정에서 가장 높은 비중을 차지해온 것은 영어였다. 미군정이 실질적 식민지인 조선에서 그런 교육정책을 편 것은 그 나름으로 납득할 수 있지만 이른바 이승만 단독정부의 교육관료들이 그 정책을 그대로 이어받은 것은 문화적 식민지의 터를 닦은 짓이었다.

우리는 70년대 초에 우스꽝스런 현상을 본 적이 있다. 박정희씨가 10월유신이라는 헌정쿠데타로 영구집권의 길을 열고 '민족중흥'과 조국통일을 소리 높여 외치면서 낯이 간지러웠던지 갑자기 우리말 정화운동을 벌이라고 지시한 것이다. 날벼락을 맞은 쪽은 연예인들이었다. 이름값이 곧 인기로 통하는 그들 중에 외국식 이름을 가진 이들이 하루아침에 개명을 해야 했으니 얼마나 당황했겠는가. 패티김은 김혜자라는 본명으로 돌아가고 김세레나는 김세나로 바뀌었다. 어니언스는 양파들로, 투 에이스는 금과 은이 되었다. 트위스트김은 김한섭으로 돌아갔던가?

강제성을 띠기는 했으나, 그것은 민족적 주체성 확립과 언어의 제자리 찾기라는 면에서는 잘한 일이었다. 그러나 아무리 훌륭한 정책이라도 그것을 만들고 집행하는 주체의 이념과 행적에 문제가 있으면 결국 실패할 수밖에 없음을 '유신 언어순화운동'은 어김없이 보여주었다.

박정희씨 자신이 일본 식민지 시대에 일본의 꼭두각시 나라인 만주의 군관학교를 나온 뒤 일본 육사를 졸업하고 오까모또라는 이름으로 관동군 장교로 일했다는 것은 너무나 잘 알려진 사실이다. 이런 그가 5·16쿠데타로 민주정부를 쓰러뜨린 뒤 '조국 근대화'라는 명분으로 굴욕적인 '한일 국교 정상화'를 추진하고 베트남에 파병함으로써 미국의 환심을 얻고 일본의 재침략을 부른 것은 당연한 일이었다. 더구나 케네디—존슨—닉슨—포드—카터로 미국 대통령이 바뀔 때마다 그들의 총애를 받아 권력을 지키려고 몸부림을 치고, 결국에는 '박동선 사건'이라는 추문까지 빚은 그가 난데없이 '미국말 추방운동'을 벌이게 했으니 그 자체가 희극이었던 것이다.

그래서 오늘을 보라. 김혜자는 다시 패티김으로, 김세나는 김세레나로 돌아갔다. 아니 한술 더 떠서 잼이니 듀스니 하는 식으로 아예 서양 이름으로 선을 보이는 노래패나 춤패까지 생겨났다. Deux(되)는 프랑스말로 둘이라는 뜻인데 이것을 듀스라고 읽으면서 예명으로 쓰고 있으니 웃을 수도 없는 일이다. 이런 판에서 '서태지와 아이들'이 '서태지와 Children'이라고 하지 않는 것이 기특하다는 생각이 들 지경이다.

### 글(말)은 사람이다

여기서 나는 '글(말)은 사람이다'라는 해묵은 명제를 생각한다. 제 나라 말이나 글을 제대로 쓰지 못하는 사람은 민족적 주체성의 근처에 가지도 못함은 물론이고 기능인으로서도 제구실을 할 수가 없다. 정치인들 중에는 이런 사람들이 특히 많다.

인간은 언제나 눈앞에서 벌어지는 일들과 세계와 사물에 관해 깊이있게 사고하고 그것을 표현할 수 있는 능력을 가져야 한다. 어떤 사람의 강연이나 강의 또는 연설, 토론을 보면 그의 사고의 깊이와 넓이 그리고 세계관과 철학을 읽을 수 있다. 그런데 불행하게도 우리나라의 역대 대통령들은 물론이고 정치지도자들 대다수는 그렇지가 못했다. 정치는 말과 실천을 통한 경쟁인데 밀도있는 사색이나 논리 전개의 능력을 갖추지 못한 인물들이 나라살림을 맡겠다고 나서면서 대중을 상대로 한 텔레비전 토론 같은 것을 죽어라고 거부하는 것은 지적 미성숙의 증거다.

이것은 앞에서 말했듯이 그들만의 잘못은 아니다. 그들은 게을렀다는 나무람은 들어 마땅하지만 여러 면에서 교육과 체제의 희생자들이다. 어릴 적부터 제나라 말과 글을 제대로 쓰는 법을 배우지 못한 탓이다. 오로지 입학시험을 위해서 말과 글을 소총 분해하거나 시체 해부하듯이 다루는 교육만을 받으니 살아 움직이는 언어를 쓰기 어려운 것이다. 특히 사지선다형의 국어시험 문제는 청소년들이 독창적으로 말과 글을 쓰는 능력을 앗아가버린다.

어릴 적에 우리는 정규 교육이라고는 조금도 못 받은 할머니들이 우리말을 아주 구수하고 조리정연하게 하는 것을 보았다. 이오덕 선생이 쓴 『우리 문장 쓰기』에는 이런 보기가 나온다. 81년에 81세이던 경기도 강화군 할머니의 옛날이야기를 채록한 것이다.

"그러니까 아들딸을 두고 인제 베를 짜러 갔거든. 베를 짜주러 갔거든. 옛날에 베 무명 짜구 베 짜는 그걸 매주러 갔거든. 그러니깐 하루 품씩 하루 품삯 받아가지구서 인제 먹구 사는데, 한 날은 그 쌈(사람)네가 메물범벅을 쒀서 한암박을 주드랴. 가주 가서 아이들 주라구. 그래 이놈의 메물범벅을 인제 이구선 오는데, 아 오다가 호랑이를 만났지.

'할멈, 할멈, 그 메물범벅을 한 덩어리 주. 주만 안 잡아먹지.'"

이 선생은 이 할머니의 말솜씨를 이렇게 평한다.

"이전에는 웬만한 사람이라면 이 정도 이야기는 다 잘할 수 있었다고 본다. 보통 사람이라면 누구나 할 수 있고 하고 있었던 이런 이야기 속에 우리말의 참모습이 나타나 있다. 우리말의 법칙도 특징도 표현방법도 여기 다 들어 있다."

나는 어린 시절 고향인 시골 마을에서 동네 사람들이 둘러싼 가운데 말다툼을 벌이는 노인들이 아주 정연한 논리로 상대의 허점을 파고드는 것도 보았다. 그들은 참으로 오늘의 많은 정치인들이나 지식인들보다 우리말을 잘 알고 했던 것이다.

### 일간신문의 국한문 혼용과 세로쓰기

이야기를 교과서 쪽으로 돌려보자. 학교 교육이 병들고 뒤틀어져 있는 마당에 "교과서에 국한문을 섞어 쓰자"거나 "한자를 많이 알아야 국제적 경쟁에서 앞설 수 있다"는 소리가 요즈음 정치인과 학자들의 입에서 부쩍 자주 나오고 어느 큰 신문은 이런 운동에 앞장서고 있다. 이미 수십년에 걸쳐 어문 교육의 바탕으로 자리를 잡은 한글 전용을 노골적으로 뒤엎으려는 움직임이다.

그들의 주장부터 옮겨보자. "한글 전용의 공은 인정하나 한글 전용은 국민의 지성을 저하시키고 한문 문화권에서 고립과 낙후를 부르며 국어를 혼란시키고 교육효과를 감퇴시킨다"(인하대 남광우 명예교수). "서해안 시대를 맞아 중국, 일본 등 한자문화권과 경쟁을 하는 데는 한자 지식의 습득이 필수적이다"(어문교육연구회가 88년 여름 각계 인사 3699명의 서명을 받아 당시 문교부장관에게 낸 건의서에서). "한자어를 빼면 어휘가 부족하여 말이 형성되지 않는다. 이제 당국은 소신을 가지고 국민학생서부터 단계적으로 한자 교육을 시켜야 한다"(한자교육진홍회장 이재전씨).

"한자를 모르는 청소년들이 신문도 제대로 못 읽는다. 그래서 지식과 사고력이 떨어진다"는 소리는 어제오늘 나온 것이 아니다. 이 주장에는 분명히 모순이 있다. 한자를 잘 모르고도 국어나 영어를 잘하는 학생은 지적 수준이 낮단 말인가? 그리고 한자 어원을 가진 말이 많이 섞인 국어를 이해하도록 국민학교 때부터 한자를 섞어 쓴 교과서로 공부를 시켜야 하는가? 우리나라 중·고교 교과목에는 한문이 엄연히 자리잡고 있다. 학생들 대부분이 국한문 혼용 신문을 제대로 못 읽는 까닭은 입시나 내신에서 비중이 미미한 한자 공부를 소홀히하기 때문이다.

국제화시대에 아시아 한자문화권의 경제적 경쟁에서 이기려면 한자를 잘 알아야 한다는 말도 논리적 설득녁이 약하다. 그런 경쟁에는 온 국민이 나서는 것이 아니다. 무역업무에 종사하는 기업체 직원들이나 외교관, 통상관계 관리들이 한자를 열심히 공부하면 된다. 그리고 어디 글만 알아서 되겠는가. 중국어와 일본어, 베트남어 회화도 열심히 배울 일이다.

거듭 말하지만 우리나라의 어문 교육은 한자를 안 가르치거나 덜 가르치기 때문에 잘못되는 것이 아니라 내용과 방법이 글러서 정상이 되지 못하고 있다. 문화선진국들 중에 교육에서 가장 앞서간다는 프랑스를 보자. 그 나라에 가서 특파원 생활을 한 어느 언론인이 쓴 글을 보면, 프랑스 국민학교의 교과목은 모두 14개인데, 그 중 8개가 국어과목이라고 한다. 쓰기, 강독, 시, 읽기, 말하기, 짓기, 발음, 문법이 모두 독립된 과목으로 되어 있는 것이다. 프랑스의 초등교육에서는 국어 교육이 전체 교과의 절반을 넘는다니 놀랄 만한 일이다.

물론 그 나라에서는 국민학교 때부터 영어를 가르치지는 않는다. 최근에 프랑스에서 일고 있는 국어 강화 운동은 그 나라 국민들의 문화적 자존심과 주체성을 여실히 보여준다. 영어나 독어나 이딸리아어는 필요한 사람이 필요한 만큼 공부하면 된다는 생각이 일반적이라고 한다.

마지막으로 나는 우리나라에서 가장 큰 인쇄매체인 일간신문들이 고집하는 국한문 혼용과 세로쓰기야말로 보수적이며 시대의 흐름을 거스르는 것임을 지적한다. 역대 정권이 합법성이나 정통성에 문제가 있다 하더라도, 한글 전용 정책을 일관성있게 추진한 것은 높이 평가할 일인데, 유독 신문들만 국한문 혼용을 고수하고 있으니 참으로 딱한 일이다. 그리고 코흘리개 적부터 가로쓰기에 눈이 익숙해진 국민들에게 세로 읽기를 날마다 강권하고 있는 것도 비과학적이다. 분명히 말하지만 세로쓰기는 앞으로 10년 이상 버티지 못할 것이다. 세로 읽기 훈련을 받은 세대는 이미 50대를 훌쩍 넘어섰기 때문이다. 또 한자를 섞어 써야 뜻을 알기가 쉽다고 하는 독자들도 중년 아래로는 거의 없다.

판매 경쟁을 위해서라면 배달원들을 울리면서까지 강매를 일삼는 신문들이 국한문 혼용과 세로쓰기 세대가 완전히 사라질 때 어떻게 변신하는지 자못 궁금하다. 우리 말과 글의 무정부상태를 하루빨리 극복하기 위해 언론계가 진지하게 반성하기를 바란다.

———1994년 4월·월간 말

# 미스 코리아와 조선 처녀

사람이 몸의 구조가 다름에 따라 남자와 여자라는 양성으로 구분되어 살아온 것은 인류의 역사 바로 그 자체만큼의 시간적 길이를 갖고 있다. 남성은 힘과 용기와 지혜, 여성은 아름다움과 부드러움과 유순함을 덕목으로 한다는 것은 동서양 가릴 것 없이 전해져 온 관념이다. 바로 이런 생각 때문에 수많은 남성이 예쁘고 온화하고 고분고분한 여성에게 목숨까지 걸며 사랑을 바쳤다. 클레오파트라, 양귀비, 춘향, 황진이 같은 이름들이 역사의 물줄기를 바꾼 경국지색(傾國之色)이거나 뭇 남성을 울린 미녀들이다.

현대의 클레오파트라나 황진이는 미스 유니버스나 미스 코리아라는 이름을 달고 있다.

눈이 크고 콧날은 오뚝하며, 입술은 육감적이고 가슴은 보기좋게 부풀어야 하고, 허리는 잘록하며 엉덩이는 적절한 부피를 지녀야 한다. 그뿐 아니라 키는 팔등신이라는 서양식 미인의 조건에 걸맞게 커야 한다.

이런 미스 코리아를 돈으로 사고 판 사건이 지금 요란한 화제로 입에 오르내리고 있다. 한 신문사가 37년이나 주관해온 미스 코리아 대회의 실무책임자가 이름난 미용실의 주인과 짜고 가난한 집안의 어머니가 빚까지 내서 준 돈을 받아 미스 코리아 '진'을 만들어 주었다는 것이다. 그 미인은 그 뒤 극대화된 투자효과의 덕으로 활발한 연예활동을 하고 있다. 하기야 국회의원도 군대의 별도 대학 입학도 돈으로 사는 세상에서 미스 코리아를 암거래했다고 해서 유난히 비난받는다면 억울하지 않느냐는 항변도 나올 법하다. 끝간 데를 모르게 썩어버린 천민자본주의 사회에서 당연히 벌어질 수 있는 사건이라고 치면 그만이지만, 이 문제는 뒤틀리고 일그러진 가치관과 미의식에 관해 진지한 토론과 반성을 하는 계기가 되어야 한다고 생각한다.

아름다움이란 무엇인가? 이 물음에 대한 답에 접근하는 방법으로 몇가지 사례를 들어보자. 우리나라의 대도시들에는 혼수백화점이라는 곳이 더러 있는데, 그런 가게의 문간에 사모관대나 원삼족두리를 한 신랑 신부의 얼굴 가운데는 서양 사람 모습이 많다. 미술 교과서도 서양 신화의 비너스를 미의 화신으로 섬기고 있다. 청소년들은 물론이고 어른들까지도 날마다 몇시간씩 빠져서 사는 텔레비전은 서양식 미녀들과 거기 어울리는 차림을 한 얼치기 한국 청년들의 전시장이라고 해도 과언이 아니다.

우리나라의 오랜 이름인 '조선'의 전통적 아름다움을 작고 못난 것으로 전락시켜버린 것이 오늘의 자본주의 문화와 상업주의이다. 크고 늘씬한 것만 멋이 있고, 검은 것은 더럽고 추하며 흰 것만이 아름답다는 생각이 우리 사회의 미의식으로 굳어진 지는 이미 오래 전이다. 이것이 얼마나 주체성 없고 일그러진 미의식인가를 역사적 사례를 통해 따져보자.

　프랑스의 식민지 마르띠니끄 섬에서 태어난 프란츠 파농은 빠리에 유학 가서 의사 자격까지 따내면서 검은 피부에 대한 열등감에 시달렸으나 제국주의와 식민주의의 본질을 깨닫고 역사를 바로 보게 되면서 흑인 해방을 위한 혁명전사로 목숨을 바쳤다. 최근 영화로 우리나라를 찾은 말콤 엑스도 젊은 시절 양아치로 도둑질과 마약 밀매를 하던 때는 고수머리를 백인처럼 곧게 펴려고 양잿물을 발랐다. 그러나 그는 '검은 것도 아름답다'는 진리를 깨달으면서 흑인으로서 주체성을 굳혀나간다.

　오늘 우리 사회의 많은 청소년들은 심한 외모 콤플렉스에 시달리고 있다. '브룩 실즈처럼 미인이었으면, 톰 크루즈처럼 미남이었으면 얼마나 좋을까. 하다못해 최진실이나 최민수라도 닮았으면……' 이런 꿈을 이루려고 성형외과를 찾는 청소년이 적지 않다고 한다. 못생긴 얼굴과 작은 키를 비관해서 자살하는 아이들도 드물지 않다.

　민족문화의 값진 유산과 겨레의 자주성은 이런 청소년들이 사회의 지도층이 될 때 더욱 짓밟힐 것이다. 더 끔찍한 민족적 자학증세가 벌어지기 전에, 눈이 조금 째졌더라도 동자가 맑고 볼이 발그레하고, 키가 작달막해도 억척스레 일을 잘하는 '조선 처녀'가 우리의 미인임을 알리는 운동을 일으켜야 하지 않을까?

── 1993년 6월 · 한겨레신문

# 『산경표를 위하여』를 위하여

 지난해 11월 중순께 나는 책 한 권을 받았다. 월간 『사람과 산』을 펴내는 산악문화사에서 나온 『산경표(山經表)를 위하여』라는 제목의 책이었다. 나는 그 산악 전문지에 더러 글을 쓴 적도 있는데다 그 월간지를 창간한 사람들이나 지금 경영하고 있는 이들과 가까이 지내는 터여서 정독을 해보리라 마음먹었다. 더구나 그 책에 부록으로 담긴 '백두대간 개념도'라는 것이 관심을 끌었다. 잘아는 산악인 몇사람이 "우리나라에 태백산맥이란 없다. 백두대간이 있을 뿐이다"라고 주장하는 말을 여러번 들은 적이 있기 때문이다.

 그러나 나는 흔히 그렇듯, 그 책을 다른 책더미에 묻어둔 채 해를 넘기고 말았다. 나는 『산경표를 위하여』를 읽지는 못했으나 그 책이 무엇을 주제로 삼고 있다는 것은 어렴풋이 알고 있었다. 여러 신문과 방송이 소홀하지 않게 그 내용을 소개한 것을 대충 읽었던 것이다.

내가 『산경표를 위하여』를 깡그리 잊어버리고 있던 4월 어느 날, 울산의 산악인 신영철씨가 전화를 했다. 지리 연구가인 이우형 선생이 울산에서 산경표에 관한 강의를 하시니 좋은 말씀도 들을 겸 감포 대왕암 앞에서 화전놀이도 할 겸 내려오라는 말이었다.

백두대간, 낙동정맥, 낙남정맥, 호남정맥에 관한 역사적 해석과 대동여지도의 과학성과 현실성 그리고 산경표의 의미에 관한 이야기를 들은 뒤 울산 변두리의 어느 식당에서 뒤풀이가 벌어졌다. 그 자리에서 조석필이라는 광주 사나이와 인사를 나누었다. 크지 않은 키에 군살이 없는 강인한 몸집, 서글서글하면서도 정채가 풍기는 눈을 가진 조석필씨는 소아과 의사이며 산악인이라고 자신을 소개했다. "아, 『산경표』를 쓰신 바로 그분이군요!" 나는 이렇게 말하면서도 그 책을 아직 읽지 않은 것이 미안하고 쑥스러웠다. 옆자리의 누군가가 내 말을 바로잡았다. "『산경표를 위하여』입니다." 나는 다시 한번 계면쩍었다.

그날 밤 조석필씨는 다른 사건으로 내게 깊은 인상을 주었다. 노래판이 벌어져서 자기 차례가 되자 조용필의 노래를 부르기 시작하는데, 소리가 어찌나 구성지고 가락에 신명이 출렁거리는지, 모두 재청 삼청을 했다. 그는 광대 기질도 아주 강한 사람이었다. 그 이튿날은 마침 울산 문화방송이 백두대간 다큐멘터리를 제작하는 날이어서 그는 광주에 가서 울산방송국 제작팀을 맞을 채비를 해야 하는데도 자정이 넘도록 자리에서 일어서지를 않았다. 조석필씨는 신새벽에야 택시를 타고 남도로 가면서도 아쉬운 듯 자꾸 뒤를 돌아보았다.

그로부터 한 달쯤 지난 뒤 부처님 오신 날에 나는 울산 산행길에 나서 이른바 '영남 알프스'에 올랐다. 통도사의 강원 (講院)인 극락암에서 원장인 명정 스님(이분에 관해서는 따로 쓸 이야기가 아주 많다)과 하룻밤을 보내고 나서 늦은 아침에 신영철씨의 안내에 따라 산길을 올라갔다. 지금 오르는 산 이름이 뭐냐고 물었더니 "영남 알프스라고 한다"면서 머리를 긁적거린다. 나는 언젠가 영남 알프스라는 말을 듣고 그것이 어디를 가리키는지, 또 왜 그런 이름이 붙었는지 궁금했다. 그 궁금증 다음에는 극심한 역겨움이 일어났다. 도대체 왜 우리 산 이름에 '알프스'가 들어가야 하는가? 나는 일본 사람들이 미나미(남)알프스니 기따(북)알프스니 하면서 마치 제 나라에 서양 산들을 옮겨놓은 듯이 수선을 떠는 것을 알고 있다. 그런데 우리나라에서도 똑같은 일이 벌어지는 것은 문화적 사대주의라고 가볍게 넘기고 말아야 할 일인가, 아니면 그 병을 정확히 진단한 뒤 처방을 내려야 할 사건인가?

영남 알프스라는 생뚱맞은 이름을 가진 그 산무리는 아름답고 정겨웠다. 우리는 극락암을 떠나서 통도사를 지나 언양을 거쳐 등억리의 간월산장에서 산을 오르기 시작했다. 평일이라 등산객이 드물어 호젓하기 짝이 없는 산자락을 오르다가 어느 지점에 이르자 신영철씨가 분을 못 이기며 씩씩거리기 시작했다. 가파른 산굽이에 갑자기 신작로가 나타난 것이다. "이게 '임도'라고 하는 길입니다. 얼마 전부터 닦기 시작했지요. 영남 알프스의 자원을 개발하고 교통을 편하게 한다는 목적이라나요. 그런데 보십시오. 이 좋은 산을 지렁이처럼 친친 감고 산을 피투성이로 만들고 있지 않습니까?" 그 길은 단순한 짜증이 아니라 울화통을 일으키는 흉물이었다. 간월산장에서 간월봉으로 통하는 원시림을 10분쯤 오르다 보면 어김없이 그 지네 같은 길이 나타나는데 등산객의 편의를 위한 것인지 산간교통에 이익이 되는 것인지 전혀 짐작이 가지 않았다. 그 길뿐 아니라 이른바 영남 알프스 일대는 산기슭을 벌겋게

파헤친 채 온천을 개발한다는 명분으로 자연을 짓이긴 곳이 보이는
가 하면 인간의 탐욕이 짓밟은 자리들이 여기저기에 드러나 있었
다.

그래도 산은 아름답고 싱싱했다. 해발 1000m가 넘는 산봉우리
에 이르는 길에는 낮은 데서는 자취를 감춘 철쭉이 한창이고 억새
가 여름을 향해 푸름을 더해가고 있었다. 특히 그 산무리에서 동해
를 향한 얼굴 격인 영취산(영축산이라고도 부른다)은 신라 불교의
중심인 통도사의 거대한 배경으로 영산의 기운을 풍기고 있었다.

영취산 봉우리에서 가파른 골짜기를 타고 넘어질 듯 내려오면서
나는 이 장엄하고 정취가 물씬 풍기는 산무리를 우리말로 어떻게
불러왔는지, 영남 알프스를 대신할 이름은 무엇인가를 골똘히 생
각했다.

문득 『산경표를 위하여』가 머리에 떠올랐다. "그래, 그 책에는
잃어버린 이름들에 관한 열쇠가 있을지도 몰라." 나는 서울에 돌아
오자마자 조석필씨가 쓴 책을 펼쳐들었다. 거기에는 영남 알프스
라는 튀기이름의 본명 같은 것은 없었다. 그러나 나는 그 책의 제1
부인 「산경표 이야기」를 읽어내려가면서 우리가 잃어버린 특정의
이름은 정말로 사소한 것이고 온 나라의 산줄기(산맥이라고 교과
서에 쓰여 일반적으로도 통용되는 말)의 이름과 분류 체계가 통째
로 잘못되어 있음을 알고 충격을 받았다. 물론 나는 그 책을 읽기
전에도 태백산맥은 그릇된 이름이고 백두대간이 옳다는 사실쯤은
알고 있었으나 조석필씨가 문헌을 근거로 해서 발로 확인한 우리나
라의 산줄기와 물의 연관은 너무나 과학적이고 사실적이었다. 다
음과 같은 여러 진술에서 우리는 온 겨레가 한 세기 가까이 잘못
알고 써온 산줄기 이름들의 탄생 배경과 그것이 굳어진 과정을 이
해할 수 있다.

"선조들은 산과 강을 하나의 유기적인 자연구조로 보고, 그 사이에 얽힌 원리를 찾는 데 지리학 근간을 두었다. 1769년 여암 신경준이 펴낸 것으로 되어 있는, 『산경표』라는 지리서에 나타난 1대간 13정맥은 그러한 노력의 한 결실이다."

"산맥이라는 용어는 일제가 조선 강점을 기정사실화해가던 무렵인 1903년, 일본인 지리학자 코또오 분지로오(小藤文次郞)의 손에 의해 태어났다. 그는 조선의 지질을 연구하여 『한반도의 지질구조도』라는 것을 발표하였고, 거기에 기초하여 태백산맥, 소백산맥 따위의 산맥 이름이 생겨나게 되었다."

여기까지만 보면 왜 지금의 산맥체계가 잘못된 것인지를 명확히 알 수 없을 것이다. 다음 대목을 보자.

"현재 '산맥'이라고 불리고 있는 것은 '땅속의' 일정한 선을 기준으로 하여, 거기에 '땅 위의' 산들을 꿰맞춰놓은 분류체계이다. 이러한 분류법은 땅속의 선이 땅 위의 산과 '정확하게' 일치하기만 한다면 괜찮은 발상이 될 것이다. 그러나 현실은 그렇지 못하다는 것이 문제의 발단이다."

이러한 모순이 그럭저럭 통용되었던 것은 '땅맥'이라 불러야 마땅할 그 선을 산맥, 즉 '산들의 맥'이라는 이름으로 교묘히 포장해 온 덕분일 것이다.

코또오 분지로오가 창안한 조선의 산맥체계는 우리 조상들이 삶의 경험을 바탕으로 또 합리적 과학성에 따라 만든 산경표를 근본적으로 뒤엎는 것이었다. 조석필씨는 코또오가 저지른 잘못과, 그것이 조선을 식민지화하고 조선의 문화와 자연을 비하하려는 불순한 기도에서 비롯된 혐의가 짙다는 점을 논리적으로 밝혀낸다. 그 논리를 요약하면 이렇다. 산경표 원리의 시작이자 끝은 산자분수령(山自分水嶺)이다. "산은 물을 가르고, 물은 산을 건너지 않는

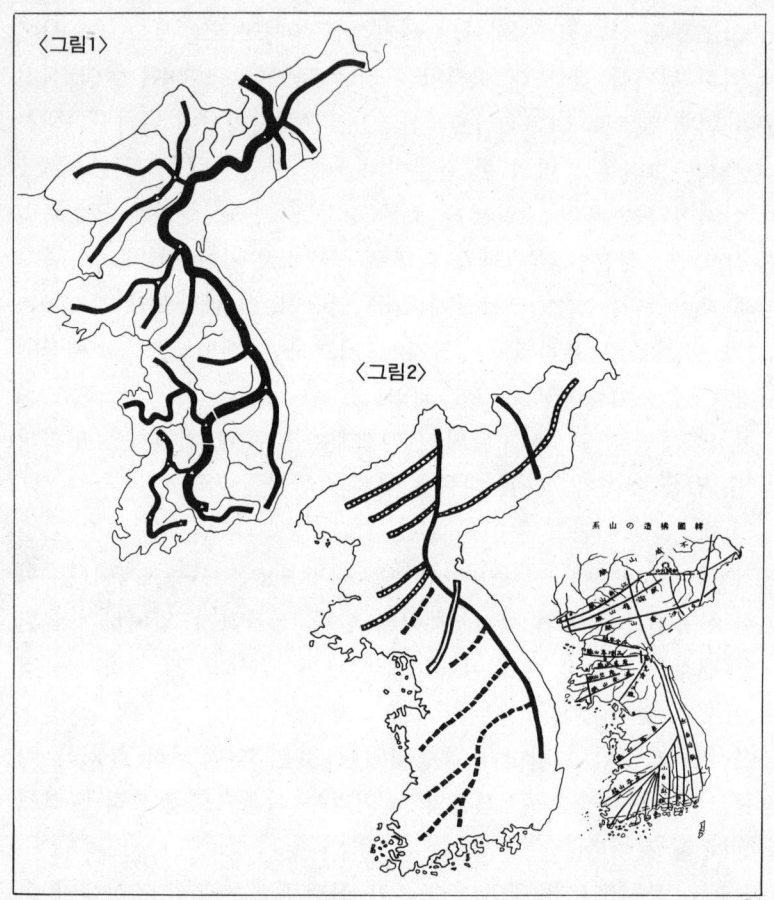

〈그림1〉

〈그림2〉

다"는 뜻이다. 이 말은 언뜻 뻔한 소리로 들릴 수도 있지만 산경표
의 산줄기 개념을 집약하고 있다. "산이 물을 가르고 있으니 물이
산을 넘어가지 못함은 당연한 일. 양쪽 물줄기의 젖줄이면서 울타
리이기도 한 그 선이야말로 두 물줄기의 분수령인 것이다." 그러나
코또오 분지로오의 산맥들은 이 원리에서 완전히 벗어나 있다.
〈그림 1〉과 〈그림 2〉를 비교해보면 우리나라 사람들이 얼마나 엉

터리 산맥체계에 속아 살아왔는지를 한눈에 알 수 있다. 〈그림 1〉
은 산경표에 따라 백두대간을 비롯해서 1정간, 13정맥을 표시한
것이다. 이 그림을 보면 그 어느 강도 산줄기를 넘지 않는다. 다시
말하면 강은 산줄기에서 시작해서 바다로 흘러든다. 그러나 〈그림
2〉는 그야말로 엉터리이다. 이 그림은 코또오가 제시한 조선의 산
맥체계를 야쯔 쇼에이가 지도로 만든 것이다. 이 그림에서는 강들
이 어지럽게 산맥과 얽혀 있다. 다시 말하면 물이 산을 넘고 있다.

이 글을 여기까지 읽은 여러분 가운데 아직까지 『산경표를 위하
여』를 읽거나 본 적이 없는 사람은 놀랄 것이다. '아니 우리가 여
태까지 강이 산을 넘는 지리를 배워왔단 말인가.' 대답은 '그렇다'
이다.

다시 『산경표를 위하여』로 돌아가보자. 결론부터 말하면 '태백산
맥'이란 것은 없다. 백두산에서 시작해서 지리산에서 끝나는 백두
대간이 있을 뿐이고, 이 대간은 우리나라 땅의 근간인데, 일본인
이 그곳을 중간에서 토막내어 부산 쪽으로 끌어내린 것이다. 왜 그
랬을까?

거기에는 식민사관이 꿈틀거리고 있다. 코또오는 조선 사람들의
정신적·지리적 기둥인 '백두'라는 말을 의도적으로 지우고 그보다
왜소한 산인 태백산을 가장 큰 산맥의 정점으로 삼은 것이다. 게다
가 그는 "조선반도는 토끼처럼 생겼다"는 상징 조작까지 했다.

"조선인들은 자기 나라의 외형에 대해 '형태는 노인의 모습이며,
나이가 많아서 허리는 굽고 양손은 팔짱을 끼고 지나(支那: 중국을
가리킴 ― 저자)에 인사하는 모습과 같다. 조선은 당연히 지나에
의존하는 게 마땅한 일이다'라고 여기고 있다."

코또오가 조선의 산맥체계를 이렇게 왜곡한 뒤, 조선을 삼킨 일
제는 마을 또는 민족의 정기가 서려 있다고 믿어지는 명산 정수리

곳곳에 두 척이 넘는 쇠말뚝(斷穴鐵柱)을 촘촘히 박는가 하면 수도
서울의 목줄 자리에 조선총독부 건물을 세웠다.

자, 그럼 이 부분에서 오늘을 생각해보자. 내년이면 해방 50년
을 맞이하는데, 일제 잔재를 청산하기는커녕 친일세력이 아직도
권력의 상층부에 자리잡고 있다. 일본의 고위 관리나 극우파가 조
선 침략이 정당했다고 말하면 한국의 언론과 여론은 망언이라고 흥
분하다가 금세 잊고 만다. 제 나라의 근본인 산줄기를 온통 뒤틀어
놓은 산맥체계를 교과서에 실어 청소년들에게 가르치고 어른들도
그 틀린 이름을 그대로 쓰면서 그런 망언에만 화를 내니 참으로 딱
한 일이다.

권력과 언론이 말로만 일제 잔재 청산을 외칠 때 말없이 우리의
산하에서 그 부끄러운 찌꺼기들을 걷어내려고 땀을 쏟은 사람들이
있다. 앞에 말한 이우형 선생은 올해 회갑에 들어선 분으로 원래
방송국 성우였는데, 민학회라는 모임에서 '산경표' 이야기를 듣고
민간지리학자로 삶의 길을 바꾼 분이다. 그는 산경표를 연구하는
한편 대동여지도를 보급하는 데도 힘을 쏟는 민족지리학의 계승자
이다.

이 선생의 가르침에 따라 산경표의 산줄기들을 시작부터 끝까지
주파하고 대동여지도의 잘못까지 바로잡은 젊은이들이 있다. 그
맨 앞에 여성산악인 남난희씨와 부산의 산악인이자 시인인 권경업
씨가 있다. 일찍이 84년 새해 첫날부터 76일에 걸쳐 태백산맥을
혼자서 종주하고 『하얀 능선에 서면』이라는 책을 낸 바 있는 남난
희씨는 산경표를 알게 된 뒤 일제의 민족지리 말살에 분노하면서
자주의식에 눈떠 백두대간 종주에 나섰다. 월간 『사람과 산』이 90
년 창간 첫돌 기념사업으로 벌인 '백두대간 통일산행'은 남난희씨
와 권경업씨의 합작이었다. 그들은 많은 산벗들의 지원을 받으면

서 그해 10월 6일 지리산 천왕봉을 떠나 한 해에 걸쳐 한 달에 한 번씩 토막산행을 이어가다 향로봉에서 민족분단선에 막혀 발길을 돌렸다. 날수로 65일, 거리는 690km였다. 오로지 능선을 따라 물을 건너지 않고 백두대간을 거슬러올라간 그들은 산경표가 옳고 코또오의 태백산맥이 그름을 발로 증명했다.

이듬해에는 두 사람의 뒤를 이어 신영철씨를 대표로 한 '산군들'이 낙동정맥을 완주했다. 백두대간 줄기인 태백산 한 자락 천의봉에서 시작하는 낙동정맥은 부산 바다 앞에서 끝난다. 신씨는 마지막 날 느낌을 이렇게 적었다.

"참으로 길었던 산나그네의 여정이 끝나는 금정산 고담봉에서, 이제 대하를 이룬 숨죽인 낙동강의 붙박인 모습을 보고 나는 그저 목이 메었다. 맑은 물이 졸졸거리던 골짜기의 재롱스러움이 한반도를 북남으로 관통하며 어느 사이 깊은 물로 완성된 그 모습은 감동 이상의 것이었다."

그 다음해인 92년 10월부터 이듬해 7월까지에는 조석필씨를 비롯한 연인원 34명이 영취산부터 백운산까지 462km의 호남정맥을 답파했다. 『산경표를 위하여』의 현지답사였던 것이다. 그리고 요즈음은 마산의 송용철씨가 이끄는 산사람들이 다달이 낙남정맥을 타고 있다.

나는 하루라도 빨리 우리나라의 교과서가 산경표를 바탕으로 바로잡히기를 바란다. 그리고 '무지한' 탓에 일제 잔재인 산맥 이름들을 날마다 입에 담고 있는 사람들이 어서 깨어나기를 기원한다. 어제까지 무지했던 나처럼.

—— 1994년 7월·월간 말

# 나의 '문맹' 이력서

앞을 못 보는 사람을 장님, 소경 또는 봉사라고 한다. 글을 못 읽는 사람을 문맹이라고 한다. 신문기자를 문맹이라고 부르면 곧 이들을 사람이 있을까? 그러나 여기서 말하는 문맹이 문자를 해독하지 못하는 이를 가리키는 것이 아니라 사회와 역사와 현실에 무지한 이, 다시 말하면 정치·사회·역사적 문맹을 지칭하는 말이라고 설명하면 고개를 끄덕이는 사람이 많을 것이다. 고백하기에 부끄러울 것이 없어서 하는 말이지만 나는 1967년 11월에 동아일보사에 들어갈 때 이런 문맹이었다. 그것은 내가 그 신문사에 지원한 동기에서도 분명히 드러난다. 나는 동아일보사의 역사와 실체에 대해서도 완전히 문맹이었다. 신문기자는 사회의 목탁이라는 그럴듯한 찬사와 어우러진 해볼 만한 일이고, 게다가 동아일보사는 그런 직장 중에는 가장 근사한데다가 그 신문이 대표적 민족지라는 평가까지 듣고 있으니 평범한 월급쟁이를 하는 것보다는 거기서 일하는 편이 낫겠다는 것이 내가 신문사를 지원한 주된 이유였다.

입사한 지 석달 만에 군대에 갔다. '김신조 일당'으로 불리는 북의 특공대가 청와대를 기습하려던 '1·21사건' 직후에 입대한 나는 아주 고된 군대생활을 했다. 소위로 임관한 나의 벗들은 '김신조빽'으로 외출 한번 제대로 못하는 보병학교 훈련을 마친 뒤 전방으로 배치되었다. 내가 간 곳은 백마고지라고 불리는 6·25동족전쟁의 격전지가 아득히 보이는 중서부전선의 철조망 앞이었다. 나는 국민학교를 졸업하지 못한 농촌 청년들이 태반인 소대원들과 함께 한밤에 순찰을 돌고 낮이면 잠에 빠져들었다.

지금 생각하면 참으로 한심하고 부끄럽지만, 아, 그때 그 철조망과 백마고지와 아련히 보이는 북녘 동포들의 마을 앞에서 나는 왜 분단과 통일의 의미를 그렇게도 몰랐을까? 가장 큰 관심사는 어떻게 하면 토요일에 서울행 기차를 타고 그 지겨운 곳을 잠시라도 벗어날까 하는 것이었다.

전방생활 반년 만에 나는 다시 '김신조의 빽'으로 후방으로 전출되었다. 68년 겨울, 예비군을 창설한다, 정규군의 전투력과 군비를 증강한다, 해안경비를 강화한다 하면서 박정희 정권이 군사적 긴장을 한껏 높일 때 나는 전투부대 창설요원이 되어 강원도 원주의 어느 사단으로 갔다. 요즈음 더러 원주에 가면 쑥스럽게 회상하는 일이지만, 60년대 말에 가톨릭운동과 농민운동의 중심으로 크기 시작한 원주가 그때의 내게는 군인들로 가득한 살벌한 도시, 그리고 주민들은 어떻게 하면 군인들의 봉급을 더 빼앗아낼까만을 궁리하는 정떨어지는 도시였다. 그 당시의 민주화운동이나 민중운동에 문맹이었던 내가 원주에 지학순 주교가 있는지, 김지하 시인이 가톨릭운동에 깊이 참여하고 있는지를 모르는 것은 너무나 당연했다.

이렇게 그 시절의 나를 문맹으로만 단정하는 것은 지나친 자기 비하일는지도 모른다. 그러나 어쨌든 내게는 틀이 잡힌 정치의식이나 역사의식이나 진보적 세계관이 결여되어 있었음이 분명하다. 다만 가난하고 억눌리는 사람들에 대한 동정심은 모자란 편이 아니었다. 그것이 그 시절의 부끄러움을 조금 덜어주는 유일한 위안이다. 나는 한 끗발이라도 낮은 부하에게는 군림하면서 상관에게는 아부하고 줏대 없이 구는 직업군인들이 정말로 싫었다. 중대본부에서 그런 중대장과 앉아 있으면 숨이 막혔다. 그러나 그 순박한 소대원들과 함께 있을 때는 마음이 푸근했다. 그들이 다 정직하지는 않았지만, 대부분은 소처럼 우직하고 인정도 많았다.

치악산 기슭을 들개처럼 쏘다니면서 강훈련을 받은 우리 대대는 69년 봄에 강원도 삼척 부근의 외진 어촌으로 이동했다. 지금 동해안에 가면 흉측하게 해안을 덮고 있는 철조망과 장애물은 바로 그때 우리가 '선구적'으로 세운 것들이다. 삼척에서 한참 비포장도로를 따라가는 곳, 임원이라는 그 어항에서 서울에 가려면 열댓 시간은 좋이 걸렸다. 보이는 것은 망망한 대해와 등뒤 먼 곳에 길게 뻗어 있는 산맥뿐이었다. 고향이 그리운 나와 소대원들은 더 정이 들었다. 군대에서 역마살이 끼었는지 해변 근무 넉달 만에 모두가 부러워하던 서울의 6관구사령부 연락장교로 발령을 받고 바닷가를 떠나던 날 그 순박한 청년들이 흘리던 눈물이 지금도 선연히 떠오른다.

서울과 원주의 사단사령부를 오가던 군대생활을 끝내고 70년 6월 동아일보사로 돌아갔을 때, 내가 여전히 사회적 문맹상태에 있었음은 물론이다. 그런데 뭔가 많이 달랐다. 기관원이라고 불리는 자들이 기자처럼 편집국에서 살고 있었다. 중앙정보부의 방아무개라는 자는 아예 편집국장 노릇을 하고 있었다. 그는 편집국장의 코앞에 있는 편집부에 서서 물이 묻은 신문대장을 가리키면서 이 기사는 줄이라고 지시를 하고 있었다. 세상에 이런 일이 있을 수 있는가? 가슴에서 뜨거운 것이 부글부글 끓어올랐다. 그런데 더 참혹한 꼴이 있었다. 편집국의 간부라는 사람들의 행동거지였다. 기관원이라는 자가 이런저런 부탁조의 지시를 하면 얼굴이 굳어지는 척하면서 고분고분 따르는 것이었다. 나는 처음 보는 풍경이었지만 신문사에서 계속 일한 동료들에게는 새삼스런 일이 아닌 모양이었다. 하기야 70년 6월이라면 박정희씨가 삼선개헌을 끝내고 마지막 직선을 준비하고 있었을 때이니 언론인들에 대한 회유와 협박이 얼마나 심했겠는가?

소문도 많았다. 삼선개헌 때 정치부장을 하던 아무개는 재산을 얼마나 모았다느니, 당시의 여당인 공화당에 출입하는 누구는 동아일보사의 기자가 아니라 그 당의 홍보요원이라느니 하는 따위의 소리들이 그것이었다. 신문사는 상층부터 썩어가고 있었다. 젊은 기자들은 자포자기 상태였다. 눈앞에서 얼쩡거리는 기관원들을 볼 때마다 비위가 뒤틀리던 나도 어느새 무감각에 빠졌다. 어떤 때는 그 기관원이 그곳에 없는 것이 이상하게 느껴질 정도였다.

내가 군복무로 중단된 기자 수습을 마치고 사회부에서 경찰출입 기자를 시작한 것은 71년 봄이었다. 그해에는 왜 그리 사건이 많았는지! 우선 박정희씨와 야당후보 김대중씨가 맞붙은 대통령선거가 4월 말에 있었다. 그리고 언론의 역사에서 중요한 사건으로서 그해 4월 15일에 동아일보사의 기자들이 앞장선 '언론자유수호선언'이 있었다. 이 선언은 70년대 언론의 암흑기에 드문드문 터져나온 자유언론운동의 원류가 된 움직임이었다.

지금 어렴풋한 기억을 더듬어보면 71년 광주대단지 주민의 생존

권투쟁, 베트남전쟁에 나갔던 한진 노동자들의 본사 방화 같은 것이 '폭동'이나 '난동'이라는 제목 아래 신문지면을 요란하게 장식했다. 나는 초년의 사건기자로 정신없이 뛰어다녔다. 그러나 이런 대사건을 열심히 따라다니면서도 격변기의 민중운동이 갖는 의미를 제대로 모른 것이 지금도 아쉽다. 나는 가난한 사람들의 몸부림을 정직하게 전해야겠다는 막연한 사명감만 가지고 현장을 찾아갔다.

'유신'의 먹구름이 닥쳐왔다. 다른 모든 부문의 사람들에게도 그랬겠지만, 가쁜 숨을 몰아 쉬면서 잔명을 유지하던 언론인들에게 그것은 먹구름이라기보다는 절망의 나락이었다. '남북의 통일과 민족중흥'이라는 미명 아래 종신 독재체제를 세우겠다는 박정희씨와 그 추종자들의 시퍼런 서슬과 독기 앞에서 언론은 입술 한번 씰룩거리지 못했다. 굴욕과 침묵에는 길이 잘 들어 있던 언론인들 가운데 유신 직후에 붓을 던지고 언론계를 떠난 사람은 손가락으로 꼽을 수 있는 정도밖에 없었다.

72년 10월, 유신의 홍두깨가 이 사람 저 사람을 두들기고 총칼과 군홧발이 공포 분위기를 한껏 돋우고 있을 때 울화를 속으로만 삭이고 있던 언론인들은 차츰 자포자기에 빠져들기 시작했다. 사회의 이곳저곳에서 들려오는 신음소리는 한마디도 보도할 수 없고 오직 박정희 패거리의 독기 서린 협박만을 전하는 확성기로 전락해 버린 신문에서 무슨 보람을 찾을 수 있었겠는가? 동아일보사 부근의 당구장은 1판 제작이 끝나는 시간부터 기자들로 초만원을 이루었다. 기자뿐만 아니라 논설위원들도 부차장들도 몰려들었다. 저녁이면 주머니 사정에 따라 소줏집이나 맥줏집을 찾아가서 매가리 없는 이야기로 시간을 보냈다.

이런 세월이 한 해 가까이 흘렀다. 바로 그때 하나의 사건이 일

어났다. 73년 10월 2일, 서울대 문리대에서 터진 그 사건은 한국
의 민주화운동은 물론이고 언론계에도 화산폭발과 같은 충격을 주
었다. 200여 명의 학생들이 문리대의 4월혁명 기념비 앞에서 가마
니에 무릎을 꿇고 앉은 채 유신체제 규탄대회를 벌인 것이었다. 그
당시로는 상상도 할 수 없는 일이었다. '반유신'은 감옥을 의미했
다. 아니 그것은 죽음으로도 이어질 수 있는 거사였다. 그때 편집
부에서 일하던 나는 사건 하루 뒤 사회부 책상에서 그 역사적 데모
를 사진으로 보았다. 전율인가, 아니면 감동인가? 눈자위에서 뜨
거운 것이 배어나면서 온몸에 전류가 흘렀다.

　10·2 데모를 계기로 동아일보사에는 심상치 않은 분위기가 감돌
았다. 그것은 밖으로부터 찾아온 구원이었다. 젊은 기자들이 30여
명쯤 3일 밤인가에 편집국에 모여 앉았다. 용감한 그 학생들의 그
역사적 데모를 신문에 한 줄도 보도하지 않을 것이냐는 소리가 높
았다. 그들은 그 기사가 보도되기까지 침묵의 밤샘농성을 하기로
의견을 모았다. 당시의 언론사에서 그것은 비장한 저항이었다. 사
건이 일어난 지 사흘 뒤인가 10·2 데모는 동아일보 사회면에 1단
으로 보도되었다. 편집국의 책임자가 중앙정보부에 강제연행되어
고초를 겪었다. 그러나 1단 기사의 위력은 대단했다. 거기에 용기
를 얻었는지, 아니면 서울대생들의 희생적 행동에 고무되었는지,
유신체제를 비판하는 데모가 서울과 지방의 대학들로 급속히 번져
갔다. 이런 기사들은 동아일보에서 차츰 비중이 커져갔다. 1단이
2단으로, 2단이 3단으로 부풀었다. 나는 그때의 그 밤샘농성에 참
여한 기억을 지금도 선명하게 떠올릴 수 있다.

　여기서 내가 정치·사회적 문맹에서 조금씩 벗어나기 시작한 과
정으로 이야기를 돌려보자. 이것은 나의 개인사이지만, 어둡고 고
달픈 시대를 살아온 한 지식인의 내면세계와 삶이 어떻게 변해왔는

가를 보여주는 기록이므로 젊은 세대에게 얼마쯤 깨우침을 줄 수
있는 체험이라고 생각하고 여기에 소개한다.

대학의 국문학과에 들어간 나는 입학한 지 얼마 지나지 않아 공
부에 취미를 잃었다. 그도 그럴 것이 학교에서 가르치는 '문학'과
어학이 어쩐지 현실과는 동떨어진 한가한 놀음이라는 생각이 막연
하게 들었다. 그러나 2학년에 오르기까지는 이효석의 소설들에 대
해 열심히 논문을 쓰기도 하고, 서양 문호들의 작품을 많이 읽었
다. 지금도 있는지 모르지만 종로 1가의 '르네쌍스'라는 음악감상
실에 자주 가서 눈을 감고 심각한 표정으로 바흐와 모짜르트와 베
토벤을 들었다.

나와 친구들은 그렇게 헤맸다. 그것이 문화적·정신적 무국적자
들의 방황이라는 것도 모르는 채, 가능하면 서양의 '명작'을 많이
읽고 '고상한' 예술을 더 많이 감상하려고 기를 썼다. 글도 썼다.
그러나 역사와 현실을 보는 눈을 제대로 갖추지 못한 상태에서 쓴
글이 오죽했으랴!

내 또래의 대학생들이 모두 그랬다는 말은 아니다. 60년의 4월
혁명 직후부터 문리대 앞의 개천가로 풀려나온 그 수많은 '금서'들
을 보고 역사와 현실에 새롭게 눈을 뜬 학생들도 더러 있었다. 그
책들은 선배들에게서 비밀리에 전해받은 것이었다고 한다. 금서라
고 해봤자 지금 서점에 널려 있는 사회과학 책들이나 역사, 문학
관계서적보다 번역이 서툴고 논리의 강도가 약했겠지만, 어쨌든
그런 책으로 머리가 깨인 학생들이 데모에 앞장을 선 것은 사실이
었다. 나의 대학생활은 눈이 번쩍 뜨이게 만드는 책 한 권도 발견
하지 못한 채 지나가고 말았다.

나는 내근 발령을 받고 편집부에서 일하기 시작한 72년 봄에 비
로소 한 권의 책을 만났다. 내 나이 스물여덟이던 때이고 유신쿠데

타가 일어나기 몇달 전이다. 임종국 선생이 공들여 쓴 『친일문학론』이 바로 그 책이다. 그 책은 나의 머리에 후천개벽을 일으켰다. '3·1독립선언'을 기초했다는 최남선, 민족운동과 민족문학의 선구자라는 이광수, 근대시의 개척자 주요한은 말할 것도 없고 김동환, 이효석, 서정주 모두가 친일분자들이었다. 지금 이 글을 읽는 젊은이들은 '당신은 어째서 그때 그 나이에 그런 기본 지식도 없었느냐'고 한심해할는지 모른다. 그러나 그것이 우리 세대의 일반적 수준이었다는 변명밖에는 달리 할말이 없다.

내가 국민학교부터 대학에 이르기까지 학교에서 배운 지식체계는 송두리째 무너졌다. 누구보다 앞장서서 창씨개명을 하고, 한 겨레인 청년들을 일제의 총알받이로 나가라고 강연을 하고 시를 쓰고, 천황폐하의 만수무강을 빌던 자들이 어떻게 학교의 책에는 위대하고 훌륭한 인물로 나와 있는가? 그 한 권의 책은 제도교육의 희생자인 나를 거짓의 세계에서 진실과 빛의 나라로 끌어냈다.

문인들뿐이 아니었다. 내가 다니던 동아일보사가 더 문제였다. 나는 그때까지만 해도 동아일보가 일제시대 이래 '민족지'라는 주장에 대해 그렇게 강하게 의심을 품은 적이 없었다. 그러나 그게 아니었다. 『친일문학론』은 동아일보사의 실질적 창업주인 인촌 김성수의 친일행각을 역사적 사실과 기록을 근거로 냉정하게 제시하고 있었다. 동아일보가 키운 '인물'들로 꼽히는 송진우, 장덕수 그리고 한민당의 지도자들이었던 조병옥과 장택상도 마찬가지였다. 한 권의 책이 정치, 사회, 역사, 문학의 문맹을 하루아침에 계몽했다는 점에서 『친일문학론』은 내가 잊지 못할 스승이다.

그 다음에 나를 놀라게 한 책은 리영희 선생의 『전환시대의 논리』였다. 지금은 같은 신문사의 한 방에서 그분을 논설고문으로 모시고 있지만, 그 책을 처음 읽으면서 나는 언론인이 이런 글을 쓸 수도 있다는 사실을 눈으로 확인하고, 그분이 외계인처럼 느껴졌다.

그 책에는 세계와 역사를 보는 전혀 '다른' 눈이 있었다. 특히 베트남전쟁에 대한 리영희 선생의 시각은 60년대 후반과 70년대 초반 지식인들의 일반적 수준에 비하면 혁명적이었다. 내가 일하던 신문에서 베트남전쟁에 대한 보수적 보도와 논평만을 습관적으로 보던 나는 『전환시대의 논리』를 읽고 베트남 민족해방투쟁, 미국의 제국주의적 속성과 신식민주의를 명확히 알게 되었다. 그리고 그런 추악한 전쟁에 팔려가서 명분도 없이 목숨을 바친 '파월용사'들의 비극을 다시 생각했다.

기억에 남는 또 한 권의 책이 있었다. 제목이 길어서인지 지금 정확하게 생각이 나지 않는데, 지은이는 레오 휴버만이라는 미국인이었다. 그는 그 책에서 인간의 경제생활을 아주 쉽게, 명쾌한 논리로 해설하고 있었다. 그는 『유한계급론』이라는 책으로도 우리나라에 알려져 있다.

몇권의 책이 한 인간의 사고와 행동 양식을 완전히 바꾸어놓을 수는 없겠지만, 어쨌든 나는 그 책들 덕분에 새롭게 눈을 뜰 수 있었다. 73년 10월에 서울대 학생들의 유신체제 반대운동이 일어났을 때, 그래서 나는 문맹상태를 벗어나서 그 사건을 볼 수 있었다.

민주화운동에 관한 기사들이 갈수록 넓은 자리를 차지하는 신문에서 일하는 보람은 매우 컸다. 72년 10월의 유신쿠데타 직후에 느끼던 그 참담한 좌절감과 무력감은 천천히 사라져갔다.

73년 말부터 재야인사들을 중심으로 개헌청원백만인서명운동이 시작되었다. 당시의 유신헌법은 청원을 '범죄'로 규정하고 있었기 때문에 그 운동은 박정희 독재체제에 대한 정면도전이나 다름없었다. 여기에 위협을 느낀 박정권이 탄압의 방편으로 생각해낸 것이

이른바 '긴급조치'라는 것은 이제 너무나 잘 알려진 역사적 사실이
다.

신문사에는 다시 매섭고 찬 바람이 불어닥쳤다. '반유신적' 기사
와 논평은 자취를 감췄다. 대대적인 검거선풍이 불었다. 긴급조치
1호에서 4호에 이르기까지, 민청학련사건과 인민혁명당사건이 조
작되었다. 연행된 사람이 수천명을 넘었고, 그중에 200명이 훨씬
넘는 학생과 운동가들이 구속되었다.

그 살벌한 공포의 시기에 동아일보사의 젊은 기자들은 유신독재
가 만능의 지배체제는 아니라는 믿음을 품고 있었다. 그들은 강력
한 조직 속에서 움직이지는 못했지만, 서로 강한 믿음과 우애를 느
끼고 있었다. 바로 그해 이른봄에 동아일보사에서, 언론의 역사에
서 사건이라고 불러야 마땅한 일이 다시 벌어졌다. 8·15 뒤의 좌
우대립 시기 이래 처음으로 언론인들의 노동조합이 그 회사에서 결
성된 것이다. 사건의 발단은 복잡하면서도 단순했다. 동아일보사
의 사원들 가운데 다수는 경영진의 봉건적 자세를 강하게 비판하고
있었다. 예를 들면, 사장인 김상만씨는 임금인상이나 퇴직금 깎
기, 작업환경 개선, 인사이동 같은 문제에서 대지주 같은 고압적
태도로 사원들을 다루고, 중간간부들을 마름처럼 부린다는 것이었
다. 그리고 무엇보다도, 그를 중심으로 하는 경영진과 편집책임자
들은 언론의 자유를 찾아 실천할 의지가 없이, 기득권을 유지하고
언론기업을 키우는 일에만 신경을 쓴다는 것이었다.

이런 비판의식을 강하게 품고 있던 동아일보사의 젊은 언론인들
에게 기름을 붓고 성냥불을 그어댄 것이나 다름없는 사건이 일어났
다. 긴급조치의 서릿발이 모든 사람의 등골을 서늘하게 만들고 있
던 74년 3월 초에 동아일보사는 난데없이 편집국과 방송국의 사원
몇사람을 인사이동시켰다. 기자를 방송국의 프로듀서, 프로듀서를

기자로 보내는 식이었다. 두 직종 가운데 어느 것이 좋고 어느 것
이 나쁘다는 뜻이 아니라 본인의 선택이나 의지와는 관계가 없이
경영자가 독선적으로 행한 그 인사는 큰 반발을 일으켰다. 특히 이
동발령을 받은 기자 중에는 얼마 전에 『기자협회보』에 언론인노조
를 결성해야 한다고 주장한 사람이 포함되어 있었다. 그것은 보복
이자 예방 인사임이 분명했다. 나는 그 기자와 같은 부에서 일하고
있었다. 그날 밤 그 부의 기자들이 모인 술자리에서 "노조를 만들
어서 이런 부당한 인사에 맞서 싸우자"는 제안이 나왔다. 거의 모
든 기자가 호응했다. 경찰출입기자의 야근차가 재빠르게 동지들을
불러모았다. 중구 약수동에 있는 어느 기자의 집에 33명이 모였
다. '10·2데모' 직후에 편집국에서 밤샘농성한 사람들에 몇명이
더 추가된 집단이었다.

　그 당시에 신문사에서 노동조합을 결성하겠다고 나서는 사람은
미치광이로 여겨지거나 만용을 부리는 돈끼호떼로 보였을 것이다.
특히 가부장적 '질서'가 굳어져 있고, 직원들에 대한 대우도 다른
언론사들보다 낮다고 알려져 있던 동아일보사에서 노조를 만들리
라고는 그 누구도 상상할 수 없는 일이었다. 그러나 혁명이나 대변
혁이 가난한 나라에서만 일어나는 것이 아니듯이, 그 사건은 노동
조건이 비교적 나은 그 회사에서 일어났다.

　그것은 단순히 노동조건만을 개선하자는 운동은 아니었다. 유신
독재 아래서 잠시 되찾았다가 긴급조치로 빼앗긴 언론자유를 실천
하고, 편집권의 독립을 이루자는 운동이기도 했다.

　3월 8일 33명의 기자들은 서울시청에 설립신고서를 냈다. 6일
하룻밤을 꼬박 새워 규약을 비롯하여 신고에 필요한 서류를 만들고
집행부를 구성했다. 가장 신경을 쓴 것은 보안이었다. 노조를 결
성했다는 사실이 회사나 정보기관에 전해지면 만사가 끝장날 것이

었다. 비밀은 완벽하게 유지되었다. 8일 아침 시청에 들러 신고절
차를 마친 노조 창립회원들은 이내 광화문의 회사로 달려가 창립선
언문과 격문을 뿌리기 시작했다. 그때의 홍분과 감격을 어떻게 말
로 표현할 수 있겠는가! 동아일보사의 평사원들 사이에는 열광
이, 경영진과 편집간부들 사이에는 공황이 일어났다. 오늘날 언론
사에서 노조를 만드는 것은 당연한 일로 되어 있고 탄압도 그다지
겪지 않지만, 15년 전의 그때 그것은 거사라는 말로밖에는 나타낼
수 없는 모험이었다. 사원들의 호응은 대단했다. 차장급까지를 가
입 대상으로 한 노조는 창립 이틀 만에 대상자의 90% 가까이로부
터 원서를 받았다. 지금 기억하기에 회원은 200명을 넘었다.

  경영진의 반응은 예상한 바 이상으로 강경하고 야비했다. 설립
신고를 한 바로 그날 밤에 편집국의 게시판에 노조 집행부 전원을
해고한다는 방이 붙었다. 사전에 통고가 없었음은 물론이고, 해고
의 사유도 명시되어 있지 않았다. 그것은 명백히 그 회사의 사규에
도 어긋나는 조치였다. 나는 긴급히 구성된 대책위에서 책임을 맡
았다가 이틀 뒤엔가 해직당했다.

  모두 19명이 해고되었고, 여러 명이 무기정직을 당했다. 회사는
해직된 노조원들의 책상을 재빨리 치우고 회사 출입까지 막았다.
우리는 꼭 한 달 동안을 거리에서 보냈다. 동아일보사의 불법행위
를 알리려고 유인물을 만들어 이리저리 돌리고, 출근시간에는 회
사 앞에 서서 침묵시위를 벌였다. 그 한 달에 보고 겪은 그 많은
일들을 어찌 여기에 다 옮길 수 있겠는가? 어쨌든 우리는 한달 만
에 복직되었다. 해고무효가처분소송에 대한 판결이 나오기 직전에
사장 김상만씨가 사면복권을 시킨 것이었다. 왜 그랬는지 정확한
이유는 아직도 밝혀지지 않았지만, 그 사건이 정치문제가 되는 것
을 꺼려 한 중앙정보부가 복직을 강요했다는 설이 있었다.

동아일보사의 노조는 참으로 기묘한 방식으로 서 있었다. 경영
진은 시청이 설립허가증을 내주지 않았다는 이유를 들어 노조의 합
법성을 인정하지 않았다. 노조는 그런 주장을 일축하고 활동을 계
속했다.

노조의 핵심을 이루고 있던 사원들은 회사의 간부들로부터 협박
과 회유를 많이 받았다. 제일 끔찍한 것은 "너희들은 민청학련의
학생들처럼 빨갱이라는 죄로 잡혀갈 수도 있다"는 협박이었다. 웃
어넘길 수밖에 없는 일이었다.

동아일보사의 노조는 조심조심 걸어갔다. 경영주가 노조의 존재
자체를 인정하려 들지 않으니 단체교섭이 있을 리 없었다. 따라서
노조는 편집국과 출판국의 기자들, 방송국의 프로듀서와 아나운서
와 엔지니어들의 단합을 강화하는 조직으로 조용한 활동을 펴나갔
다.

74년의 정치·사회적 상황은 살벌했다. 앞에서 말한 대로 민청
학련사건과 인혁당사건으로 수백명이 감옥에 갇히고 군법회의에서
10년 징역부터 사형에 이르기까지 중형을 선고받았으나, 신문과
방송에는 군 당국의 발표문밖에 실리지 않았다. 기자들이 자유롭
게 보도할 수 있는 일은 단 한 건도 없었다.

여기저기서 양심수의 가족들이 울부짖는 소리가 들려왔다. 법정
에서 애국가를 부르는 피고인들의 입을 헌병이 틀어막아도, 그것
을 본 변호사가 "법을 공부한 것이 부끄럽다, 차라리 피고인 자리
에 서고 싶다"고 선언하고 그 자리에서 구속되어도, 천주교의 지학
순 주교가 유신독재를 비판하는 '양심선언'을 하고 중앙정보부에
잡혀가도 언론은 벙어리였다. 개신교와 천주교에서 자주 열던 인
권기도회만이 그 민주인사들과 가족들의 억울함을 달래주었다.

1974년 가을이 왔다. 갈수록 싸늘해지는 날씨 속에서 양심수들

의 고통은 더 깊어갔고, 사랑하는 남편과 아들을 교수대로 보내게
된 인혁당 가족들의 공포와 불안은 더 커져갔다. 무엇인가 획기적
인 돌파구가 없는 한, 그들의 수난은 끝나지 않을 것이었다. 10월
24일, 동아일보사에서 그 어둡고 캄캄한 세월에 한 줄기 빛을 던지
는 사건이 일어났다. '10·24자유언론실천선언'이 바로 그것이었
다. 당시에는 '유엔절'이라는 이름의 공휴일이어서 외근기자들 대
부분이 편집국에 머물러 있던 그날 아침 9시 조금 지나서 동아일보
사 3층 편집국에는 기자총회를 알리는 연락이 부산하게 돌았다.
출판국의 기자들과 방송국 직원들까지 합세해서 200명이 넘는 사
원이 편집국에 모였다. 이것이 그 유명한 10·24자유언론실천운동
의 시작이었다. 이 운동은 이제 여러 매체를 통해 알려질 만큼 알
려졌기 때문에 여기에 그 과정을 자세히 소개할 필요는 없겠다. 다
만 나 자신이 그 운동의 과정에서 보고 들은 일들을 부분적으로 전
함으로써 젊은 세대가 그 역사적 사건의 성격과 전개과정을 이해하
는 데 도움을 주고 싶다.

　나는 그해에 만 서른살이었다. 나는 편집국의 사회부와 편집부
를 거쳐 그해 가을에는 방송국의 사회문화부 기자로 영등포경찰서
에 출입하고 있었다. 방송기자는 석간신문 기자보다 고달팠다. 하
루에 마감시간이 한 번이고, 한두 번 기사를 고쳐부르는 신문기자
에 비해 방송기자는 시간마다 기사를 불러야 하니 신경도 언제나
곤두서 있고, 피곤했다. 그러나 10·24 이후의 나날은 신이 났다.
보도금지 구역이던 민주화운동에 높이 쳐져 있던 벽이 조금씩 무너
지기 시작했기 때문이다. 신이 났다고 했지만, 흡족할 정도로 언
론의 자유가 온 것은 아니었다. 신문에서 '1단의 벽'은 여전히 버
티고 있었고, 방송뉴스에서도 반유신 인사들의 녹음 보도 같은 것
은 금기였다. 그러나 이 벽은 서서히 무너졌다. 한국기자협회 동

아일보사 분회가 중심이 된 자유언론실천특별위원회는 날마다 회
의를 열고 언론자유의 폭을 넓혀나갔다. 그 작업은 참으로 눈물겨
운 것이었다. 외부의 압력보다는 내부에 잠복해 있는 유신의 앞잡
이들과 기회주의자들, 그리고 겁쟁이들이 더 문제였다. 양심수들
의 참상이나 그 가족들에 관한 기사를 받은 부장이나 차장 가운데
는 그것을 아예 묵살하거나 박박 지워서 알맹이를 뺀 기사를 내려
는 자들이 많았다. 이런 것은 독자들이 알 수가 없는 일이었다.
  한번은 이런 일이 있었다. 75년 2월 15일에 양심수들이 거의 다
석방되어 나와서 그 끔찍한 고문을 폭로하고 있던 때였다. 아침 7
시의 동아방송 뉴스에 어떤 기사가 어떻게 보도되는지가 동아일보
의 제작에 결정적 영향을 끼치기 때문에 젊은 기자들은 회사 근처
의 여관에서 합숙을 하고 새벽 6시쯤 방송국 보도부로 나갔다. 그
날의 데스크는 유신정권의 하수인이나 다름없는 사람이었다. 그는
엄청난 사실이 담겨 있는 기사원고를 펼쳐놓고 '개칠'을 하려고 하
는 참이었다. 젊은 기자 30여 명이 아직 잠이 덜 가신 눈을 부릅뜨
고 그를 에워쌌다. "이 기사를 고치시려는 겁니까?" 그는 기사가
너무 강해 회사에 어떤 압력이 올지도 모르니 손을 봐야겠다고 말
했다. 어느 기자가 소리쳤다. "당신은 박정희한테 월급을 받습니
까, 아니면 동아일보 사원입니까?" 그는 어물거렸다. 살기등등한
기자들의 표정에 기가 질린 그는 벌레 씹은 얼굴을 하고 그 원고를
아나운서실로 넘겼다. 그래도 미심쩍어서 기자들은 스튜디오까지
따라가서 뉴스방송을 지켜보고 나서야 해장국집으로 몰려갔다.
  동아일보사 노조가 사무실처럼 쓰고 있던 광화문 네거리 국제극
장 뒷골목의 세종여관은 거의 날마다 젊은 기자들과 방송국의 프로
듀서들과 아나운서들로 붐볐다. 편집국과 출판국 그리고 방송국의
기자들로 구성된 자유언론실천특별위원회는 날마다 저녁에 회사에

서 하루의 지면을 검토한 뒤에 밤에는 그 여관에 모였다. 그 자리
에서는 어떻게 하면 더 나은 신문과 잡지와 방송을 제작할 수 있는
가를 놓고 열띤 토론이 벌어졌다. 그 여관은 75년 3월 17일 132명
의 언론인이 동아일보사에서 쫓겨난 뒤 조직한 동아자유언론수호
투쟁위원회의 사무실로 쓰이게 된다.

동아일보사의 운동은 '10·24선언' 두달 만인 74년 12월 말에
유신독재의 음험한 도전과 공작에 부닥쳤다. 어느 날 대기업체의
광고주가 갑자기 광고 동판을 찾아가는 심상치 않은 일이 생기더니
대광고주들이 줄을 이어 광고를 해약하는 사태가 벌어졌다. 얼마
뒤에는 동아방송의 광고도 급격히 줄기 시작했다. 누구의 짓인지
짐작하기 어렵지 않은 일이었다. 광고주들은 하나같이 회사의 사
정 때문이라거나 말할 수 없는 곡절이 있다고 말했지만, 광고탄압
의 배후에 정보기관과 세무관계 부서가 있을 것은 너무나 뻔했다.
박정희의 손짓 한번이면 재벌도 하루아침에 거지가 될 수 있는 판
에 유신독재의 우두머리가 운명을 걸고 추진하던 그 광고봉쇄를 거
부하고 동아일보나 동아방송에 광고를 줄 대자본가가 있을 리는 만
무했다. 다만 용기있는 몇몇 중소기업인들이 토막광고를 보낼 뿐
이었다.

동아일보의 광고면은 며칠 사이에 하얗게 비어버렸다. 참으로
세계언론사에 유례가 드문 사건이었다. 사원들의 심경은 처참했
다. 그때 누군가가 이런 제안을 했다. "우리 월급으로 저 지면을
삽시다." 모두가 동의해서 그 텅 빈 광고란에 사원들의 자체광고가
처음으로 실렸다. 이것은 문자 그대로 하나의 기폭제가 되었다.
처음에는 어느 나이든 언론인 출신이 격려광고를 보냈고, 이어 사
회의 거의 모든 부문에서 광고가 쏟아져들어왔다. 학생, 노동자,
농민, 문학인, 변호사, 성직자, 기독교도, 불교도, 해외동포, 운

동단체들, 동창회, 심지어는 행상, 윤락여성들까지 어렵게 번 돈을 들고 동아일보사를 찾아왔다.

광고탄압이 한 달을 넘긴 75년 1월 어느 날이었다. 그날은 일요일이었는데, 쉬는 날 같은 것을 가리지 않던 우리 동료들은 회사에 나와서 이런저런 이야기를 나누고 있었다. 점심때가 조금 지난 시간에 초라하기 짝이 없는 차림의 중년사내가 뉴스부의 문을 열고 들어섰다. "여기가 광고 내는 뎁니까?" 그는 주눅이 잔뜩 든 표정으로 머뭇거리며 물었다. 나는 그에게 의자를 권하고 이야기를 들었다. 그는 싸구려 바지나 내복을 들고 거리를 다니며 파는 행상이었다. 시골 어디에선가 농사를 짓다가 더이상 생활을 꾸릴 수 없어서 가족을 남겨둔 채 홀로 서울에 와서 동가식서가숙을 하는 딱한 형편이었다. 그는 주머니에서 구겨진 돈 2천 원을 꺼냈다. "동아일보에 격려광고를 내려고 어제 온종일 광화문에서 수색까지 가면서 물건을 팔아 번 돈입니다. 이걸로 광고가 될까요?" 나는 눈에서 더운물이 왈칵 쏟아지는 것을 애써 감추었다. 눈앞이 흐려졌다. "아, 되고말고요." 그는 그 눈물겨운 돈을 내 앞으로 내밀면서 두 손을 움켜쥐었다. "동아일보가 꼭 이겨야 합니다. 열심히 싸워주십시오." 그는 몇번이나 뒤를 돌아보면서 문을 나섰다. 14년이 지난 지금도 그의 허름한 뒷모습이 눈에 선하다.

그 무렵에 동아일보사에서 이런 경험을 한 사람은 나만이 아니었다. 허리가 꼬부라진 할머니, 감옥에 자식을 둔 어머니, 판잣집에서 라면도 제대로 못 먹는 어린이들이 때에 전 돈을 들고, 돼지저금통에서 털어낸 동전을 들고 그 회사를 찾아왔다.

그러나 무수한 드라마로 점철된 그 격려광고와 자유언론실천운동의 목을 조르는 검은 손길은 날이 갈수록 포악해졌다. 75년의 이른봄 대탄압의 막이 올랐다. 사장인 김상만씨는 그해 봄의 주주총회에서 이동욱씨를 주필로 뽑았다. 그는 70년대 초에 필화사건으로 동아일보사를 떠나기는 했지만, 그 뒤에 권력기관과 밀착되어 있었다는 의심을 받던 사람이었다. 그를 주필로 정했다는 것은 자유언론운동에 대한 선전포고나 다름없었다. 아니나다를까, 그는 기사와 논평에 대해 사사건건 간섭하기 시작했다. 모두가 과격하다는 것이었다.

운명의 날이 왔다. 1975년 3월 8일, 동아일보사는 갑자기 18명의 언론인을 해고했다. 광고탄압으로 회사의 경영이 어려워져서 감원을 할 수밖에 없다는 것이 해고의 이유였다. 그 18명 속에는 노조의 지부장을 비롯하여 자유언론운동에 앞장선 기자들이 여러 명 들어 있었다. 노조 쪽에서 보기에 그것은 도저히 납득이 가지 않는 일이었다. 신문과 방송과 잡지로 엄청난 수익을 올린 동아일보사가 겨우 석 달 동안 광고탄압을 받았다고 해서 경영난에 빠졌다고 믿을 사람은 없었다. 더구나 적지않은 액수의 격려광고까지 들어오지 않았는가?

'10·24운동'에 적극적으로 참여한 언론인들은 대부분이 노조원이었다. 그러나 표면적으로 한국기자협회 동아일보사 분회가 그 운동을 지휘하고 대변했다. 기협 분회는 "경영난을 구실로 한 대량 해고의 부당함을 지적하면서 기자들의 봉급을 깎아서라도 해고된 동료들의 급료를 감당할 테니 해고를 철회하라"고 촉구하는 유인물을 돌렸다. 이것이 해사행위라는 이유로 기협 분회장과 한 기자가 다시 해임되었다. 그때까지만 해도 자유언론의 주력 쪽에서는 제작거부 같은 극한적 항의를 자제하고 있었다. 그러나 봉급을 깎아서라도 동료들과 함께 일하도록 해달라는 유인물을 냈다고 해서 인사위원회 한번 열지 않고 기협 분회장을 해임한 것을 본 그들은 이것이야말로 동아일보 사주가 '10·24운동'을 노골적으로 탄압하고

격려광고를 통해 그 운동을 지원한 민중을 배신하겠다는 뜻을 비친
것이라고 단정했다.

3월 12일 아침 편집국에서 열린 기자총회는 회사가 부당해고를
철회할 때까지 신문과 잡지의 제작을 거부하기로 결의했다. 그러
나 김상만씨를 중심으로 한 경영진은 제작거부를 주동했다는 이유
로 12일에 17명을 또 해임했다.

2층의 공무국에서는 23명의 기자들이 물만 마시면서 단식투쟁을
벌였고, 4층에서는 방송국 직원들이, 3층에서는 편집 · 출판 · 방송
국 기자들이 농성을 계속했으나, 동아일보사는 제작거부에 참여하
지 않은 소수의 기자들과 편집간부들을 데리고 이 신문사 저 신문
사를 떠돌아다니면서 '해적판' 동아일보를 만들었다.

나는 3월 12일에 해임되었다. 그 신문사에 들어간 지 7년 남짓
이 되던 때였다. 직장을 잃었으니 앞으로 어떻게 살 것인가 하는
따위의 생각은 들지도 않았고, 또 사실 그때 31살의 미혼이던 내
게 그런 것은 심각한 문제가 아니었다. 그러나 결혼해서 자식을 여
럿 둔 사람들에게는 제작거부에 동참한다는 것은 피가 마르는 결단
을 필요로 했다. 처음에 제작거부에 참여한 150여 명이 연출한 그
많은 드라마 가운데서 가장 감동적인 한 편을 소개하겠다. 그 주인
공은 지금은 고인이 된 김인한 선생이다. 당시에 교열부 차장이던
그는 제작거부가 시작된 날 간부사원이라는 지위 때문에 별관의 제
작참여파에 묻혀갈 수밖에 없었다. 13일이던가, 그는 기자들이 농
성을 하던 3층의 편집국으로 '월경'해왔다. 그때 그는 50살이었다.
"저쪽에서 신문을 만들다 보니 말할 수 없는 치욕과 죄책감을 느꼈
어요. 파면당하더라도 제작거부를 해야겠다고 결심하고 이리 왔지
요." 그는 눈물을 펑펑 쏟고 있었다. 나는 그런 일이 있기 전부터
도 개인적으로 그를 존경하고 있었다. 그는 쉰이라는 나이에 어울

리지 않게 사내 축구대회가 열리면 교열부의 선수로 나와서 젊은이
들과 몸을 부딪치면서 공을 찼다. 축구 이야기가 나오니 김인한 선
생이 80년 5월 10일인가에 열린 기자협회 주최의 축구대회에 동아
자유언론수호투쟁위원회의 대표선수로 나가서 수비수로 맹활약한
것이 생각난다. 그때 그의 나이 55살. 김인한 선생은 88년 3월에
작고하셨다. 회갑을 겨우 넘긴 창창한 연세에 그렇게도 건강하시
던 선생께서 병환으로 쓰러지셨을 때 나는 믿을 수가 없었다.

그는 4·26총선 하루 전날 한겨레신문의 등록증이 나오는 것도
보지 못하고 돌아가셨다. 그는 급환으로 입원하기 전에 그 육중한
몸으로 안국동에 있던 한겨레신문사 편집국의 교열부에 앉아 돋보
기를 끼고 창간 준비작업에 열중하셨다.

동아일보사의 제작거부는 처절한 전쟁이었다. 3층의 편집국과 4
층의 방송국에 진지를 구축한 '자유언론부대'와 별관에서 해적신문
을 제작하던 '제작참여파'의 싸움은 민중의 절대적 지지를 받던 전
자와 민중을 배반한 후자의 대립이었다. 경영진은 무술 유단자들
을 수십명이나 갑자기 채용하여 본관을 포위하고 출입자를 통제했
다.

격려광고로 자유언론을 지원하던 독자들은 큰 혼란에 빠졌다.
어제까지만 해도 하나가 되어 독재정권에 맞서 싸우던 동아일보사
에 내전이 일어난 듯이 보였기 때문이다. 독자들이 그렇게 오해하
는 것은 당연했다. 동아일보사는 3월 12일 저녁신문부터 대대적인
광고를 통해 제작을 거부하는 기자들은 난동분자이고 불순한 세력
이라고 몰아붙이기 시작했다. 독자들에게 접근할 매체를 갖지 못
한 기자들은 기껏 유인물 몇천장을 찍어 대중을 향해 선전전을 벌
였으나 70만 부를 넘는 신문과는 상대가 되지 않았다.

농성 엿새째의 밤이 왔다. 3월 16일, 해는 지고 광화문 일대에

어둠이 깔리면서부터 분위기가 심상치 않았다. 바깥에 나가서 정탐을 하고 돌아온 동료들이 무교동 골목에 수상한 자들이 무리를 지어 몰려 있는가 하면 광주리에 무엇인가를 담은 업무사원들이 부산하게 별관을 들락거린다고 보고했다. 자정이 가까워지면서 습격의 전초전이 여기저기에서 시작되었다. 갑자기 군대용의 탐조등이 본관 건물을 핥기 시작했다. 몽둥이와 산소용접기를 든 폭도들이 불빛에 드러났다. 17일 밤 1시께였던가, 본관의 계단을 타고 들어오면서 그들이 공격을 시작했다. 먼저 2층의 공무국. 한 주일 내내 물과 소금만 먹으면서 단식하던 23명의 기자들은 소름끼치는 산소용접기 소리와 함께 쇠문이 찢기면서 난입해온 폭도들에게 들려 창 밖으로 던져졌다. 밖에서 기다리고 있던 동아일보사의 승용차들이 잽싸게 그들을 혜화동의 고려대 부속병원으로 실어날랐다. 통금이 실시되던 그 시절에 그 차들은 아무런 제지도 받지 않고 달려갔다.

3층의 편집국에 대한 공격은 밤 2시가 넘어 시작되었다. 농성하던 언론인들은 편집국의 쇠덧문을 굳게 잠그고 긴급회의를 열어, 폭력으로 대항하지는 않는다는 결의를 했다. '끼익' 덧문에 무슨 도구로 구멍을 내는 소리가 들려왔다. 이어 쇠망치가 창문을 부쉈다. 그 구멍으로 술에 취한 채 각목과 산소용접기와 쇠파이프를 든 폭도들이 하나씩 들어왔다. 줄잡아도 200명이 넘었다. 3층에서 농성하던 사원은 100명 남짓이었다. 우리는 마지막 집회를 가졌다. 「10·24자유언론실천선언」을 읽고 자유언론과 민주주의 만세를 부른 뒤에 편집국을 나서기 시작했다. 줄지어 층계를 내려오는데 폭도들이 여기자들의 치마를 들치는가 하면 발을 걸어 넘어뜨리기도 했다. '자유언론'이 동아일보 경영진과 유신독재의 결탁에 밀려 신문사 밖으로 쫓겨나가던 밤, 그 무지막지한 깡패들의 발길질이 자유언론의 조종소리에 반주를 넣고 있었다.

이른봄의 신새벽에 부슬비가 내렸다. 남자도 여자도 하나같이 눈물을 흘리며 밤거리로 나섰다. 동아일보사 앞마당에서는 민주인사들이 기다리고 있었다. 그들과 우리의 눈물 위로 빗방울이 떨어져내렸다. 모두 눈물을 닦으려고 하지도 않았다. 동이 트기 전에, 4층에서 결사적으로 저항하던 방송국 직원들이 마지막으로 밀려나왔다. 동녘이 밝아왔다. 가죽잠바를 입은 형사들이 우리의 등을 떠밀었다. 우리는 지하도 건너편의 비각까지 밀려갔다. 바로 그날 쫓겨난 언론인들이 서울신문사 건물 안에 있던 한국기자협회 사무실에서 결성한 조직이 동아자유언론수호투쟁위원회였다. 동아투위는 비슷한 무렵에 만들어진 조선투위와 함께 유신독재 시대의 재야 언론운동단체로서 긴급조치의 암흑 속을 뚫고 나왔다.

바로 그날, 1975년 3월 17일부터 나는 해직기자가 되었다. 그때부터 만 6개월 동안 공휴일만 빼고 날마다 아침에 회사 앞에 줄지어 서서 침묵시위를 벌였다. 결국 우리는 가족의 생계를 위해 취업의 길로 나서면서 그 일을 중단했다. 그로부터 15년이 가까워지는 지금까지 연인원 20여 명이 투옥되고, 수십명이 연행되었다. 나 자신도 세 번 옥살이를 했다.

이 이야기는 여기서 그쳐야겠다. 이 글은 나의 개인사를 장황하게 소개하자는 뜻에서 쓴 것이 아니라 정치·사회적 문맹이나 다름없던 한 지식인이 세계와 역사를 보는 눈을 새롭게 뜨면서 실천과 투쟁으로 나가게 된 과정을 전하는 데 목적을 두었기 때문이다. 오늘을 살아가는 젊은이들에게 나의 경험이 조금이라도 도움이 되었으면 좋겠다. 75년 3월 이후로, 거리에서 자유언론실천운동을 하고, 긴급조치 9호에 묶여 감옥에 가고, 80년 5월에 수배자가 되어 고달픈 '잠수함' 생활을 하고, 84년부터 민중문화운동과 민족민주

운동에 종사하다가 한겨레신문 창간에 참여하여 오늘에 이르기까
지의 이야기는 다음 기회로 미루겠다.


—— 1989년 · 내 마음 우러나는 소리로 살고 싶었네

# 문화운동에 '강제동원'당한 이야기

1984년 1월 초순의 어느 날이었다. 74년에 민청학련사건을 주동한 뒤 감옥을 들락날락한 끝에 출판사업을 하고 있던 나병식씨가 우리 집으로 전화를 걸었다. 영동 어느 맥줏집에서 누군가하고 함께 있으니 좀 만나자는 것이었다. 기온이 영하 15도를 밑돌던 추운 날 저녁, 그곳에 가보니 지금 부산대 무용학과 교수인 채희완씨와 고인이 된 문학평론가 채광석씨가 기다리고 있었다. 그들이 나를 불러낸 까닭은 문화예술운동을 하는 일꾼들이 전국적 조직을 만들려고 하는데 거기에 '얼굴'로 나서달라는 부탁을 하려는 것이었다. 나는 그 말을 듣자마자 소한테 물린 사람처럼 허허 웃고 말았다. "문화예술운동이라니? 내가 그 동네하고 무슨 연관이 있다고 나한테 그런 소릴 하는가." 나이나 학교로 따져서 후배인 그들에게 나는 정색을 하고 따져 물었다.

그 무렵의 정치·사회·문화적 상황은 이러했다. 80년 5월 전두

환·노태우씨 중심의 신군부가 5·17쿠데타를 일으키고 광주항쟁을
총칼로 억누른 뒤 3년이 넘도록 재야운동권은 잔뜩 오그라들어 있
었다. 학생들만이 학교와 노동현장에서 힘겨운 싸움을 벌일 뿐,
민주화운동의 기성세대는 기나긴 겨울잠에 빠져 있었다.

그러던 어느 날, 그러니까 83년 9월 말이라고 기억한다. 민주화
운동청년연합이라는 단체가 서울 미아리 너머 아리랑고개 못미처
있는 한 종교기관의 건물에서 결성되었다. 김근태씨를 의장으로
세운 민청련은 당시 서슬이 푸르던 군사독재정권과 정보기관에 충
격을 주고 그들을 당황하게 했다. 그리고 재야인사들이 보기에도
그 살벌하던 시기에 청년운동가들이 전국조직을 만든다는 것은 무
모한 일로 여겨졌을 것이다.

그러나 어쨌든 민청련은 강력한 자세로 침체한 민족민주민중운
동을 일깨우기 시작했다. 민청련의 이런 선도 속에서 이듬해인 84
년 3월에 태어난 것이 한국노동자복지협의회였다. 방용석, 이영
순, 이총각, 정선순씨를 비롯해서 해고노동자들이 앞장서서 이룬
그 모임은 당시 수준으로는 재야노동운동의 유일한 전국적 조직이
었다.

내가 영동의 맥줏집으로 불려나간 날은 민청련은 이미 생겨났
고, 한노협은 태동하고 있던 때였다. 그 후배들은 이렇게 상황 설
명을 했다. '애오개'에 모여 문화운동을 하던 사람들과 광주를 포
함한 지역문화운동 일꾼들이 얼마 전 광주에서 수련회를 갖고 문화
운동의 여러 부문을 아우르는 조직을 만들기로 합의를 했다는 것이
다. 연극, 음악, 미술, 춤을 포함해서 모든 부문을 통합하는 모임
의 결성을 추진하자는 뜻이었다.

여기서 화제를 잠깐 '애오개'로 돌려보자. 애오개는 경기공전 자
리 건너편 아현동으로 올라가는 고개 초입에 있던 소극장이었다.

82년 12월에 아현민속문화교습소라는 이름으로 문을 연 애오개는 강습과 공연 활동을 아울러 하고 있었다. 건물 지하에 30평이 채 안 되는 공간을 차지하고 있던 그 소극장에서는 「청산리 벽폐수야」, 노래 이야기 「가지꽃」 같은 공연이 드문드문 벌어졌다. 그곳은 연행을 위한 공간이라기보다는 문화패들의 사랑방 같은 데였다. 채희완, 임진택, 임명구, 박인배, 유인택 같은 ‘광대’들이 모여서 진지하게 토론도 하고 한담도 하고 술판도 벌이는 자리였다. 지금도 잊을 수 없는 것은 거기서 열리던 망년회이다. 한다 하는 ‘민주광대들’이 한자리에 모여 벌이는 판을 구경하다 보면 절로 신명이 나던 것이었다.

그러니까 84년 한겨울에 본격적 문화운동체를 만드는 일에 앞장선 사람들은 애오개를 일군 이들이었다. 거기에 당시 광주에서 문화운동에 깊숙이 관여하던 작가 황석영씨와 그 도시의 운동가들이 가세했다.

그날 나는 단호히 문화운동의 ‘얼굴마담’을 사양해야 했는데, 지금 기억으로는 그러지를 못했던 것 같다. 그 어정쩡한 태도가 수락으로 비쳤는지 발기인들은 곧 가칭 민중문화운동협의회를 만드는 작업에 들어갔다. 그날 나는 그들의 다음과 같은 논리를 반박할 만한 뾰족한 수단이 없었다. “해직언론인인데다 문학평론을 하고 있으니 문화운동을 하고 있는 것 아닌가”라는.

하기야 나는 75년 봄 동아일보사에서 힘에 밀려 동료 130여 명과 함께 쫓겨난 뒤 번역과 평론을 전업으로 하고 있었다. 또 84년 초에는 동아투위와 조선투위말고는 해직언론인들의 전국조직도 없었기에 해직언론인 쪽에서 민문협에 간다는 명분으로 추진위에 참여했던 것이다. 조직의 틀을 짜고 운영규칙을 만드는 작업을 한 달 넘게 벌인 끝에 그해 4월 18일 민문협이 출범했다. 작가 송기숙

선생, 황석영씨, 나를 포함한 다섯 사람이 공동대표를 맡고 실무
책임자인 사무국장으로는 지금 민예총 사무차장인 박인배씨를 세
웠다.

다른 공동대표들이 서울에 살지 않기 때문에 어쩔 수 없이 상임
대표 비슷하게 된 나는 민문협에 몸을 담았다는 이유로 즐겁고 괴
롭고 쓸쓸한 일을 셀 수 없이 겪었다. 그해 여름에 태어난 민중민
주운동협의회에 민문협이 가입함에 따라 광주항쟁 이래 처음으로
생긴 그 전국조직에 나가야 했고, 민민협과 민주통일국민회의가
통합해서 85년 3월에 만든 민주통일민중운동연합에서도 대변인 자
리를 맡았다. 그러다가 86년 5·3인천투쟁 뒤 수배를 당하고 잠깐
쇠창살에 갇힌 뒤 나와 보니 온 나라가 13대 대통령선거 바람으로
들끓고 있었다. 그 과정에서 민통련 가맹단체인 민문협은 후보전
략을 둘러싸고 실행위원회는 물론이고 젊은 실무자들 사이에도 날
카로운 의견 대립이 벌어져 끝내 분열하는 아픔을 겪었다. 그것이
내가 민문협에 몸담았던 때 당한 마지막 고통이었다.

지금 돌이켜보면 보람있는 일도 아주 많았다. 특히 연행의 '한두
레' 미술의 '두렁'처럼 뛰어난 문화운동가들이 이끌던 모임은 민족
민중문화운동의 수준을 높이 끌어올렸다. 그중에서도 한두레는 문
화운동 1세대라고 불리던 사람들이 유난히 애정을 쏟으면서 후배
들과 어울려 지내던 데라 옆에서 지켜보는 나도 흐뭇한 마음이었
다.

한두레는 74년 3월 이종구 작곡발표회와 소리굿 「아구」 공연으
로 돛을 올렸으니 올해 스무살이 되었다. 한두레는 그 오랜 세월
참으로 고단하고 험한 길을 걸어왔다. 공연할 때마다 군사독재정
권의 눈부라림에 가슴을 졸이고 어려운 재정 때문에 애옥살이를 면
한 적이 거의 없었다.

지난 10월 말 어느 날 한두레의 최신작인 「칼놀이 칼춤」을 보면서 나는 진한 감동과 억누를 길 없는 회포에 젖었다. 채희완 교수의 총연출로 제작된 그 연극은 민족민중문화운동이 연행 분야에서 20년 남짓 쌓아온 성과를 압축해서 보여주고 있었다. 리얼리즘과 마당극의 만남이라고나 할 「칼노래 칼춤」이 도달한 경지는 80년대 문화운동이 그렇게 열심히 추구하던 대중성과 전문성의 결합이 무엇인가를 뚜렷이 보여주고 있었다.

한두레가 꿋꿋하게 나아가 흥겨운 서른 돌 잔치를 벌일 날을 기대한다.

———1994년 · 한두레 20년사

제 2 부

# 땅·사람·물·바람

# 베트남——통일의 나라 몸부림의 땅

 하늘빛보다 진한 남색 아오자이를 입은 베트남항공의 여승무원이 "곧 호찌민시에 착륙한다"고 기내방송을 하자마자 메콩삼각주의 기름진 땅에 바둑판처럼 펼쳐진 논과 다닥다닥 달라붙은 집들이 빠르게 스쳐지나간다. 서울서부터 다섯 시간 남짓 비행하는 동안 필자의 마음은 참으로 착잡했다. 그 착잡함의 맨 위쪽에는 온 세계의 진보적 지식인들과 양심세력이 '더러운 전쟁'이라고 비난하던 그 싸움에 수만 병력을 보내 덩달아 총질을 하고, 그 덕으로 '베트남특수'를 일으켜 '고도성장'의 발판을 마련한 박정희 정권에 대한 생생한 기억이 자리잡고 있었다. 그 전쟁에 억지로 끌려갔든 자원해서 참전했든 우리나라의 많은 젊은이들이 목숨을 잃은 그 땅을 찾는 마음이 편할 리 있겠는가. 기대에 부풀어 이국땅에 첫발을 딛는 나그네 같지 못한 그 착잡한 마음에 문득 60년대 말께 유행하던 어느 대중가요의 노랫말 한 구절이 떠올랐다.

"먼 남쪽 섬의 나라 월남의 달밤／십자성 저 별빛은 어머님 얼굴
……"

### 덩달아 총질한 죄책감

베트남전쟁이 한창이던 그 무렵 이 노랫말을 지은 사람은 그 나
라가 인도차이나 반도의 동쪽 끝에 있는 육지임을 모르고 물위에
띄웠을까？

베트남은 면적이 한반도의 한배 반쯤 되는 33만km²이고, 남북으
로 1600km에 걸쳐 뻗어 있다. 동쪽과 남쪽에만 있는 해안선의 길
이가 무려 3260km나 되지만, 나라 모양은 '쌀광주리를 받치고 있
는 대나무' 같아서 허리 부분의 잘록한 곳은 너비가 50km밖에 안
된다. 이 땅은 1859년에 프랑스의 식민지가 된 이래, 1975년 그들
의 표현대로 '도시해방'을 이루기까지 한 세기가 넘도록 제국주의
와 식민주의의 침략과 핍박에 시달렸다. 거슬러올라가면 베트남
겨레는 이미 13세기 후반에 세 번이나 몽고의 침입을 힘으로 물리
쳤다. 그리고 오랫동안 조공을 바치던 중국조차도 1978년의 전쟁
에서 뿌리치는 기록을 남겼다. 세계 전쟁사의 불가사의라는 1954
년의 디엔 비엔 푸 함락, 그 이전 호찌민이 이끄는 베트민의 일본
제국주의 축출, 미국-남베트남 군사정권과의 30년 전쟁 승리. 이
민족은 어떻게 보면 타고난 싸움닭 같은 인상을 준다.

떤선녓(베트남전쟁 때 우리나라 언론에는 어쩐 까닭인지 탄손누
트라고 전해지던 곳) 공항은 60년대 말의 김포공항을 연상시킨다.
전광안내판은 조그맣고 국제공항치고는 뜨고 내리는 비행기도 승
객도 북적거리지 않는다. 입국수속을 하는 데 30분이 넘는 시간이
걸려 슬며시 짜증이 났는데, 마중 나온 친구의 말로는 최근에 크게
나아진 것이라고 한다. 얼마 전까지만 해도 여객기 도착시간을 알

리는 안내방송이 없었으나 그날 그것이 들리는 걸 보면 이 나라를
몰고 가는 '도이머이'(쇄신) 운동이 얼마나 빨리 사회 전체를 탈바
꿈하게 하고 있는지 알 수 있다는 것이다.

통일 전의 이름이 사이공(한자로는 西貢)인 호찌민시에 들어서
면 이 나라를 처음 찾는 사람들은 어지럼증 때문에 눈을 가려야 할
지경이다. 간선도로는 물론이고 웬만한 뒷길에도 오토바이와 자전
거와 시끄로의 물결이 출렁거리기 때문이다. 오토바이는 백에 아
흔일고여덟 대는 어김없이 일본의 혼다 제품이다. 그래서 베트남
에서는 오토바이를 아예 혼다라고 부른다. 큰길가의 오토바이 수
리점도 간판을 혼다라고 걸어놓는다.

시끄로는 베트남의 대중교통수단이다. 앞에 두 발, 뒤에 한 발
이 달린 이 세발자전거는 앞자리에 손님이 앉고 뒤편이 운전석이
다. 시끄로는 베트남 도시빈민의 중요한 생계수단으로, 서민의 피
와 땀이 섞인 슬픈 바퀴이다. 호찌민시의 거리에서 자동차는 그야
말로 가뭄에 콩처럼 귀해서 밀물처럼 닥쳐오는 오토바이와 자전거
와 시끄로의 숲을 헤쳐나가려면 대단한 운전기술이 필요하다.

베트남의 대도시들을 상징하는 이 작은 바퀴들의 물결은 이 나라
의 경제와 사회간접자본의 수준을 대변한다. 호찌민시의 간선도로
중에는 더러 중앙차선이 그려진 곳도 있지만 대부분은 바퀴를 굴리
는 사람들이 나름으로 운전질서를 지키면서 움직이게 되어 있다.
신호등이 여러 곳 생긴 것도 근자의 일이라고 한다.

도로, 철도, 다리를 보면 이 나라가 30년 전쟁의 피해를 얼마나
끔찍하게 겪었는지를 알 수 있다. 남의 호찌민에서 북의 하노이로
가는 1번 국도는 포장은 그런대로 돼 있지만 물동량이 극히 적다.
가끔 10톤 트럭이나 관광객의 승용차가 지나갈 뿐 길가는 한적하
기 짝이 없다. 중부의 유서 깊은 도시 후에에서 1번 도로를 타고

다낭으로 달리면서 보니, 농민들이 도로에서 볏짚에 남은 알곡을
털거나 볏짚을 말리는 모습이 자주 보였다.

### 오토바이 거의 대부분 일제

철도는 우리나라의 수인선 같은 협궤인데, 기차가 다니는 광경
은 어쩌다 볼 수 있을 뿐이다. 호찌민시에 사는 한 동포에게 "베트
남의 물자 수송은 도대체 어떻게 하느냐"고 물었더니 도로망과 차
량이 부족하고 낡았지만 남북간에 바다를 이용한 수송이 꽤 활발하
다고 알려준다.

베트남 사람들이 지금 겪고 있는 고통 가운데 가장 심한 것은 이
동의 어려움과 잠자리의 비좁음이다. 간선도로나 시골길을 달리는
버스에 탄 사람들은 숨막히는 열기와 차체의 진동에 시달려야 한
다. 지붕에 짐을 잔뜩 실은 채 엉금엉금 가는 버스를 바라보고 있
노라면 가슴이 답답해진다.

베트남은 그 자체가 자동차 반세기의 전시장 같다. 제2차 세계
대전 말기부터 구른 듯한 미국제 다지가 보이는가 하면, 비슷한 나
이를 먹은 프랑스제 푸조도 달려간다. 트럭들은 대부분이 운전사
머리 위에 라디에이터를 달고 있다. 원래 냉각장치는 망가지고 수
제품이 거기 앉아 있는 것이다. 베트남 사람들은 나이가 수십살이
나 되어 부속품을 구할 수 없는 자동차가 고장나면 쇠를 깎아 대신
할 정도로 손재주가 뛰어나다고 한다.

베트남 정권이 86년에 도이머이 정책을 펼치기 시작하면서 이
나라를 보러 온 서양이나 아시아의 관광객들은 이렇게 초라하고 비
참한 사회간접자본 시설을 보고 코웃음을 치거나 동정하기 일쑤라
고 한다. 그러나 조금만 진지하게 생각해보면 이 나라를 이렇게 만
든 것이 누구인가를 깨닫고 죄의식을 느끼거나 적어도 숙연해져야

하지 않을까. 프랑스 사람도 일본 사람도 그래야겠지만 미국, 그리고 '연합군'이라는 이름으로 그 전쟁을 거든 나라 사람들은 더 진중하게 그 나라와 그 사람들을 대해야 할 것이다. 특히 이 나라를 석기시대로 돌려보내려 했던 미국 사람들이 그렇다.

"베트남전쟁 기간에 미국은 베트콩의 작전기지들을 없애려고 전쟁사에 전례가 없는 규모의 군사전술로 환경을 고의적으로 파괴했다. 7200만 리터의 고엽제가 남베트남 땅의 16%에 뿌려졌다. 인류에게 가장 독성이 강하다고 알려진 디옥신은 뿌려진 지 20년이 훨씬 지난 오늘날에도 먹이사슬에 나타나고 있다."

이것은 미국인 대니얼 로빈슨과 조 커밍스가 함께 지은 베트남 안내책자에 나오는 대목이다. 어디 그뿐인가. 미국은 히로시마에 떨어뜨린 원자폭탄 에너지의 150배나 되는 130억kg의 폭탄을 퍼부었다. 그 지역에 사는 인구 한 명에 265kg꼴로 부어댄 것이다.

호찌민시에 있는 '침략전쟁 범죄전시관'에는 미군의 만행을 기록한 사진들이 걸려 있다. '미라이 대학살', 어린이 시체를 질질 끌고 가는 미군 탱크, 민가에 불을 지르는 미군 병사, 고엽제가 빚어낸 기형아들과 온몸이 끔찍하게 일그러진 남녀들……

그렇다면 오늘의 베트남은 증오와 복수의 나라인가. 결코 그렇지는 않다. 전쟁범죄는 박물관에 '보존'되어 있고 보통 사람들은 미국이나 참전국의 관광객이나 언론인에게 적대감을 보이지 않는다. 전쟁범죄전시관이나 군사박물관에서 기록영화를 찍는 서양 사람들의 표정도 한가롭기만 하다.

### 열악한 경제 속 신흥부자

오히려 굴욕적이라고 할 만큼 인내심을 보이면서 개방을 추진하고 있는 쪽은 베트남 정권과 국민들이다. 내가 베트남에 머물던 9

월 중순, 그 나라의 눈길은 클린턴 미국 대통령의 금수조처 해제
여부에 쏠려 있었다. 미국의 '적국무역규제법'에 따른 금수조처의
1년 만기가 9월 14일이었는데 클린턴은 연기 쪽으로 결정을 내렸
다. 베트남 정부가 미군 실종자의 수를 정직하게 알리지 않는다는
것이 구실이고, 미국 내 반베트남 감정도 작용했다고 한다. 베트
남전에 반대했던 클린턴의 정치적 계산은 별수없이 베트남을 실망
시키는 쪽으로 돌아선 것이다. 미국이 수십년 동안 그 나라에 끼친
피해와 견주어보면 너무나 명분이 약한 구실이라는 생각이 들었
다.

베트남인들은 대체로 가난하다. 개방 뒤에 당료나 관료, 통일
이전의 자산가들 중에 신흥부자가 생겨나고 있다고는 하지만 대다
수의 국민은 가난에 시달리고 있다. 오늘날의 국민 평균소득이
200달러 남짓인데 2000년에 400달러까지 끌어올리겠다는 목표를
세운 것을 보면 이 나라가 얼마나 가난한가를 짐작할 수 있다. 믿
을 만한 통계를 보면 실업률은 20% 가량이고, 어린이 41%가 영
양실조인데 그중 15%는 심각한 상태라고 한다.

이보다 딱한 것이 주택난이다. 인구가 500만을 넘나든다는 호찌
민시는 한정된 공간에 고층아파트 같은 건물이 없기 때문에 비좁은
집에 몇가구가 사는 경우도 수두룩하다. 그나마 잠잘 집을 가진 사
람들은 다행이고 집 없는 이들은 거리에 모기장을 치고 노숙을 하
기도 한다. 일반적인 보기는 아니겠지만 나는 호찌민시에서 희귀
한 대가족을 보았다. 황희란(24세)이라는 한국인 2세 처녀의 집이
바로 그곳이다. 치과의사인 어머니 팜 티 호아(47세)는 베트남전
쟁 때 한국인 남성과 사랑에 빠져 희란과 희매(22세)를 낳았다.
그 남성은 한국에 돌아간 뒤 베트남이 통일되자 다시 오려고 갖은
노력을 다했으나 끝내 뜻을 이루지 못한 채 세상을 떠났다고 한다.

그런데 황씨네 세 모녀의 집에는 무려 26명이 살고 있다. 연건평 30평 남짓한 방 다섯 개의 2층 건물에 88살의 친정아버지, 6명의 여동생과 그 남편들, 한 여동생의 딸 부부 그리고 어린이들이 동거하고 있다. 하도 이상해서 왜 이렇게 되었는지 물었더니, "이 집이 아버지 것인데다 여동생들이 집 없는 남편들과 함께 들어와서 모여 살 수밖에 없다"고 한다. 잠자리부터 부부생활, 아침의 '화장실' 드나들기에 이르기까지 그들이 겪는 불편을 미루어 짐작할 수 있었다.

### 도시, 극심한 주택난에 시달려

도시에 비하면 베트남 농촌에는 주택난이 별로 없었다. 기둥을 세우고 야자수 잎새를 얹어도 훌륭한 집이 될 뿐 아니라 웬만한 농업소득을 가진 사람은 슬레이트나 번듯한 목재로 지은 집에서 살고 있었다. 다만 전체 인구의 20%에 이르는 도시인들의 주거가 폭발상태를 향해 가고 있는 것이다.

베트남의 가난은 통계숫자로만 보면 너무나 정도가 심하다. 의사의 월급이 30달러 미만이라든지, 40달러를 받는 고교 교사는 그래도 나은 편이라든지 하는 이야기를 들으면 우리나라 사람들은 한 달에 3만 원도 안 되는 돈으로 어떻게 사느냐고 고개를 갸우뚱거리겠지만, 몇해 전까지만 해도 쌀을 수입하던 이 나라가 이제는 세계 제3위의 쌀 수출국으로 올라섰고, 대여섯 식구가 애써 일하면 200여 달러도 벌 수 있고 생활필수품 값이 거기 걸맞는다는 현실이 베트남 민중의 생존을 보장해주고 있는 것이다.

다낭의 짬 미술관 관리인 보찌우 호앙(25세)은 다낭기술공대를 나오고 영어회화를 익혀 그 자리에 들어간 특이한 여성이다. 그의 월급이 50달러이고 건축기술자인 남편은 150달러를 받지만 여유있는 생활은 못한다면서 저축을 해서 외국여행을 하는 것이 꿈이라며 수줍은 듯 웃었다. 가난, 이것은 통일베트남의 정권이 부여안고 씨름해야 할 가장 버거운 상대임에 분명하다.

———1993년 10월·한겨레신문

# 물의 나라 베트남 4천리를 가다

### 넘실거리는 강과 기나긴 해안선

베트남은 흔히 밀림의 나라로 알려져 있다. 그러나 하늘에서 내려다본 그 나라는 빽빽한 숲보다는 넘실거리는 강들과 기나긴 해안선이 뚜렷한 윤곽을 드러내는 물의 나라 같다. 남북으로 1600km를 뻗어 있는 베트남의 수도인 하노이는 아예 물의 도시라고 해야 옳고, 옛이름이 사이공인 지금의 호찌민시도 누르스름한 강이 도심을 누비고 있다.

호찌민시는 그 유명한 메콩삼각주에 자리잡고 있는데 이 지역은 그야말로 비옥한 땅으로 메콩강이 낳은 풍요의 얼굴이다. 하노이 지역 일대의 농업은 홍하삼각주를 젖줄로 삼고 있다. 이 삼각주는 너비가 메콩의 4분의 1밖에 안 되지만 많은 호수들을 품고 있다. 하노이라는 이름이 한자로 河內인 것만 보아도 그 지역에 얼마나 많은 호수가 있는지를 짐작할 수 있다. 내가 베트남에서 처음 내린

곳은 호찌민시였지만 하노이부터 이야기를 시작해보겠다.

노이바이 국제공항에 도착한 때는 9월 중순의 한낮이었다. 말이 국제공항이지 자그마한 국내선 비행기와 러시아제 국제선 비행기들 그리고 다른 나라에서 날아온 여객기들이 한두 대 앉아 있어 우리나라 지방도시의 한산한 비행장을 연상시키는 공항이다.

비행기 트랩에 발을 딛자마자 후끈한 열기가 얼굴을 덮친다. 눈앞에 끝도 없이 펼쳐진 벌판, 그 너머 어디에도 도시는 보이지 않는다. 다만 서쪽으로 서울의 도봉산 높이쯤 됨직한 산봉우리가 서너 개 솟아 있을 뿐.

공항 출구를 나서자 수많은 손이 나를 부른다. 택시운전사들이다. 그중 선량해 보이는 한 사내를 불렀다. "하노이까지 얼마지요?"'써티파이브 도라'(35달러)란다. 30달러로 깎자고 하니 한참 고개를 갸우뚱거린다. 그러나 뒤에 늘어선 경쟁자들이 접근할 기색을 보이자 순순히 내 가방을 받아든다. 옛 소련에서 만든 택시는 덜컹거리기는 하지만 시속 80km 정도는 무난히 달린다.

시원스레 펼쳐진 들판에서는 삿갓을 쓴 농부와 아낙네들이 퍼렇게 자란 벼를 손보고 있다. 이따금 자전거와 오토바이가 스쳐지나가는데, 남정네들은 물론이고 처녀들도 무깟을 쓰고 있다. 베트남전쟁 때 우리나라 군인들이 '베트콩모자'라고 부르던 바로 그것이다. 50년대 말 우리나라에서 유행하던 파나마모자하고 똑같은데 색깔은 하나같이 진한 녹색이다. 베트남 인민군의 군복 색깔인 것이다.

호찌민시에서는 무깟을 쓴 사람을 별로 보지 못했다. '해방군'의 모자에 대해 많은 남쪽사람들이 강한 저항감을 품고 있다는 말은 나중에 들었다.

운전사는 서투른 영어로 신나게 떠들다가 콧노래를 부르기도 한다. 택시운전사라는 직업이 그만큼 자랑스럽고 신바람나는 모양이다. 하기야 의사의 월급이 30달러가 못 되고 공장노동자가 20달러 가량을 받는데 월수입 100여 달러를 올릴 수 있다니 그럴 만도 할 것이다.

하노이로 들어가는 길목에는 베트남에서는 보기 드문 고속도로가 있다. 우리나라의 경부나 경인 고속도로처럼 주차장 같은 길이 아니라 트럭이나 승용차가 드문드문 지나가는 한적한 공간이다.

고속도로 진입로에는 판자로 지은 톨게이트가 있는데 제복을 입은 여성이 표를 준다. 수동식으로 올리고 내리는 차단기를 지나 100m쯤 가면 표를 되받는 톨게이트가 다시 나온다. 소꿉장난하는 것 같아서 비시시 웃음이 나오지만, 곰곰이 생각하면 웃음이 싹 가신다.

한 세기 가까이 프랑스의 식민지였다가, 제2차 세계대전 때는 일본 제국주의의 침략을 받아 수많은 사람이 살상과 착취를 당했고, 그 전쟁이 끝난 뒤에는 프랑스 신식민주의에 맞서 또 싸워야 했던 베트남 민족. 디엔 비엔 푸의 전설적 승리로 프랑스군을 항복시켰으나 이내 미군이 들어와 10년이 넘게 치열한 싸움을 벌여야 했다.

### 민족해방의 성지 호찌민 모슬렘

1975년 4월 30일 이른바 사이공 함락(승리한 베트남 공산당의 용어로는 '도시해방')으로 외세가 물러가고 30년 전쟁의 막이 내려졌을 때 베트남에 남은 것은 석기시대나 다름없는 폐허였다. 특히 미군이 무차별 폭격을 가한 북베트남과 남부의 전략요충지나 고산지대에는 네이팜탄과 고엽제가 할퀴고 간 상처가 지금까지 남아 있고, 셀 수 없이 많은 사람들이 목숨을 잃거나 불구가 되었다. 기형아도 꼬리를 물고 태어났다.

미군이 물러가서 한숨을 돌리는가 하는 순간 캄보디아의 크메르
루주 문제로 중국과 전쟁을 치르고, 캄보디아에 친베트남 정권을
세우려고 그 나라에 병력을 보내야 했으니 전쟁비용과 그 대가가
얼마나 컸을는지 짐작이 가는 일이다.

베트남은 전쟁의 소용돌이에서 벗어난 지 이제 10년 남짓이므로
6·25를 치른 우리나라의 60년대 초나 다름이 없다. 국민 1인당
연평균소득이 200여 달러인 것도, 고속도로와 철도를 비롯한 사회
간접자본이 걸음마 단계인 것도 모두 비슷하다.

택시가 하노이 가까이로 다가가자 여기저기 크고 작은 호수들이
시야에 가득 찼다. 호찌민시에서 사업을 하는 내 친구가 예약해준
대로 탕러이호텔로 갔다. 프랑스 식민지시대에 지었다는 이 호텔
은 호떠이(西湖)라는, 우리나라 속초의 영랑호보다 다섯 배는 됨
직한 큰 호숫가에 자리잡고 있는데, 건물의 일부는 물위에 서 있
다. 하루 묵는 데 60달러이니 그다지 비싸지는 않은 편이지만, 주
변 경관은 그야말로 환상적이다.

물가의 2층 방에 짐을 풀자마자 나는 땀에 젖은 여름 속옷을 빨
았다. 창 밖에 베란다가 있기에 무심코 발가벗은 채 빨래를 널려고
나갔다. 옷걸이에 팬티며 러닝 셔츠를 널고 있는데 느닷없이 어디
선가 깔깔거리는 웃음소리가 들려온다.

나는 소스라칠 듯이 놀라 사방을 둘러보았다. 바로 코밑, 아니
내 사타구니 아래서 한 베트남 사내가 조각배 위에 비스듬히 누워
나를 보며 박장대소를 하고 있는 것이다. 나는 후닥닥 방으로 뛰어
들어갔다. 그리고 큰 목욕수건으로 아랫도리를 감싸고 다시 베란
다로 나갔다.

그는 관광객들을 상대로 뱃놀이를 시켜주는 사람이었다. 나를

놀라게 한 일이 미안하지도 않은지 배를 가리키며 내려오라는 손짓을 한다. 그의 얼굴이 하도 천연덕스러워서 나는 소한테 물린 듯이 멍하니 쳐다볼 수밖에 없었다.

호떠이 건너편으로 하노이 시내가 펼쳐져 있다. 정부청사와 시 인민위원회가 자리잡은 중심가에도 3층이 넘는 건물은 아주 드물어서 도시는 낮은 포복을 하고 있다.

탕러이에서 호반을 끼고 4km쯤 가면 이 나라 최대의 건축물이자 베트남 민족해방의 성지로 여겨지는 호찌민 모슬렘이 우뚝 솟아 있다. 잠실 주경기장의 서너 배는 됨직한 광장에는 푸른 잔디가 펼쳐져 있고 호찌민의 유해를 방부처리해서 모신 묘소인 직사면체의 석조무덤이 광장에서 휘날리는 붉은 국기와 장엄한 조화를 이루고 있다.

베트남에서 호찌민은 거의 만장일치라고 할 존경과 섬김을 받고 있다. 북부에서는 물론이고 1975년 이전에 자본주의 체제였던 남부에서도 호찌민의 독립투쟁과 민족해방전쟁 그리고 헌신적이고 검소한 삶은 누구도 앞지를 수 없는 사표(師表)가 되어 있다.

호찌민의 애칭은 '밧 호'(호 아저씨)이다. 베트남의 유치원들에는 어린이를 껴안고 있는 밧 호의 그림이 어김없이 걸려 있고, 체육관에는 아령을 하는 그의 모습이 벽을 장식하고 있다. 내가 특히 깊은 인상을 받은 것은 베트남 정권이 죽은 호찌민에 대한 개인숭배를 강요하지 않는데도 보통 사람들이 자연스럽게 그를 '국부'로 섬기고 있는 사실이었다.

탕러이호텔 전속 택시운전사인 구엔 테 반은 30대 초반의 기혼남성인데 '남찌에우띠엔'(남조선) 사람들에게 대단한 호감을 지니고 있었다. 내가 베트남의 남북을 오가면서 거듭 느낀 바이지만 예상과는 달리 베트남인들은 한국인들에게 적대감을 보이지 않았다. '약한 나라라 어쩔 수 없이 미국의 용병으로 팔려왔을 뿐'이라고 생각하는 것일까?

### 남찌에우띠엔에서 왔습니다

다른 한편으로 그들은 '잘사는' 한국 사람들을 부러워하고 있다. 국민 1인당 평균소득이 6000달러를 넘었다고 하니 한국을 부자나라로 보는 것은 당연하다. 한국이 과연 평등한 부를 누리고 있는지는 다른 문제로 치고.

하노이 중심가로 차를 몰던 구엔 테 반이 어떤 건물을 가리키면서 "삼숭, 삼숭"이라고 소리친다. 삼성(SAMSUNG)전자의 하노이지사이다. 삼성말고도 금성과 대우의 전자제품이 심심찮게 눈에 띈다. 포항제철과 선경도 베트남에 진출해서 활발하게 사업을 하고 있다. 조미료 미원의 광고판은 특히 자주 보이는데, 관광버스에까지 그 이름이 새겨져 있다.

호떠이 물위에 어른거리던 석양이 스러지고 밤이 되면 호숫가의 길을 따라 올망졸망 자리잡은 까페들과 포장마차들에 불이 켜진다.

밤이 오면 나그네의 목젖은 술을 부르는 법이다. 아열대의 가로수들에서 아직 열기가 가시지 않은 호반길을 걷다가 앉은뱅이걸상 몇개를 놓은 까페에 들어갔다. 40대 여주인과 20대 후반인 듯한 딸 그리고 사위로 보이는 남자가 반갑게 맞는다. 베트남 어디에서나 영어로 외국인에게 먼저 묻는 것은 "어디서 왔습니까?"(Where are you from?)이다. "남찌에우띠엔"이라고 대답하고는 호찌민시에서 많이 마신 베트남 소주인 낭홍을 달라고 했다.

내 발음이 시원찮았는지 그런 술이 없는지 자기들끼리 한참을 뭐라고 말을 나누더니 껌이라는 소주를 갖다준다. 그리고 주인아주머니가 선량한 웃음을 지으면서 작고 새빨간 베트남 토종고추를 잘게 썰어 한 접시 건네주더니, 우리나라의 새우젓과 곤쟁이젓을 버무린 듯이 고린내가 물씬 나는 젓을 곁들여준다. 나는 껌을 마시면서, 유심히 지켜보는 그들을 실망시키지 않으려고 눈물이 날 정도로 매운 고추와 비위가 상하는 젓으로 열심히 손을 가져갔다.

후에는 개미허리처럼 잘록한 베트남 땅의 바로 그 허리에 있는 유서 깊은 도시이다. 후에에 가려면 하노이에서 비행기로 한 시간쯤 날아 다낭공항에 내려야 한다.

베트남전쟁 때 다낭은 항구와 공항으로 미군물자가 산더미처럼 들어오던 군수기지였고, 그 바로 남쪽의 호이안과 쭈라이에는 한국군 청룡부대가 주둔하고 있었다. 다낭공항에서도 하노이에서처럼 택시운전사와 흥정을 한 끝에 후에까지 '25도라'를 주기로 하고 차에 올랐다.

후에로 가는 중간쯤에 그야말로 낙원처럼 호수와 야자숲이 어우러진 해변이 있다. 나는 차를 멈추게 하고 호숫가에 털썩 앉아서 그 물과 숲을 바라보았다. 쪽빛의 잔잔한 물에 청년들이 그물을 던지고 있었다.

서울에서 아등바등대던 삶의 찌꺼기들이 그 물을 따라 물에 잠겨가면서 밀물이 조금씩 밀려오듯이 졸음이 온다.


## 베트남의 대중교통수단 시끄로

후에는 우리나라의 부여와 경주를 합쳐놓은 듯한 고적의 도시이다. 인구 20만이 조금 넘는 이 도시는 1802년부터 1945년까지 구엔왕조의 13황제 아래서 베트남의 정치적 수도였다. 궁전과 성곽과 절과 구획이 정연한 주택가로 이루어진 후에는 별칭이 '시(詩)의 도시'라는 데서도 알 수 있듯이 베트남의 정취를 물씬 풍기는 곳이다.

도시 한가운데를 흐르는 쏭홍(香江)가에 자리잡은 리버사이드인
호텔은 얼마 전까지만 해도 후에호텔이라는 이름으로 불렸는데,
외국자본이 인수한 뒤 새 단장을 했다고 한다. 짐을 풀고 사진기를
메고 호텔을 나서니 문 앞에 떼지어 있던 시끄로꾼들이 우르르 몰
려온다.

시끄로는 앞에 두 바퀴, 뒤에 한 바퀴가 달린 세발자전거로 앞자
리에 손님이 앉고 뒷자리에서 운전사가 페달을 밟아 움직이는 베트
남의 대중교통수단이다. 호찌민시에도 하노이에도 택시가 조금 있
지만 거의 모두 외국인들이 탈 뿐 베트남 사람들은 오토바이나 자
전거를 굴리거나 시끄로를 이용한다.

시끄로꾼들은 대부분이 극빈자들이지만, 강철로 가장자리를 두
르고 알록달록한 천으로 햇빛가리개를 한 호사스러운 시끄로도 있
다. 영양실조 때문인지 눈이 쑥 들어갔으나 순박하기 짝이 없는 얼
굴을 한 중년사나이와 1달러에 후에 시내를 돌기로 했다. 2달러를
주어도 한국 돈으로 1600원밖에 안 되지만 베트남에 간 지 며칠
만에 어느새 나도 그 나라 물가 감각에 젖어든 모양이다.

수더분한 술집에 가서 서너 명이 깡(캔)맥주 스무 개와 안주를
먹으면 20달러 가량이 나온다. 게다가 '아가씨' 팁은 얼마 전까지
는 3달러가 후한 편이었는데 요즈음 5달러를 주면 아주 좋아한다
고 하니 한국이나 일본이나 대만에서 10만 원이 넘는 팁을 주고야
여자를 옆에 앉히는 술꾼들에게는 꿈같은 이야기로 들릴 것이다. 그
리고 탕러이호텔의 프랑스식 레스또랑에서 쇠고기에 버섯이 곁들여
진 음식에 야채수프와 베트남 럼과 후식을 먹어도 값이 4달러 정도
이니 우리나라 설렁탕 한 그릇 값이다.

후에의 고적은 남방불교예술과 건축기술이 잘 어우러져 화려하
고 장중하면서도 단아한 멋을 풍긴다. '인류애의 문'이라는 뜻의

꾸아히엔 난, '찾아오는 영광'의 히엔함꺅, '정오의 대문'인 고 몬
은 이름부터가 시적이다.

유람선들이 꼬리를 물고 흘러가는 쏭홍가의 식당에서 늦은 저녁
을 먹고 잠자리에 든 나는 여자라면 그야말로 '뱃속의 애가 떨어질
듯' 요란한 소리에 후딱 잠자리를 박차고 일어났다. 타타타타
타…… 마치 기관포를 갈기는 듯한 소리가 났기 때문이다.

나는 졸린 눈을 비비면서 냉방장치의 문을 열어보고 전등갓을 살
펴보기도 했다. 아무데도 이상이 없는데 기관포 소리는 계속 울린
다. 나는 뜨거운 물에 덴 강아지처럼 방안을 이리저리 뛰어다니다
무심코 창 밖을 보았다. 아하, 바로 저것이로구나. 그 유명한 베트
남의 폭죽이었다. 쏭홍 강변에서 막 결혼한 한쌍과 가족, 친지들
이 잔치를 벌이면서 폭죽을 터뜨리고 있었다.

베트남을 폭죽의 나라라고도 부른다. 좋은 일이든 궂은일이든
폭죽으로 축하하고 폭죽으로 액을 몰아낸다. 음력설인 떼뜨 때는
거의 온 국민이 고향을 찾아가 보름 가까이나 먹고 마시면서 폭죽
을 쏘아대기 때문에 천지가 진동한다.

다낭공항에서 만난 택시운전사 쨩뚱은 마흔두살로 세 사내아이
의 아버지이다. 1975년 이전에는 남베트남 지방관청의 하급공무원
이었다는 그는 십수년 전에 조금 하던 영어를 깡그리 잊어버리고
택시운전사가 되려고 새로 배웠다고 한다. 그런데 그는 아주 기본
적인 단어도 못 알아들어서 나는 애를 먹었다. 그래도 눈이나 손으
로 하는 만국 공통의 언어가 있지 않은가.

쨩뚱은 다낭 사람이다. 지난밤 어디서 묵었는지 아침 일찍 호텔
로 온 그의 차를 타고 다낭으로 향했다. 후에로 갈 때 보았던 그
길이지만 다시 새롭다. 가파른 언덕과 기나긴 모래밭을 끼고 있는
해안선이 하늘빛으로 출렁거린다. 다낭에 들어서기 전, 큰 고개를

넘으면 이 도시를 천혜의 항구로 만들어준 다낭만이 드넓게 펼쳐진
다. 쟝뚱은 내게 묻지도 않고 우리나라의 장급 여관 수준인 밧당호
텔로 안내한다. 다낭에서 제일 잘 알려진 곳인 모양이다.

### 청룡부대가 주둔했던 다낭

찌다 못해 삶는 듯한 무더위가 사그라들지 않는 오후 두시, 다낭
시내 남동쪽의 해수욕장을 찾아갔다. 나는 그렇게 조건이 좋은 해
수욕장은 처음 보았다. 모래밭의 길이가 부산 해운대의 세 배는 족
히 넘고 수심이 완만한데다 물이 미지근하다.

한국에서 30도를 넘는 그런 날씨에 그만한 해수욕장이라면 200
만 명은 들끓을 것이다. 그러나 놀랍게도 거기서는 베트남 사람 대
여섯 명, 서양사람 여남은 명 그리고 나, 이렇게 스무 명도 안 되
는 사람이 물장구를 치고 있었다. 쟝뚱은 헤엄을 못 친다면서 비스
듬한 걸상에 기대어 '꼬까'(콜라)를 홀짝거리고 있다.

해수욕장을 나오는 길에 들른 치엔단이라는 절에서 나는 베트남
사람들의 그 유명한 끈질김과 상술에 부닥쳤다. 경주의 석굴암보
다 훨씬 규모가 큰 동굴이 해발 100m쯤 되는 산 위에 있고, 그 안
에는 웅장한 불상과 샘물이 있다. 계단을 오르기 시작하자 여섯 명
의 여자가 따라붙는다. 애기엄마로 보이는 한 여성과 10대 소녀나
처녀들이다.

한 사람이 서툴지 않은 영어로 재빨리 말한다. "모두 157계단이
라구요." 옆의 여자가 말을 잇는다. "이제 50계단 왔어요." "15계
단 남았어요." 동굴에 들어서자 성냥을 확 켠다. "조심해요, 계단
이 일곱 개라구요." "이건 맨부다(남자부처)고 저건 레이디부다
(여자부처)예요."

나는 그들에 둘러싸인 채 절 아래로 내려왔다. 한 여자가 낮게

말한다. "운전사가 보기 전에 빨리 우리 물건을 사주세요." 그들이 광주리에 담은 것은 조그만 돌부처나 목각품이다. 제일 싼 것이 5달러란다.

나는 난감했다. 하나씩 사주어도 30달러 아닌가. 끙끙 앓다 쨩뚱을 불렀다. 종이에 제비뽑기 금을 꼬불꼬불 여섯 개 그리게 한 뒤 여섯 여자의 이름을 쓰게 했다. 열어보니 한 처녀가 '당첨'되었다. 그는 돌부처를 5달러에 팔고 뛸 듯이 기뻐한다.

내가 차에 오르려는데 나머지 다섯 여자가 "우리에게 기회를 한 번 더 달라"면서 막무가내로 옷깃을 잡는다. 어떤 의미에서건 이런 끈질김이 세계 최강대국인 미국을 물리치고 그들의 표현대로 '민족해방'을 이룬 원동력이 아닐까?

다낭만으로 흘러드는 강은 묘하게도 이름이 쏭한(한강)이다. 어스름한 저녁 강가의 부두에서 경찰관이 지켜보는 가운데 주민들이 불끄기 시합 같은 것을 벌이는 모습이 인상적이었다.

다낭을 떠나던 날 아침 쨩뚱은 짬 미술관 앞에 차를 댄다. 옛 왕조의 유적을 전시한 건물 뒤켠에 현대식 미술관이 달려 있다.

미술관을 둘러본 뒤 관리인인 보 찌우 호앙, 운전사와 함께 중국식당으로 갔다. 중국요리 서너 접시를 시켜 먹으니 30달러가 나온다. 베트남 보통 사람 한 달 월급을 '해치운' 셈이다. 호앙은 "정말 대접을 잘 받았다"면서 한 손으로 잡기에는 너무 큰 돌부처 하나를 미술관에서 가지고 나와 선물로 준다.

호찌민시로 떠나는 다낭공항. 2박 3일을 함께 지낸 쨩뚱이 내 손을 잡고 한동안 놓지 않는다.

──1993년 12월 · 사람과 산

# 꾸찌땅굴과 쩌런시장의 전쟁과 평화

### 베트남, 그 가난의 온갖 표정들

베트남으로 떠날 준비를 하면서 나는 호찌민시에서 사업을 하는 친구에게 무엇을 갖고 가는 게 좋겠느냐고 전화로 물었다. 스타킹과 볼펜 그리고 고려인삼차를 선물로 주면 기뻐한다는 것이 그의 대답이었다.

다낭에서 호찌민시로 가는 비행기를 타고 수려하게 펼쳐진 해안선을 내려다보고 있는데 스튜어디스가 차를 권한다. 베트남 녹차를 한 모금 마시면서 그의 뒷모습을 보니 남빛 제복 아래 드러난 스타킹에 구멍이 나 있다. 스튜어디스라면 세계 어느 나라에서나 화려하고 임금이 꽤 높기로 유명한데 그 베트남 여성은 우리나라에서 60년대에나 볼 수 있던 젖빛 색깔의 탄력없는 스타킹을 신고 있었다.

비행기를 내리기 전에 나는 가방에서 팬티스타킹을 한 개 꺼내

그에게 주었다. 무안해하면 어쩔까 걱정했으나 환히 웃으면서 고맙다고 말한다.

베트남은 가난한 나라이다. 호찌민시에 들어서는 외국인들은 이 나라의 경제수도인 그 도시에 널려 있는 가난의 온갖 표정을 향해 카메라를 대고 싶은 충동을 느낄 것이다. 나도 마찬가지였다.

친구가 잡아준 잠자리는 하루 35달러를 받는, 한적한 뒷길의 작은 호텔이었다. 거기서 100m쯤 나가면 하이바쯩이라는, 서울의 종로 같은 번잡한 거리가 나온다. 그 간선도로는 그야말로 오토바이와 자전거와 시끄로의 물결로 덮여 있다.

오토바이를 탄 사람은 입성이 비교적 깔끔하고 더러 구두를 신고 있기도 하다. 그러나 자전거를 탄 사람들 중에는 때가 전 단벌옷을 입은 이들이 자주 보인다. 교복인 아오자이를 입고 자전거 페달을 밟는 소녀들은 청순한 인상을 주지만 자전거나 시끄로에 앉은 가난한 얼굴들에는 시름이 고여 있다.

베트남에 발을 디딘 이튿날 아침 하이바쯩 거리를 돌아보고 호텔로 돌아오던 나는 길을 잘못 들어 어느 '주택가'로 빠져들었다. 우리나라 달동네의 비좁은 길과 비슷한데 가난의 정도는 훨씬 더 숨이 막힐 듯하다. 네댓 평이나 될까말까 한 집들이 다닥다닥 붙어 있는데, 방바닥은 판자이고 그 밑이 개천이다. 오물을 그대로 쏟는지 물위에는 고약한 냄새가 나는 덩어리들이 떠다니고 있었다.

### 통일을 위해 걸어온 고된 여정

호찌민시의 인구는 500만을 넘나든다고 하는데 이런 '집'이라도 지닌 사람들은 극빈자는 아니다. 사이공 강가에는 조그만 나룻배를 집 삼아 열 명이 넘는 식구가 살아가는 가족이 부지기수이다.

그들은 그래도 나은 편이다. 잘 곳이 없어 길 위나 공원에서 노숙을 하는 가족도 드물지 않게 볼 수 있다.

사회주의와 통일과 가난. 이것은 내가 베트남의 이곳 저곳을 찾아보던 보름 남짓한 기간에 한시도 머리를 떠나지 않은 숙제였다.

1975년 4월 21일, 구엔 반 티우 남베트남 대통령이 사임한 뒤 헬리콥터로 탈출하고 4월 30일 민족해방전선의 군대가 사이공에 입성한 바로 그날 베트남은 '도시해방'을 이루고 남북통일의 길로 들어섰다. 그러나 그 통일은 멀고도 험한 대장정이었다. 남북 베트남이 1976년 7월에 공식 통일되기까지 남부는 명목상 임시혁명정부의 지배를 받았다.

통일베트남의 앞길에는 다시 그 지긋지긋한 전쟁이 도사리고 있었다.

"1978년, 베트남의 공산당정권이 벌인 상업적 기회주의자들을 응징하자는 캠페인은 중국계를 특히 자극했다. 맑스레닌주의자들이 쓴 이 용어의 이면에는 중국계에 대한 베트남인들의 해묵은 반감이 있었다는 증거가 있다. 그 대응으로 중국은 베트남에 대한 원조를 모두 삭감하고 수십건의 개발계획을 취소하는가 하면 기술자 800명을 철수시키고, 1979년 2월에는 '베트남에 교훈을 준다'는 명분으로 북베트남을 침공했다. 이 기간에 베트남의 중국계 180만여 명 중 50만이 그 나라를 떠났다."(대니얼 로빈슨·조 커밍스 지음, 『베트남, 라오스, 캄보디아』에서)

베트남은 1978년 말에 캄보디아에 쳐들어가서 79년 초에 크메르루주의 살인자들을 몰아내고 프놈펜에 친하노이 정권을 세웠다. 베트남 군대가 90년대 초까지도 캄보디아에 주둔했으니 그 비용이 얼마나 컸을는지 짐작이 가고도 남는다.

제2차 세계대전 때는 일본 제국주의를 물리치려고, 1948년부터 54년까지는 프랑스 신식민주의에 맞서, 그리고 1964년부터 75년까지는 미국과 그 우방들을 상대로 싸워야 했던 베트남 민족이 실제로 평화체제로 들어간 것은 90년대 초라고 보아야 할 것이다. 그러니 베트남은 이제 겨우 3년 남짓한 시간만을 국가 재건에 쓸 수밖에 없었던 것이다.

물론 80년대 중반에 옛 소련의 고르바초프가 주도한 개방과 개혁을 따라 베트남에서도 도이머이(쇄신)가 시작되어 상당한 성과를 거두고 있으나 워낙 자본이 모자라고 도로, 항만을 비롯한 사회간접자본과 기간산업이 빈약해서 92년도 수출이 23억 달러에 지나지 않는 수준이다. 그러니 정부가 가장 심각한 도시의 주택난을 해결하려고 투자할 예산을 확보하기는 어려운 것이다.

나는 면적이 2056.5km$^2$인 호찌민시에 한국의 대도시들처럼 고층아파트가 들어서지 않는 한 500여만 인구의 주택문제가 해결될 수 없음을 절실히 느꼈다. 이런 사회경제적 여건을 알고 나면 베트남의 가난에만 카메라를 들이대는 것이 너무나 잔인하다는 생각을 하지 않을 수 없다.

어느 나라에서나 시장은 서민의 삶과 활력을 가장 생생하게 보여주는 전시장이다. 하이바쯩 거리 뒷길에 펼쳐진 장터에는 과일, 포목, 야채, 고기, 생선이 우리나라의 남대문시장과 왕십리 중앙시장을 합쳐놓은 듯이 벌여져 있다.

### 쌀과 향이 주된 상품인 쩌런시장

좌판을 놓고 쪼그려앉아 있는 아낙네들이나 처녀, 할머니도 영락없이 조선 사람 같은 모습이다. 한 좌판에 진열된 물건을 몽땅 사야 10달러 어치나 될까. 그러나 하루 1달러만 벌면 살 수 있으니 그 좌판이 그들의 목숨을 담보하고 있는 셈이다.

세계적으로 그 이름이 알려진 쩌런시장은 통일 전에는 중국계가 지배하던 상권이었다. 지금은 베트남 민족이 주도권을 잡고서 도이머이에 따른 시장경제에 앞장서고 있다. 쩌런시장은 남대문시장의 몇배는 될 정도로 넓고 쌓인 물건도 많다. 특히 쌀과 향을 파는 곳이 인상적이다.

베트남은 타이와 더불어 세계 쌀생산 3대국에 들어 있다. 몇해 전에 쌀 자급을 이루어 국내에서 먹고 남은 쌀을 수출하게 되었다고 한다. 요즈음 쌀을 비롯한 기초농산물 수입개방이라는 태풍 앞에서 벌벌 떨고 있는 우리나라 농민들이 보면 부럽기 짝이 없는 일이다.

내가 베트남에 가기 전에 참고삼아 읽은 책 가운데 인상적인 것은 서울대 인류학과 전경수 교수가 쓴 『베트남 일기』였다. 93년 1월 18일부터 2월 22일까지 그 나라에 머물면서 도시와 농촌에서 직접 생활한 경험을 일기 형식으로 쓴 그 책에는 이런 대목이 있다.

"베트남의 기본적인 종교는 조상숭배라고 한다. 동교수는 이런 베트남의 종교를 '휴대용 종교'(portable religion)라고 명명한 바가 있다. 불교처럼 사원을 요구하지도 않고, 천주교처럼 커다란 교회를 요구하지도 않고, 북에서 남으로 가나 남에서 북으로 가나 아니면 해외로 이주를 하거나간에, 베트남 사람들은 조상의 이미지를 운반하고 다닌다. 조상제사라는 종교는 이주에 가장 잘 적응한 종교라는 것이다. 그런 면에서 조상제사라는 종교는 가장 현실적인 종교라고 말할 수도 있겠다. 베트남인들의 기제사는 5대까지 모셔진다."

쩌런시장에서 큰 몫을 차지하고 있는 향 상가는 바로 이 조상숭배를 대변한다. 베트남의 거의 모든 가정에는 조상을 모시는 제단이 있다. 잘사는 사람이건 못사는 사람이건, 도시의 단칸방이건

농촌의 초막집이건, 조상의 위패를 모시고 향을 피우지 않는 법이
없다.

내가 찾아본 호찌민시 번화가의 한 여성변호사 집에는 고색창연
한 선대들의 사진 앞에 큰 향로가 있고, 그 앞에 박제한 원숭이를
놓아두고 있었다. 꾸찌땅굴 가는 길에 들러본 농가에는 뜰에 막대
기 둘로 받친 제단에서 향이 피어오르고 있었다. 베트남 사람들은
이 향불이 잠시라도 꺼지면 안된다는 생각을 품고 있는 듯하다. 불
교를 믿건 천주교를 믿건 어김없이 제단을 모시는 것 같다. 어떤
예외가 있는지는 모르지만.

조상숭배와 함께 베트남 사람들의 정신적·문화적 특성을 말할
때 체면 또는 위신 그리고 허례허식을 빼놓을 수가 없다. 베트남
사람들은 공적인 일에서나 사적인 일에서나 좀체로 자신의 실수를
인정하려 들지 않는다.

이것은 실제로 그 나라에 가 있는 한국인들이 하나같이 겪는 일
이다. 정부 고관이건 기업인이건 가정부건 잘못이나 실수 또는 업
무상 큰 실책을 저지르고도 '미안합니다'라는 말을 좀체로 하지 않
는다는 것이다. 어떻게 해서든지 자신의 행위가 정당함을 입증하
려 든다. 부부지간이라도 상대방의 체면이나 위신을 다치게 하면
사생결단의 싸움을 벌인다고 한다.

### 허례허식이 지배하는 예식문화

허례허식은 동양문화권을 지배한 유교의 영향인지 아닌지 명확
하지 않지만 우리나라보다 베트남이 훨씬 심하다. 한국에는 "냉수
한 그릇 떠놓고 백년가약을 맺는다"는 말이 전해져내려오고, 그렇
게 하는 신랑 신부도 더러 있지만 베트남에서 그런 일은 상상하기
어렵다. 보통 남녀가 결혼하는 데 2000여 달러가 드는데, 그 비용

이 마련될 때까지 예식을 늦추는 사람들이 많다고 한다.

다시 먹고 마시는 이야기로 돌아가보자. 하기야 이것보다 즐겁고도 중요한 일이 어디 있겠는가.

베트남은 없는 과일이 없다 할 정도로 열매천국이다. 가장 많이 열려 있는 것이 야자이다. 호찌민시 중심가의 노천까페 난쟁이걸상에 앉으면 야자 머리를 칼로 도려내고 빨대를 꽂아주는데, 한참 빨아먹으면 사이다 한 병은 마신 듯이 배가 차오른다. 그 풋풋하고 달콤한 향내가 아주 특이한데 옆자리의 베트남 사람들은 콜라를 마시는 게 더 즐거운 것 같다. 야자말고도 바나나, 파파야, 파인애플, 사과, 배, 감 같은 과일이 지천으로 널려 있다.

호찌민시에서 붕따우로 가는 길가에는 과일백화점 같은 가게가 있다. 거기서 파는 싸울린은 베트남 사람들은 평생 혀도 대지 못할 만큼 비싸다는데, 기껏 3달러쯤 받는 것 같다. 마가린이나 치즈처럼 연한 살이 씹기도 전에 목줄기를 타고 넘어가는 싸울린을 서양 사람들이라면 과일의 여왕이라고 부를 것이다.

내가 베트남에서 먹어본 음식 중 잊을 수 없는 것은 염소고기와 개고기이다. 초청한 친구가 잔뜩 예고방송을 한 뒤에 데리고 간 염소고기집은 호찌민시 변두리의 시장통에 있었다. 200여 평은 됨직한 공간에 지붕이 높고 벽이 없는 식당이 서 있는데, 주인할머니는 '세계 최고의 염소고기 요리사'라는 자부심을 갖고 산다.

후덕한 보살 같은 그 할머니는 염소고기를 굽기도 하고 탕으로 끓이기도 하고 국숫발에 버무리기도 한다. 얼핏 보면 쇠골 같은 염소골에 한약재로 담근 술까지 내온다. 셋이 허리띠를 매기 어렵도록 먹었는데 8달러란다. 다시 입이 벌어지고 말았다.

서울에서 개고기를 먹은 경력이 스무 해가 넘은 나는 베트남의 동류 앞에서 '조선 개고기 항복'을 외칠 수밖에 없었다.

호찌민시 깍망탕탕 거리의 '왕왕집' 주인은 예순일곱살 난 팜 할아버지이다. 열 평 남짓한 그 식당에 들어서자마자 주인 부부와 아들딸 그리고 손님 서너 명이 신기한 듯 쳐다본다. 외국사람도 개고기를 먹는가 하는 표정으로.

고기는 그야말로 기름기라고는 거의 없는 누렁개였다. 서울 보신탕집에서 흔히 보는 도사견은 물론 아니고 뒤룩뒤룩 살이 찌게 사육한 가짜 토종개도 아니다.

백숙은 서울에서 많이 먹어보았지만 개고기로 신선로를 하는 것은 처음 보았다. 개갈비도 있었다. 쇠갈비보다 가느다라면서도 고소하기 이를 데 없고 감칠맛이 좋았다. 모두 여덟 가지의 개요리 가운데 다섯 가지를 시켜 먹고 오갈피술까지 덤으로 얻어 마셨는데, 4인분이 10달러였다. 일금 8000원에 그렇게 먹은 것이다.

이런 이야기를 들으면 조선의 개고기 애호가들은 당장 베트남으로 달려가려 들겠지만, 거기에는 수백달러의 항공료와 숙박비와 적지않은 교통비가 든다는 사실을 명심할 일이다.

### '적군의 자식' 라이 따이한들

베트남을 찾는 한국인들이 가장 가슴 아픈 것은 라이 따이한의 가난하고 주눅든 삶이다. 호찌민시의 한인촌이라고 할 판 반 하이에는 교포 20여 가구가 자리를 잡고 산다. 그중에서 언론의 조명을 많이 받는 사람은 앞에 말한 정주섭씨이다. 이제 50대 후반에 들어선 그는 베트남전쟁 때 사이공에서 호텔업을 한 인연으로 통일 뒤 다시 그 나라에 들어가 2세들의 참상을 알고는 그들을 보살피는 일에 전념하고 있다.

공식적 통계가 없어서 어떤 사람은 3000명이라고 하고 어떤 이는 2만 명이 넘는다고도 하는 라이 따이한은 1975년 4월 30일 이

래 '적군의 자식'으로 그 어머니들과 함께 갖은 고난을 겪어야 했
다. 정규교육은커녕 기술교육도 제대로 못 받았기 때문에 변변한
일자리를 구할 수 없다. 양아치나 부랑자처럼 떠돌거나 막벌이꾼
으로 몸을 굴릴 수밖에 없어서 정주섭씨가 보살피거나 알고 지내는
2세만도 1500여 명이라고 한다.

나는 판 반 하이를 대여섯 번이나 찾아갔는데, 갈 적마다 누렇게
바랜 '아버지' 사진을 든 청년과 처녀들이 눈시울을 붉히면서 아버
지를 보고 싶다고 호소했다.

제일 딱한 사람은 호찌민시에서 128km나 되는 붕따우에서 달려
온 티 호앙 옌 아주머니였다. 마흔두살인 그는 베트남전쟁이 한창
이던 무렵 홍아무개라는 한국인 기술자와 동거하면서 딸 영화(22
세)를 낳았고, 그 남성이 귀국한 뒤 박아무개씨를 지아비 삼아 살
다가 딸 영미(20세)를 두게 되었다.

그가 제일 안쓰러워하는 것은 큰딸 영화가 간질이 있어 가끔 소
란을 겪어야 하는 일이다. 나는 판 반 하이에서 그 모녀를 만난 며
칠 뒤 붕따우에 간 김에 그 집을 찾아갔다.

세 모녀는 친정식구들에 얹혀살면서 어머니는 삯바느질, 딸들은
담배장사를 하고 있었다. 함께 간 내 친구가 집 앞의 담배 진열장
을 열어보니 담뱃갑에 몇개비씩 들어 있는 것을 낱개로 팔고 있었
다.

이제 나는 베트남 기행을 그 유명한 꾸찌땅굴로 마무리하려고 한
다.

호찌민시에서 북서쪽으로 캄보디아 국경을 향해 70km를 가면 베
트남혁명 최대의 유적지인 꾸찌땅굴이 나온다. 지하 3m, 5m, 8m
에 사람이 겨우 지나다닐 정도의 통로를 거미줄처럼 엮어놓은 이
땅굴은 총길이가 250km가 넘는 과학시대 속의 원시세계이다. 그

러나 세계 최강대국이라는 미국의 첨단 과학과 무기는 이 원시 앞에서 맥을 못 쓰고 물러나고 말았다.

이것을 단순히 과학에 대한 비과학의 승리라고 단정하는 것은 지나친 단순논리이다. 적어도 베트남전에서 과학은 민족해방전선과 베트남 겨레의 것이었고 미국은 과학이라는 미신에 사로잡혀 용서받기 어려운 인명살상만을 거듭했다.

### 승전 최대의 유적지 꾸찌땅굴

왜 꾸찌가 과학이고 미국의 첨단무기가 무지와 제국주의적 오만의 표현이었는지를 알려면 지금은 관광지가 되어 있는 그곳을 잠깐만 돌아보면 된다. 이 관광지는 전쟁 당시 베트남 공산당 사이공—지안딘 지부와 사이공—지안딘 군사령부 기지로 쓰이던 100여 헥타르의 땅으로 꾸찌땅굴의 아주 작은 부분에 지나지 않지만 사령관실, 작전회의실, 사격장, 사이공강으로 통하는 땅굴, 식당, 연기가 새지 않는 부엌이 있는 꾸찌의 심장이다.

얼마 전까지만 해도 여기저기 있는 땅굴의 입구는 원형대로 지름 30cm 이하의 모양을 유지하고 있었으나 관광자원이 된 뒤에는 서양사람들도 드나들 수 있도록 넓게 깎았다. 나와 함께 간 친구는 100kg 가까운 거구여서 그 넓힌 구멍으로 들어가는 데도 애를 먹었다.

사령관실은 야전침대에서 아직도 땀내가 나는 듯하고, 부엌에서는 군복을 입은 베트남 여성이 그때 그 '전사들'이 먹던 음식 그대로를 관광객들에게 팔고 있다.

1948년 프랑스 신식민주의와 전쟁을 하면서 파기 시작했다는 이 땅굴은 호미와 삼태기로 흙을 파서 한줌씩 들고 길에 흩뿌리기도 하면서 철저히 흔적을 없앴다고 한다. 참으로 베트남 겨레의 지혜와 끈기와 투철한 자주의식을 보여주는 자랑거리이다.

미군은 사이공 접근로의 요충지인 꾸찌 지역을 장악한 베트콩을 섬멸하려고 네이팜탄을 비롯해서 갖은 폭탄을 퍼붓고 수색병력도 보냈으나 2만여 명의 희생자를 냈을 뿐 꾸찌의 개미집 앞에서 손을 들고 말았다. 그래서 꾸찌땅굴 안내 팸플릿에는 이렇게 적혀 있다.

"꾸찌땅굴은 꾸찌 인민의 의지, 지성 그리고 자부심의 표현이며 베트남의 혁명적 영웅성을 상징한다. 꾸찌는 베트남의 강철의 땅이며 청동의 요새라고 공식적으로 일컬어진다."

미국은 히로시마에 떨어뜨린 원자탄의 150배나 되는 130억kg의 폭탄을 베트남에 퍼붓고, 7200만 리터의 고엽제를 쏟아넣고도 결국 이땅에서 물러나고 말았다. 미국이 1970년대 초까지 밀어붙인 '베트남의 석기시대화'는 오늘도 곳곳에 참혹한 상처를 남겨놓고 있다. 그래서 베트남의 질펀한 강과 그림 같은 해안선과 맛좋고 싼 음식은 나그네에게 행복감만을 안겨주지는 않는다.

——1994년 1월·사람과 산

# 아버지 얼굴만이라도 보았으면
### 베트남 한인 2세들의 참담한 삶

　베트남의 설은 마치 전쟁이라도 터진 듯이 요란하다. 음력으로 정월 초하루를 떼뜨라고 해서 열흘 가까이 명절을 쇠는데, 그 유명한 폭죽 때문에 온 나라가 진동하는 것이다.

　내가 지난번에 베트남에 간 때는 설날이었는데 호찌민시는 붉은색의 폭죽 껍질로 뒤덮여 있었다.

　베트남 사람들은 액을 막거나 악귀를 쫓을 때도, 기쁜 일을 축하할 때도 폭죽을 터뜨린다. 폭죽은 손바닥만한 것을 여러 개 엮은 것부터 지름 2m에 길이가 8m나 되는 초대형까지 다양하다. 폭죽은 원래 중국에서 건너왔지만 이제는 베트남이 종주국이 되었다고 해도 지나치지 않다. 폭죽 없는 베트남은 상상할 수도 없다.

　설날부터 아흐레 뒤인 2월 19일 오후 2시, 호찌민시 변두리 탄빈구, 판 반 하이의 한 식당에서 결혼식이 열리고 있었다. 신랑 신부가 입장하기 전, 친구들이 처마에서 늘어뜨린 폭죽에 불을 댕긴다. '타타타타타' 귀를 찢을 듯한 폭음을 내면서 검붉은 연기가 치솟는다. 5분 가까이 터지는 폭죽을 바라보면서 하객들은 손뼉을 쳐댄다.

연기가 잦아들기도 전에 결혼식이 시작된다. 라이 따이한. 다시 말하면 1960년대 중반부터 70년대 초까지 계속된 베트남전쟁 때 한국인 노무자들이나 기업체 직원들 그리고 한국 군인들과 그 나라 여성 사이에서 태어난 2세 남녀를 가리키는 말이다. 신랑은 쩐 민 홍, 신부는 구엔 띠 냐라는 이름이다. 신랑의 성은 이씨로서 누구라고 하면 알 만한 한국인 전직 고위관리의 동생이 베트남전쟁 때 낳아놓고 가버린 청년이다. 신부의 아버지는 박씨인데 여기에 이름을 밝히지는 않겠다. 두 사람 모두 24살 동갑내기이다. 신랑 신부는 전쟁 때 캄란에서 태어났다고 한다.

결혼식장은 한인 2세를 돕는 사업을 하면서 '빠빠 정'이라고 불리는 정주섭씨가 차린 합숙소 같은 곳이다. 슬라브로 지은 그 2층집의 아래층은 식당이고 위층은 침실이다. 거기서는 늘 여남은 명의 한인 2세들이 이야기를 하면서 식사를 하거나 한담을 나눈다. 바로 그 자리가 결혼식장이 된 것이다.

그 식당 앞에 주례가 서 있는데, 말하기 쑥스럽지만 바로 필자가 그 '주례'이다. 주례용 탁자도 따로 없이 식당 앞길에 서 있는 내 앞으로 신랑 신부가 걸어온다. 그 한 쌍에게 맞절을 시키고 예물을 교환하게 한다. 신랑은 반지를 신부의 손에 끼워주고 신부는 손목시계를 채워준다. 그 나라의 결혼식에는 성혼선언문 같은 것이 없다고 해서 곧바로 주례의 축사로 들어간다. 통역을 맡은 호앙씨는 50대 초반의 중년남자인데 북한의 김일성대학을 나왔다고 한다.

"신랑 신부는 전쟁 때 한국인 아버지와 베트남인 어머니 사이에서 태어나 고통스럽게 자랐습니다. 저는 오늘 하나가 된 신랑 신부가 불행한 부모들의 비극을 딛고 일어서서 튼튼한 자녀를 낳아 훌륭하게 키우면서 행복하게 살기를 기원합니다."

신랑 신부로부터 몇걸음 떨어진 데서 한 중년여성이 손수건으로 눈자위를 닦고 있다. 신부의 어머니이다. 힘겨운 생활을 견디다 못해 몇해 전 베트남 남자와 재혼했다는 그 어머니는 딸의 결혼식을 치러줄 능력이 없음을 한스러워했다고 한다.

베트남은 지금 사회주의 체제이지만 놀라울 정도로 유교문화의 전통이 강하다. 특히 결혼식이나 장례식에는 가난한 집안도 '천문학적인' 돈을 들인다. 그 나라의 개인당 국민소득이 200달러를 넘은 지가 얼마 되지 않는데 결혼식에는 적어도 2000달러가 든다니 얼마나 큰돈인가.

그날 신랑 신부의 결혼식 예산은 500달러로 잡혔다. 한인 2세를 취재하는 데 열심인 사진작가 황상보씨, 라이 따이한 처녀와 한국인 청년의 사랑을 소재로 한 영화를 준비하고 있는 영화감독 이미례씨와 내가 푼돈을 모은 것이다. 베트남의 신사복 값은 너무나 비싸서 우리가 한국에서 가져간 여름양복을 신랑에게 입혔더니 그런대로 예복이 되었다. 신부는 드레스를 입고 꽃다발을 들었다. 그런 준비를 하고 하객들에게 깡통맥주와 음식을 대접하는 데 500달러가 든다는 것이다.

결혼식이 20여분 만에 끝나자 신부의 어머니와 의붓아버지가 우리 곁으로 다가온다. 말은 통하지 않지만 그들의 눈에는 소리보다도 강한 감사의 빛이 넘치고 있었다. '공치사를 들으려고 한 일은 아닌데.' 나는 혹시 그 잔치에 온 사람들이 우리를 무슨 자선사업가로 여길까봐 마음이 불안했다. 어쨌든 정주섭씨의 주선으로 베트남전쟁의 가엾은 씨앗인 2세들이 합법적인 결혼생활을 할 수 있게 해주고 나니 한편으로는 보람도 느낄 수 있었다.

판 반 하이의 한인촌에서 2세를 짝지어준 일은 이번이 처음은 아
니다. 지난해 10월, 앞에 말한 황상보씨와 이미례씨 그리고 산악
인이자 시인인 부산의 권경업씨가 처음 길을 튼 것이다. 그때 신랑
은 스물여섯살의 이기남씨였다. 그는 2세 처녀와 결혼식을 올린
뒤 교포들의 도움으로 직장도 구했다고 한다. 기남씨는 이번 결혼
식에서 궂은일을 마다하지 않으면서 신접살림을 차리는 '후배들'을
흐뭇한 눈길로 바라보고 있었다.

베트남의 결혼식 부조는 특이하다. 손님들이나 벗들이 신랑의
호주머니에 봉투를 넣어준다는 것이다. 그러나 그날은 '빠빠 정'의
주장대로 축의금을 접수했다. 그 일을 맡은 처녀는 스물다섯살 난
라이 따이한 황희란씨였다.

대부분의 한국인 아버지들은 돌아가면 소식을 끊어버리거나 베
트남의 동거생활을 없던 일로 돌려버린다. 한국에 아내와 자녀가
있는 사람은 물론이고 독신도 거의가 그렇다. 92년 12월 베트남과
국교를 맺은 뒤 왕래가 자유로워졌지만, 그 나라를 다시 찾는 그
아버지들이 옛날에 함께 살던 여성이나 자녀를 수소문하는 적은 아
주 드물다. 주소를 알아도 모른 척한다는 것이다. 더러 예외가 있
어서 라이 따이한 가족을 찾아 1000달러쯤 쥐여주고 가는 아버지
도 있으나 그것은 '가뭄의 콩'이다.

그런데 희란씨의 아버지 황경희씨는 베트남이 공산체제로 '통일'
된 뒤에도 제네바를 통해 그 나라에 들어가려고 갖은 노력을 쏟았
다. 그리고 본국의 부인과 자녀들에게도 베트남에 혈육을 남기고
왔음을 알렸다. 그러나 그는 결국 희란 자매와 그 어머니를 만나지
못한 채 78년에 병으로 세상을 떠나고 말았다. 지금 쉰살이 가까
운 희란씨의 어머니 팜 티 호아씨는 치과의사로 두 딸을 키우며 독
신으로 살고 있다. 그 한국 지아비를 아직도 잊지 못하는 것이다.

희란씨가 결혼식장에서 받은 축의금은 300여 달러였다. 거기에 어느 교포 기업인이 낸 돈 100달러가 곁들여졌다. 신혼부부가 사 글세방을 얻으면 한 달에 50달러씩이 든다고 해서 여섯 달치 300 달러를 그들 손에 쥐여주고 나머지로는 신혼여행을 보내기로 했다.

붕따우는 호찌민시에서 동남쪽으로 두어 시간 걸리는 유명한 해 수욕장인데, 신랑 신부와 양쪽 친구 여남은 명이 함께 그곳으로 떠 났다. 12인승 자동차를 타고 손을 흔드는 그들의 얼굴은 너무나 행복해 보였다.

정확한 통계는 없지만 베트남에는 적게 잡으면 5000, 많이 잡으 면 1만 5000이 넘는 라이 따이한이 있다고 한다. 그 나라 정부도 한국 정부도 조사를 한 적이 없어서 그렇게 짐작할 뿐이다. 그 2세 들과 어머니들은 1975년 4월 30일 사이공이 함락된 뒤 이루 말할 수 없는 고난을 겪어야 했다. 어제까지 '적국'이었던 한국의 남성 들이 뿌린 씨라서 신분을 감추고 살아야 했기 때문이다. 농촌이나 산간공업지대로 격리 수용된 가족도 많았다. 그들은 정규교육을 받기는커녕 먹고 자는 일도 제대로 해결할 수가 없었다. 그러니 번 듯한 일자리를 구하지도 못한다. 당연히 구걸해서 살다시피 하는 라이 따이한도 생겨났다. 살기가 어렵다 보니 거짓말도 해야 하고 속임수도 써야 한다. 그래서 어쩌다 교포 기업에 취직한 2세가 금 방 쫓겨나는 경우도 잦다.

이번에 결혼한 쌍도 코흘리개 적부터 가시밭길을 걸어왔음은 물 론이다. 신랑 쩐 민 홍은 갑자기 정해진 결혼식 날을 며칠 앞두고 캄란의 어머니에게 전보를 쳤으나 어머니는 끝내 보이지 않았다. 그렇게 빨리 달려올 교통수단도 돈도 없기 때문일 것이다. 그는 겨 우 국민학교를 마쳤다는데, 고등학교를 나온 신부가 그와 사랑에 빠졌으니 대단히 매력있는 청년인 것 같다.

우리 일행은 결혼식을 치러주기 전에 9인승차를 빌려 타고 베트남 중부 산간지대의 유명한 휴양지인 달랏에서 이틀을 보냈다. 그 환상적인 산중호수와 꿈같은 풍경에 관해서는 언젠가 글로 쓸 작정이다. 우리는 달랏에서 대여섯 시간을 달려 나트랑(베트남 발음으로는 냐짱)으로 갔다. 그 유명한 해수욕장이 있는 도시에는 교포가 3명 살고 있다. 정기화(57세)씨는 나트랑 시내에서 곡 디엡이라는 국숫집을 하면서 해변에서 멀지 않은 작은 섬에 아리랑식당이라는 가게도 열고 있다. 그와 함께 사는 베트남 여성 이름이 곡 디엡이다. 둘 사이에는 20대의 아들 둘이 있다. 디엡씨는 한국으로 가려고 무려 11번이나 보트를 탔다가 모조리 실패한 전설적 경험을 갖고 있다. 베트남이 개방되면서 정씨가 본국의 가족에게 비밀을 털어놓고 재회의 길을 열었다고 하니 그들은 아주 행복한 편이다.

우리가 호찌민시를 떠나던 날 아침 떤선녓공항에 청춘남녀의 얼굴이 환하게 빛나고 있었다. 바로 그 신랑 신부였다. 결혼 소식이 알려지자 현지에서 사업을 하는 동포가 신랑을 채용하기로 약속했다고 한다.

요즈음 많은 한국인들이 베트남을 찾아가고 있다. 다시 일기 시작한 베트남 특수에 편승하려는 사람도 있고 참전의 기억을 되살리러 가는 관광객도 많다. 어쨌든 과거 한 시대에 한국인들이 그 나라 사람들에게 고통을 준 것은 부인할 수 없는 사실이다. 그래서 사업도 관광도 좋겠지만, 베트남에 가서 후하게 뿌리는 여비 가운데, 가령 열 사람이 50달러씩을 추렴해서 한인 2세와 2세 또는 2세와 베트남 젊은이를 짝지어주고, 그런 뒤에도 자상한 양부모처럼 뒤를 보살펴주면서 밝은 길로 이끌어주면 어떨까.

──1994년 4월·아시아나

다시 보는 미국 ①
# O. J. 심슨과 두 얼굴을 가진 미국

김포공항을 저녁 7시쯤 떠난 비행기가 로스앤젤레스 국제공항에 내리면 같은 날짜 오후 2시쯤 된다. 11시간을 날아가는데도 날짜 변경선 때문에 타임머신을 타고 5시간이나 뒷걸음질을 친 셈이 되는 것이다. 비행기가 쌘프란씨스코를 지나서 태평양 연안을 따라 한 시간 좀 못 되게 날면 누렇다 못해 벌건 기운까지 풍기는 그 도시의 대기가 모습을 드러낸다. 84년 거기서 올림픽이 열리기 전부터 오염이 심해서 마라톤 선수들이 달리다가 질식할지도 모른다는 걱정의 소리가 나오던, 바로 그 현장이다. 로스앤젤레스시를 포함해서 오렌지와 리버사이드를 비롯한 5개 카운티로 이루어진 LA지역은 인구 1500만 이상을 안고 있는, 뉴욕에 버금가는 미국의 벌집이다.

몇해 전 이 나라를 찾았던 때 그랬듯이 이번에도 비행기 창문을 통해 가장 선명하게 들어오는 형상은 낮지 않은 산중턱에 박혀 있는 HOLLYWOOD라는 글자이다. 그 영문자들은 이 지역에 줄잡아 50만여 명이 산다는 한국 교민들을 곧바로 연상시킨다. 할리우드 바로 옆에 코리아 타운이라고 부르는 한인촌이 자리잡고 있기 때문이다.

공항에 마중 나온 사람은 시인인 장용철씨로, 민족문학작가회의 회원이다. 나는 92년엔가 그 도시에 갔을 때 그를 알게 되었는데, 30대 후반의 이 사나이는 아주 특이한 신분을 갖고 있다. 그는 시인이기 전에 '법사'로서 LA에 포교원을 차린 한 불교 종파의 현지 책임자이다. 그는 조계종이나 태고종의 스님들과는 달리 보통 사람처럼 머리를 기르고 평복을 입고 있다. 나는 대뜸 로스앤젤레스 폭동 뒤의 형편이 어떤지부터 물어보았다. 한마디로 '절망적 상태를 약간 벗어났다'고 한다.

장법사의 차가 한인촌의 올림픽대로로 들어갈 때 거리는 한산함을 넘어 무인지경이나 다름없다. 40도가 넘는 무더위가 자동차를 녹일 듯한데다 아스팔트가 끓어오르는 것 같으니 사람들이 거리에 나설 엄두가 안 날 것이다. "여기 사람들은 요즈음 어디다 관심을 쏟고 삽니까?" 내가 지나가는 말로 묻자 그는 "단연 월드컵 축구지요"라고 잘라 말한다. 나는 서울을 떠나기 전날을 생각했다. 한국이 볼리비아와 사투를 벌인 끝에 0 대 0으로 비겼을 때 나라 안이 온통 탄식과 아쉬움의 한숨으로 뒤덮이던 장면이 떠오른다. "그날 여기 교포들은 안타까워서 발을 굴렀지요. 한 골만 넣으면 되는데 그 황선홍이가 자꾸 헛발질을 하는 바람에……" 법사는 자못 안타깝다는 표정이다. 스포츠와 대중조작이라는 해묵은 명제를 넘어, 나도 운동 하기와 보기를 좋아하는 축이어서 그의 말에 공감을 했다. 교포들은 며칠 뒤에 한국 대표선수들이 독일을 '깨주기를' 애타게 기다린다는 것이었다. 서울에서 본 스포츠신문의 제목 그대로이다. 그렇게만 된다면 오죽 좋으련만, 독일은 지난 대회 우승팀 아닌가.

객사에 짐을 풀고 늦은 점심을 들려고 한국식당에 들어가니 거기도 월드컵 일색이다. 벽에는 메뉴 옆에 "한국 대 독일 TV중계 며칠 몇시"라고 큼직하게 적혀 있다. 나는 문득 서울을 떠나기 며칠 전 어느 후배가 하던 말이 생각났다. "권력 잡은 사람들은 월드컵이 날마다 열리면 얼마나 좋아할까요." 당연한 말이다. 지난 봄부터 정권의 치부와 무능을 드러내던 상무대사건도 조계종 개혁세력에 대한 폭력도 대통령 아들의 부정한 정치자금 혐의도 둥근 공을 따라 훨훨 날아가버리고 대다수 국민의 눈길이 월드컵에 붙박여 있으니 위로는 대통령부터 아래로는 정치문제로 골치를 앓던 정치인과 공직자들까지 얼마나 기분이 홀가분하겠는가.

월드컵에 앞서서도 한국의 집권세력이 여의봉처럼 휘두르던 무기는 또 있었다. '북한 핵'이 일으킨 전쟁 위기가 바로 그것이었다. 오늘 대통령이 "한반도에는 전쟁위험이 없다"고 공언을 하면, 내일은 어떤 신문이 "국민들의 안보의식이 너무 약하다"고 꾸짖는다. 그러면 정부나 집권당 안에서 거기 동조하는 소리가 들리고, 대통령까지 갑자기 태도를 바꾸어 북한의 공격 가능성을 강조한다. 전쟁의 ㅈ자만 들어도 간이 콩알만해지는 사람들은 잽싸게 라면을 사들인다, 부탄가스를 비축한다, 난리에 법석을 떤다. 그런 북새통에 카터라는 전직 미국 대통령이 느닷없이 평양으로 날아가서 김일성 주석을 만나 핵 연구시설 동결이니 남북정상회담이니 하는 약속을 받아냈다는 외신이 들어오면 극우에 초보수로 치닫던 신문은 벌레 씹은 얼굴로 카터의 공신력에 먹물을 뿌리면서 전쟁 위기가 사라지는 것이 아쉽다는 소리는 차마 못하고 허공에 대고 주먹질을 해댄다.

어쨌든 한반도를 뒤덮고 있던 불길한 먹구름은 걷혀버리고 어제라면과 가스를 사재기하던 사람들은 언제 그랬냐는 듯이 텔레비전 앞에서 축구공의 움직임에 따라 웃고 울고 손뼉을 치고 악을 쓰고 머리칼을 쥐어뜯는다. 스포츠로 대중을 웃기고 울리면서 정치를 요리하는 기술의 종주국이 미국이라고 하지만, 전쟁이라는 무기로 대중을 현혹시키는 분야에서도 미국이 가장 앞서 있음은 물론이다. 우리는 부시가 세계 곳곳에서 그런 '재주'를 부리면서 이라크 전쟁을 절정으로 사상 최고의 인기를 누리는 대통령으로 발돋움하는 것을 보았다. 불가사의하게도 그는 90%에 가까운 지지를 받다가 클린턴에게 지고 말았으나 그 기법은 여전히 고도의 대중조작기술로 살아 있다.

내가 다시 발을 디딘 미국 땅에서는 참으로 미국적인 사건이 여성추문과 화이트 워터 사건에서 클린턴을 구해주고 있었다. O. J. 심슨이 혐의를 받는 살인사건이 바로 그것이다. 미국의 신문과 방송, 잡지는 그 사건으로 지면과 화면을 도배질하고 있었다. 사건은 미국 태평양시간으로 6월 13일 신새벽에 일어났고, 내가 LA에 내린 때는 6월 25일이라서 열이틀이 지났는데도 머릿기사는 여전히 그것이 차지하고 있었다.

여기서, 미국과 그 나라의 대중과 언론과 인종 문제를 더 명확히 이해하기 위해 심슨사건의 줄거리와 언론의 보도와 논평 그리고 대중의 반응을 알아보자. 흔히 '오제이(O. J.)'라는 애칭으로 불리는 심슨은 미국 사회가 낳은 영웅이자 스타이다.

그는 로스앤젤레스에 있는 명문사립인 남캘리포니아대학(USC)에서 미식축구 선수로 이름을 날린다. 이 학교는 같은 도시에 있는 로스앤젤레스 캘리포니아대학(UCLA)과 스포츠의 앙숙인데, 1968년 미식축구에서 그 라이벌을 누르고 전국 우승까지 안겨줌으로써 최우수 선수에게 돌아가는 하이스먼 트로피를 받은 심슨은 그야말로 그 대학은 물론이고 전국의 영웅이 된다. 그는 대학을 나온 뒤미국 뉴욕주에 자리잡은 버펄로빌스의 러닝백으로 뛰면서 1973년시즌에 2003야드를 돌진하는 신기록을 세운다. 그는 쌘프란씨스코퍼티나이너즈로 옮겨 활약한다. 1979년 12월에 은퇴할 때까지 계속 신화를 쌓는다. ‘아프리카 토종’과는 달리 높은 코에 서글서글한 눈, 갸름한 얼굴을 한 그는 「프로그맨」이나 「타워링 인퍼르노」(우리나라에서는 「타워링」이라는 제목으로 70년대 후반에 상영)같은 영화에도 출연하는가 하면 근자에는 스포츠 캐스터로 이름을날린다. 그는 미국에서 가장 인기있는 스포츠 프로에 든다는 ABC의 「먼데이 나잇 풋볼」을 공동 진행할 정도로 인기를 누리다가NBC로 무대를 옮겨 비슷한 일을 계속한다. 그러니 미국인들은 적어도 한 주에 한 번은 텔레비전에서 그를 보게 된다. 게다가 그는광고모델로도 인기가 높아 농구에서 야구로 돌아선 마이클 조던만은 못해도 억만장자 소리를 들을 만한 수입을 올리는 인물이다.

 이런 스타가 어느 날 갑자기 살인범으로 지목을 받는다. 그것도이혼한 전처인 백인여성과 그 애인을 무참하게 살해한 혐의로. 심슨은 고등학교 시절부터 연애를 해서 결혼한 흑인여성과 이혼하고니콜이라는 백인과 재혼했는데, 이 여인은 어릴 적부터 배우가 되라는 말을 자주 들을 정도로 미인이어서 그들의 결합은 하나의 사건이었다고 한다. 흑인 영웅과 백인 미녀의 결혼! 미국의 매체들과 대중이 흥분을 억누르지 못한 화제였던 것이다. 이런 그들이 아이를 둘이나 낳은 뒤 갈라섰는데, 어느 날 새벽 심슨의 호화저택에서 3km 남짓 떨어진 데 살던 전부인이 남자친구와 함께 칼로 난자당한 채, 피 웅덩이 위에 엎어진 시체로 발견된 것이다. 살인혐의를 받게 되자 심슨은 당장 미국에서 제일 비싸고 유능한 변호사들

을 사서 자기 변호에 나섰다. 그러나 피 묻은 장갑이 발견되었다느
니, 그에게 칼을 판 사람이 나타났다느니 하는 불리한 증거와 증언
들이 나타나는 판에 그가 검찰에 출두하기로 된 시간에 경찰과 자
동차 경주까지 벌여 그 사건은 그야말로 미국을 뒤흔들어버리고 말
았다.

이 바람에 소말리아나 유고나 르완다에서 외교적으로 무능을 드
러냈다는 비판을 받고 여성 또는 축재와 관련된 스캔들로 편할 날
이 없던 클린턴은 '심슨 대공연'을 즐기는 관객이라는 행복한 처지
로 돌아섰다.

내가 미국에서 이 글을 쓰고 있는 시간은 7월 7일 오후이다. 바
로 이 순간에도 이 나라의 매체들은 '오 제이' 이야기로 떠들썩하
다. 어제 아침 뉴욕의 존 에프 케네디 공항에서 남쪽으로 가는 비
행기를 타려다 책방을 들러보니 『O.J.심슨, 미국의 영웅 미국의 비
극』이라는 책이 눈에 띄었다. 어느 틈에 잽싼 작가가 이 사건을 책
으로 꾸며낸 것이다. 이러니 대중이 넋을 잃고 이 사건에 빨려들
수밖에.


내가 이번에 미국에 온 첫번째 목적은 애리조나 주립대학에서 한
국의 언론자유와 관련법률에 관한 초청강의를 하는 일이었다. 여
기 관해서는 뒤에 자세히 쓰겠지만, 미국의 언론은 무제한이라고
할 만큼 자유를 누리는 듯이 보이면서 실제로는 그 나라의 지배체
제를 지탱하거나 다수 세력의 권익을 대변하는 구실을 충실히하고
있다. 이렇게 말하면 미국 언론인이나 정치인은 물론이고 보통 사
람도 이렇게 물을 것이다.

"심슨사건에서 신문과 텔레비전과 잡지가 어떤 면에서 그런 일을
했다는 말인가?"

이 사건은 단순한 치정살인 아니면 심슨을 사회적으로 매장하려는 음모의 결과로 볼 수도 있다. 그런데 대부분의 미국 매체들은 사건의 실체적 진실을 밝히는 쪽보다는 대중의 흥미를 자극하는 상업주의나 쎈세이셔널리즘에 치우치고 있는 것이다. 이런 보도 경향이 지배체제를 지탱하거나 돕는 것과 무슨 연관이 있느냐고 물으면 대답은 간단하다. 미국의 매체가 모두 정권에 호의적이지 않다 하더라도 가장 중요한 정치적 쟁점들을 일관성있게 추적하지 않고 대중의 천박한 호기심을 자극하는 보도나 논평에 치우치는 일 자체가 정치적 쟁점을 묽게 만들어 결과적으로 지배체제를 돕는 것이라고.

심슨이 흑인이고 살해당한 전부인과 애인이 백인이라는 사실은 이 사건에 말할 수 없이 윤기를 더해준다. 언론이 하도 시끄럽게 보도를 하니 흑인들의 불만은 하늘을 찌를 듯하다. 7월 6일자 『유에스 에이 투데이』를 보면, 이 일간지와 CNN방송, 갤럽이 공동으로 실시한 여론조사에서는 다음과 같은 결과가 나타났다.

"흑인 60%는 심슨이 무죄라고, 백인 68%는 유죄라고 말한다. 흑인 77%는 심슨에게 동정적이고, 백인은 42%가 그렇다. 흑인 54%는, 이 사건의 희생자들이 흑인이었다면 매체들과 대중이 이런 관심을 쏟지 않았을 것이라고 말하고, 백인 41%가 이 말에 동의한다. 흑인 64%는 심슨이 공정한 재판을 받지 못하리라고 말하고, 백인 41%가 동의한다. 흑인 59%는 언론이 심슨을 너무 심하게 다루었다고 말하고, 백인은 31%가 이 말에 동의한다. 그러나 흑인 67%가 보도가 무책임했다고 말하는데, 백인도 63%가 그렇다."

그 신문의 기사는 이렇게 이어진다. "가정에서도, 이발소에서도, 사무실에서도, 인쇄·방송 매체에서도, 많은 미국 흑인들은 분노와 격분을 느끼면서 이 사건에 대한 이야기를 하고 있다.”

나는 이번에 미국을 다시 찾으면서 몇가지 다짐을 했다. 먼저, 미국을 더 명확히 알자는 것이었다. 우리 겨레에게 역사적으로나 현실적으로 미국만큼 중요한 나라는 없다. 이 나라가 정치, 경제, 군사, 문화의 분야에서 남한사회를 지배해왔고 지금도 그렇다는 사실, 분단된 겨레의 운명은 이 나라를 지배하는 세력의 손이 어떻게 움직이느냐에 따라 상당 부분이 좌우된다는 것, 미국은 단순히 적대적 시각으로만 볼 나라가 아니라 다양한 인종으로 이루어진 사회이면서 많은 장점을 가진 나라라는 것. 이렇게 복합적이면서도 균형 잡힌 시각으로 미국을 보고 우리나라 사람들에게 알리는 것이 글쓰는 사람의 의무라는 생각을 굳게 한 것이다. 나는 실제로 이번에 미국의 여기저기를 돌아보면서 그런 생각을 현실 속에서 확인할 수 있었다.

미국에 가면 대도시는 말할 것도 없고 외진 데 있는 소도시에서도 한국인을 만날 수 있다. 미국에 사는 한국 동포는 시민권이나 영주권을 가진 사람에 불법체류자까지 보태면 100만 명을 훨씬 넘는다고 한다. 그들 중 가장 규모가 크고 관심의 대상이 되는 이들은 로스앤젤레스의 교민들이다. 92년 봄 인종폭동 때문에 혹심한 고통과 희생을 겪었을 뿐 아니라, 그 뒤에도 지진과 화재라는 천재지변에 시달려온 동포들이기 때문이다.

기억에도 새롭지만 그 폭동은 1992년 4월 29일에 터졌다. 로드니 킹이라는 흑인이 백인 경찰관들에게 대낮에 큰길에서 무참히 몰매를 맞은 것이 목격자의 비디오에 나타났는데도 배심원들이 무죄 평결을 내린 데 격분한 흑인들이 걷잡을 수 없는 분노를 터뜨렸는데, 엉뚱하게도 한국 동포들에게 화살이 날아든 것이다. 『로스앤젤레스 타임즈』가 보도한 것을 보면 그 폭동으로 53명이 사망하고 2393명이 다쳤다. 로스앤젤레스 카운티에서 한국인이 차지하는 인구비율은 2%인데 전체 폭동 피해의 40%가 그들의 '몫'이었다. 2000여 업체가 파괴되고 피해액은 3억 6천만여 달러였다.

"폭동이 남긴 피해와 상처는 깊기만 했다. 폭동 피해가 가장 심했던 싸우스쎈트럴과 한인 타운에는 아직도 지난해 파괴의 흔적이 곳곳에 그대로 남아 있다. 네 개의 블록에 걸쳐 '스왑 미트'(실내 간이상점) 건물이 줄지어 서 있던 버몬트가와 80번가 일대는 아직도 불에 탄 시커먼 건물 형태만 남아 있을 뿐이다.

한미봉사기관연합회가 2300여 명에 이르는 피해 한인들을 대상으로 실시한 조사에 따르면 92년 12월 말 현재 다시 문을 연 피해 업소는 28%로 나타났는데, 대부분 부분적 피해를 본 업소들이었다. 업소가 불에 탄, 피해가 심한 경우는 아직도 회복되지 못하고 있는 실정이다."

위에 인용한 글은 『한겨레신문』의 정연주 워싱턴 특파원이 폭동 1년을 맞아 현지를 둘러보고 쓴 기사이다. 그로부터 다시 1년하고 두 달이 지났다. 나는 폭동의 상처가 많이 가셨음을 볼 수 있었다. 올림픽대로에는 검게 그은 건물들이 거의 없었고 가게들도 대부분 정상을 되찾았다. 한인들이 장사를 많이 하는 웨스턴도 건물 수리와 페인트칠이 거의 모두 끝난 상태이다. 다만 흑인 거주지로서 한인들이 적지 않게 들어가서 가게를 열고 있는 싸우스쎈트럴에는 아직도 불탄 건물이 여러 채 그대로 서 있다.

그러나 문제는 폭동 피해를 외형적으로 복구하는 데 있는 것이 아니라 동포들이 입은 정신적 상처에 있다. 여기 관해서는 전문가들이 오랜 기간에 걸쳐 피해자들을 직접 만나거나 자료를 구해 연구한 결과가 나와 있다. 캘리포니아 주립대학의 김미경 박사, 아시아·태평양 상담치료쎈터의 서정 박사를 비롯한 4명이 발표한 논문을 보면, 아·태쎈터에서 치료한 희생자 63명 가운데 95%가 한인이었고 나머지는 히스패닉, 중국, 필리핀계였다. 그만큼 한국 동포들이 심한 정신적 상처를 입은 것이다. 이 논문은 이렇게 결론을 내린다.

"쎈터가 위기에 개입하고 의료작업을 함으로써 정신적 상처를 줄이려고 노력하는 것을 미국의 한인공동체는 대체로 잘 받아들였다. 한국의 독특한 전통적 자질, 즉 따뜻하고 긴밀한 대인관계, 상호의존, 인내가 희생자들이 위기의 시기에 대처하도록 돕는 데 상당한 구실을 한 것 같다. 그러나 폭동 뒤의 치유과정에도 불구하고 더 큰 사회구조적 쟁점들은 아직도 남아 있고, 그것은 희생자들을 위해 일하는 정신보건 전문가들에게 계속 일을 맡길 것이다."

앞의 논문에 참여한 두 사람과 더들리 데이비드 베이커, 브루스 하일리 영이라는 미국인들이 함께 쓴 논문 「미국 한인 희생자들에게 준 LA폭동의 심리적 충격과 치유책」은 이런 방향을 제시한다.

"이 연구 결과, 그리고 폭동의 한인 희생자들에 관한 우리의 작업에서 나오는 다수의 치유책은 명백하다. 무엇보다도 먼저 희생자들이 삶에 대한 '통제력'을 되찾도록 돕는 일이 중요하다. 이 목적을 위해 정신건강 전문가들은 희생자들이 당장 필요로 하는 구체적인 것들, 즉 식품, 의복, 거처, 직업 그리고 폭동과 피해의 정서적 충격에 신경을 써야 한다."

그들은 머나먼 땅에서 그 어느 민족이나 인종보다 악착스럽다는 소리를 들으면서 밤을 낮삼아 일하다가 폭동의 최대 피해자가 되어 정신이 온전하지 못한 상태에 빠졌다. 그러나 본국 정부가 지금 그들에게 얼마나 관심을 보이는지, 동포공동체가 그들을 치료하는 데 얼마나 신경을 쓰고 있는지 나는 모른다. 다만 그런 노력이 거의 보이지 않는다는 말을 교민들에게 들었을 뿐이다.

로스앤젤레스 인종폭동은 한국 동포들에게 많은 교훈을 주었다. 왜 유독 그곳의 소수민족 가운데 한국계가 피해를 독차지하다시피 했는가? 단순히 흑인 거주지역에서 사업을 하는 사람이 많기 때문인가? 그렇지만은 않다는 사실이 여기저기서 밝혀졌다. 한국 동포들도 많은 문제를 안고 있다는 것이었다. 요약하면 이렇다.

한인들은 대체로 흑인과 멕시코인들을 상대로 사업을 한다. 제일 많은 것이 세탁소이고 주유소, 잡화점, 간이식당 같은 것이 뒤를 따른다. 그런데 가장 두드러지는 현상은 주로 흑인 거주지역에서 일하는 한인들이 돈은 거기서 벌고 살림은 다른 데서 하면서 그 지역사회를 외면한다는 것이다. 그들 대부분은 흑인사회에 단 한 푼도 돌려주지 않으면서, 심한 경우에는 흑인에 대해 노골적으로 인종적 우월감을 드러내기까지 한다. 가뜩이나 미국에 사로잡혀온 노예의 후손들로서 백인들에게 갖은 모멸과 천대와 소외를 당하면서 울분을 참지 못하는 흑인들이 같은 소수민족인 한인들에게 그런 대접을 받을 때 심정이 오죽하겠는가. 폭동은 그래서 한인 피해자를 크게 늘릴 수밖에 없었다.

1989년 4월 내가 미국을 처음 방문했을 때 뉴저지에 있는 오순절 교회의 도트리 목사가 하던 말이 떠오른다. 생전에 말콤 엑스를 가까이에서 섬겼다는 그는 그해 봄 뉴욕의 할렘에서 벌어진 흑인들의 한인 상대 불매운동에 대해 이렇게 말했다. "우리는 한국 사람들을 그저 미워해서 이런 항의를 하는 것이 아닙니다. 그들이 흑인 공동체를 이웃으로 여기면서 사랑을 나누고 미국을 지배하는 다수의 횡포에 함께 맞서도록 일깨우려고 합니다."

로스앤젤레스를 떠나 애리조나의 피닉스로 가던 날 아침 한인촌

옥스퍼드가 중심에 자리잡은 선물가게에 들렀다. 50대 중반의 주
인아주머니는 밝은 얼굴이 아니었다. "요즘 경기가 어떻습니까?"
"조금은 나아진 편이지만 전보다는 어림도 없어요." 나아진 것이
폭동 이전 매상의 절반쯤이라니 한인 동포들이 얼마나 어려움을 겪
고 있는지 여실히 알 수 있다.

　애리조나는 미국에서 가장 더운 지역이다. 원래 멕시코 땅이었
던 곳을 미국이 싸움도 하고 구슬리기도 해서 야금야금 뺏은 사막
지대이다. 애리조나주의 자동차들이 번호판에 '그랜드캐니언 스테
이트'라고 쓰고 다니는 것을 보면 이 주의 자랑은 그 거대한 계곡
임이 분명하지만, 땅덩어리 대부분은 선인장이 듬성듬성 서 있는
모래밭이다. 피닉스는 물 한 방울 안 나는 사막에 사람의 힘으로
세운 큰 도시이다. 지금은 인구가 150만을 넘어 미국에서 열 손가
락 안에 드는 도시로 올라섰다. 내가 보기에 기이한 것은 배리 골
드워터라는 '흘러간 물레방아'가 이 도시에서 숭앙을 받고 있는 일
이었다. 공화당 극우파로 60년대 중반에 린든 존슨에 맞서 대통령
후보로 나섰던 인물, 베트남 무차별 폭격을 주장한 초보수주의자
가 아직도 이런 대접을 받고 있다니! 알고 보니 그럴 만한 사연이
있었다. 그는 물 한 방울 안 나는 애리조나의 '구세주'였다. 멀리
콜로라도주에서 상수도를 끌어와서 피닉스를 사막의 오아시스로
만들고 오늘의 성장에 디딤돌을 놓았다는 것이다. 경제 제일주의
의 미국에서 당연히 존경받을 만한 일이다. 전쟁과 평화는 그 다음
문제 아닌가.

　내가 애리조나 주립대 월터 크롱카이트 스쿨(신문방송대학)에서
강의를 하던 날은 기온이 46도였다. 나는 한국에서 이런 더위를
겪어본 적이 없다. 기껏해야 37도가 최고였다. 집이나 자동차 안
에서 밖으로 나가면 얼굴에 혹 하고 열기가 느껴지는데, 그저 뜨겁

다는 정도가 아니라 살갗을 지지는 듯한 느낌이 든다. 게다가 습기마저 거의 없으니 그 건조함은 이루 말할 수 없다.

그런데 내가 놀란 것은 그런 불볕 속에서 여름학교에 나오는 대학생들이 아주 많다는 사실이었다. 미국의 제도가 정해진 학점을 따면 빨리 졸업을 시키게 되어 있어서 그렇다 하더라도 강의를 듣는 학생들의 자세는 참으로 진지했다.

나는 박정희 정권 이래 지금까지 한국의 언론자유가 걸어온 길을 이야기하고 그 자유를 제약하고 통제하는 법률들에 관해서 말했다. 1974년의 '10·24자유언론실천선언'과 거기서 비롯된 반유신 독재운동, 1975년의 언론인 대량 해직, 긴급조치 시대의 벙어리 신문과 방송, 1980년 5월의 쿠데타와 언론인 숙청, 전두환 정권의 '보도지침', 노태우 정권의 당근과 채찍, 마지막으로 김영삼 정권의 언론정책을 말했다. 150명 가까운 학생들은 지구의 동쪽 끝에 있는 나라의 절반에서 벌어진 그런 일들이 신기하다는 듯 주의 깊게 내 이야기를 들었지만, 우리나라 언론의 어두운 면만을 이야기해야 하는 내 마음은 밝지가 못했다. 나는 강의를 끝마칠 무렵 이렇게 말했다.

"한국 언론에 어두운 면만 있지는 않다. 우리나라의 언론인들 중에는 이승만 독재 이래 사회의 민주화를 위해 용감히 싸워온 이들이 많고, 지금도 적지않은 언론인들이 조국의 통일에 관심을 쏟고 있다."

그러나 그렇게 말하면서도 나는 서울을 떠나던 때의 그 신문들과 그 텔레비전들을 상기하면서 얼굴이 뜨거워졌다. 일어나서는 안되고 일어날 수도 없는 전쟁을 부추기거나 바라는 듯한 그 논조들은 겨레의 운명을 어디로 몰고 가자는 것인가. 이런 생각을 하면서 나는 미국 언론이 지닌 무수한 문제점 가운데 하나를 지적했다.

"최근 미국의 CNN은 남한에서 부는 전쟁 바람을 고의적으로 과장해서 보도했다. 그 방송은 요즈음 시청률이 눈에 띄게 떨어져서 초조하기 때문인지, 이라크전쟁 때처럼 호황을 누리고 싶었는지 남한의 긴장상태를 되풀이해서 지나치게 전했다. 그러자 보수적인 한국 정부의 고위관리가 미국 정부에 항의하는 사태까지 벌어졌다. 이것이 미국 언론의 상습적 행태라면 부끄러운 일이다."

강의가 끝난 뒤 질문시간에 한 학생이 손을 들더니 묻는다. "한국에서는 언론인 되기가 어려운가?" 나는 잠깐 생각해보았다. 사실대로 알려주는 것이 옳다고 판단했다. "아주 어렵다. 얼마 전까지는 법관이나 의사 되기가 제일 어려웠고, 그런 분야에서는 자격증만 받으면 열쇠를 세 개 지닌 신부감을 구할 수 있다는 농담까지 돌았다. 그러나 요즈음은 언론인, 특히 기자나 방송국 프로듀서와 아나운서, 앵커가 최고의 인기직업이라고 한다. 100 대 1이 넘는 경쟁을 뚫어야 그런 직종에 들어갈 수 있다. 보수도 재벌기업보다 높고 사회적 힘도 강하다." 한국의 언론인들이 누리는 혜택과 지위만큼 사회와 민족을 위해 기여하고 있는지 아닌지는 굳이 설명할 필요를 느끼지 않았다.

애리조나에는 나하고 아주 가까이 지내는 후배가 살고 있다. 그는 민족문학작가회의 회원이고 소설가인 이충렬씨이다. 나의 고등학교 후배이기도 한 그는 이제 40대 초반인데 경제적으로 LA폭동 때문에 가장 큰 손해를 본 사람이다. 그는 그 지역에서 대규모로 아파트 임대업을 하면서 문화운동에도 열심이었다. 그러나 1000만 달러가 넘는 은행 융자를 얻어 경영하던 아파트사업은 폭동 뒤 극도의 불황에 빠졌다. 임대가 부진함은 물론이고 임대료가 제대로 걷히지 않아 은행 원리금 상환을 할 수 없었다. 그는 온갖 자구책을 구하다가 결국 손을 들고 아파트를 은행에 넘긴 뒤 애리조나와 멕시코 국경에 있는 노갈레스라는 소도시로 이주했다. 그는 지금 거기서 멕시코 사람들을 상대로 비디오가게를 하면서 조촐한 살림을 꾸려가고 있다.

노갈레스는 재미있는 곳이다. 인구가 2만 남짓인데 한국 동포는 70여 가구라고 한다. 멕시코계 일색의 도시에서 그야말로 소수민족으로 살고 있는 셈이다.

노갈레스는 ‘두 개’가 있다. 국경을 넘으면 멕시코 노갈레스인데 그곳은 인구 25만이 넘는 큰 도시이다. 국경선은 따로 쳐진 금이 아니라 자동차와 기차가 오갈 때 차단기를 내리는 울타리이다. 북쪽에는 미국 관리가, 남쪽에는 멕시코 관리가 서서 출입국자를 검색한다. 멕시코에서 미국으로 넘어올 때는 절차가 비교적 까다롭고 그 반대는 간단하다. 까다롭다고 해도 여권이나 비자나 영주권을 확인하고 자동차 트렁크를 뒤지는 정도이다.

그런데 이렇게 공식적인 출입국 검사가 벌어지는 곳에서 200여m 떨어진 데서는 공공연한 밀입국이 이루어지고 있다. 멕시코의 청춘남녀와 개구쟁이들이 울타리에 난 개구멍으로 미국에 들어오고 있는 것이다. 그들은 그렇게 넘어와서 아예 미국 땅 깊숙이 들어가든지 좋은 물건을 싸게 사가서 큰 이문을 남기든지 한다는 것이다. 목숨을 걸고 바다를 건너는 쿠바나 아이티 사람들에 비하면 장난 같은 짓이다.

LA공항에서 헤어진 며칠 뒤 노갈레스로 찾아온 장법사와 이충렬 씨와 나는 자동차로 국경을 넘어 멕시코 땅으로 들어갔다. 애리조나와 다를 바 없는 사막인데 풍기는 정취는 전혀 다르다. 뜨거운 열정과 찌든 가난이 뒤범벅되어 풍기는 냄새인 것이다. 우리는 바이아 데 키노라는 바닷가의 도시를 향해 차를 몰았다. 바다 같은 평원에서 한 시간도 넘게 지평선만 바라보면서.

———1994년 8월 · 월간 말

다시 보는 미국 ②
# 무엇을 배우고 무엇을 버릴 것인가

　미국에서 멕시코로 넘어갈 때 입국절차는 아주 싱겁다. 사람한
테 주는 비자는 간단한 쪽지에 서명만 하면 되는 데 비해 자동차가
받는 비자는 간단하지가 않다. 미국 자동차를 멕시코로 몰고 가서
팔면 이문이 크기 때문에 그런 불법거래를 막으려고 자동차 비자를
발급한다는 것이다. 그런데 노갈레스에 사는 이충렬씨가 비자를
받을 짬을 내지 못해서 어쩔 수 없이 잘 아는 교포의 차를 빌려 타
고 갈 수밖에 없었다.

　멕시코의 고속도로는 바닥이 그렇게 매끄럽지는 않지만 대체로
직선으로 뻗어 있어서 아주 단조롭다. 그런 길을 두어 시간 남짓
달린 뒤에 길턱의 경계선이 불분명해서 운전하기가 불안한 지방도
로를 한시간 반쯤 타고 가니 시원하게 펼쳐진 태평양이 보인다. 미
국 서남단의 쌘디에이고에서 아래로 뻗은 멕시코 땅과 내륙 사이에
옴폭 파인 캘리포니아만이다.

거기까지 가는 길가 여기저기에는 '콜로시오'라는 글자가 큼직하게 쓰여진 간판들이 서 있었다. 마치 광고탑처럼. 그것은 얼마 전에 암살당한 여당 대통령 후보를 추모하는 뜻을 담고 있다고 한다. 그는 멕시코의 삼수갑산인 바로 이 국경지대에서 빈농의 아들로 태어났는데 멕시코 최북단의 국경도시인 티후아나에서 유세를 하다 암살당했던 것이다. 여당의 대통령 후보까지 암살하는 이 나라의 정치는 너무나 오랜 세월에 걸쳐 민중의 삶을 무참히 짓밟아왔다.

멕시코는 자유민주주의를 표방하는 나라 가운데 세계에서 가장 오래 일당독재가 지속되고 있는 땅이라고 볼 수 있다. 제도혁명당(PRI)은 지난 65년 동안 절대권력으로 군림해왔다. 이 당의 대통령 물려주고 받기는 너무나 유명하다. 일단 후보가 되기만 하면 어떤 수단을 쓰든지 대통령에 당선되기 때문에 그들의 권력에는 거의 제동장치가 없다. 멕시코의 정치는 협잡과 부정과 탄압의 대명사처럼 되어 있다. 그러다 보니 국토도 넓고 자원도 풍부하고 인구도 많은 이 나라는 대다수 국민이 가난을 세습하는 비참한 나라로 전락하고 말았다. 멕시코의 공업지대인 몬테레이를 취재한 적이 있는 어느 한국 언론인은 그 끝도 없이 이어진 빈민굴에 혀를 내둘렀다고 말한다.

지금 다른 나라들에 알려져 있기는 멕시코가 북미자유무역협정(NAFTA)이 발효된 뒤 미국의 대대적 투자로 높은 경제성장을 이룰 것이라고 하지만, 실제로 가까운 시일 안에는 그런 효과를 기대하기 어렵다. 그 협정이 15년에 걸쳐 멕시코 경제의 수준을 높이는 거북이걸음에 기초하고 있기 때문이다.

내가 현지에서 만나본 멕시코인들은 너무나 찌들어 있었다. 한 공식통계를 보면 미국―멕시코 국경의 최저임금은 1993년 1월 1일 현재 시간당 4.68달러이고 연봉은 1707.05달러이다. 한국의 국민 1

인당 평균소득이 7000달러대에 이르렀는데 우리나라보다 인구와 자원이 풍부하고 기후조건도 좋은 그 나라가 이런 가난 속을 헤매고 있는 것은 일당독재에 대부분의 책임이 있다고 보아야 할 것이다.

　로스앤젤레스의 거리에서는 멕시코 사람들이 많이 눈에 띄는데 그들은 대부분이 날품팔이다. 그들 가운데는 우리나라에서 '난닝구'(러닝 셔츠)라고 부르는 것을 외출복 겸 작업복으로 입은 이들이 많은데, 그것도 시커멓게 때에 절어 있거나 구멍이 숭숭 나 있다. 멕시코 땅에도 그 '난닝구부대'는 도처에 있었다. 이런 가난과 끝없는 일당독재는 결국 농민봉기를 촉발하고 말았다. 지금도 이 나라에서는 혁명과 개혁을 요구하는 소리가 적지 않다.

　우리 일행은 이충렬씨가 어느 교포한테 들은 정보에 따라 바이아데 키노라는 바닷가의 휴양지를 찾아갔다. 그곳은 말쑥히 단장한 집들과 아열대의 나무와 꽃들이 조화를 이루고 있는 해안도시였다. 그 많은 별장들은 멕시코의 부자들이나 미국인들의 것이라고 하는데, 나는 거기서 이 나라를 좀먹는 하늘같은 빈부의 격차를 확인할 수 있었다.

　그리고 그 허술한 써비스라니. 우리가 묵은 호텔은 방 하나에 세 사람이 자는 데 60달러짜리였는데, 침대부터 수도꼭지까지 사람의 손이 자주 가는 것 같지 않았다. 멕시코식 '만만디'라고나 할까. 어쨌든 이런 식으로 경제를 움직이면서도 더할 나위 없이 낙천적인 멕시코 사람들의 기질은 어디에서 비롯되는 것인지 불가사의할 뿐이다.

　멕시코의 가난이 보편적인 데 반해 미국의 그것은 극도로 치우쳐 있다. 내가 미국을 몇차례 돌아보면서 가장 눈여겨본 것은 극빈자들이었다. 그중에서도 '홈리스(homeless)'라고 부르는 거리의 사람

들은 너무나 비참하다. 이 말은 단순히 '집 없는 사람', 즉 우리말
로 무주택자를 뜻하는 것이 아니다. 한국에서는 전세나 사글세를
사는 사람을 무주택자라고 하는데 미국의 홈리스는 글자 그대로 잠
잘 집이 없는 이들을 가리킨다. 홈리스는 미국 인구 2억 5천만의
1% 가량이라고 하니 줄잡아 250만 명이 넘는 셈이다. 세계 최강
대국이라는 나라에서 한뎃잠을 자는 인구가 1%라는 사실은 오만
하던 전대통령 레이건도 이렇다 할 변명을 못한 엄연한 현실이었
다. 부시도 마찬가지였다.

홈리스는 대체로 다음과 같은 이유로 생긴다고 한다. 미국인들
은 특별한 부자가 아니면 대부분이 집을 할부로 산다. 집을 살 때
은행에 20% 안팎의 선금을 내고 나머지는 수십년에 걸쳐 원리금
을 갚는데, 보통 20년을 그렇게 해도 완전한 제 집이 안 되는 경우
가 수두룩하다. 이런 식으로 갚는 원리금은 작은 집이더라도 한 달
에 수백달러나 된다. 집을 사지 않은 사람은 세를 들어 살아야 하
는데 웬만한 도시에서는 월세가 500달러를 훨씬 넘는다. 게다가
직장을 가진 식구마다 자동차를 가져야 하고, 한국보다 크게 비싼
의료보험료를 내야 하니, 이런 지출만으로도 1500달러 이상이 축
난다. 그래서 중산층 이하의 흑인을 비롯한 소수민족 그리고 사회
경제적 배경이 미미하거나 노동할 능력이나 의지가 없는 백인들은
집을 유지하지 못해 거리로 나서는 것이다. 특히 이혼한 흑인여성
들은 백인보다 평균 수가 많은 자녀들과 함께 집을 지니고 살 수가
없어 손수레에 최소한의 살림살이만 싣고 거리로 나앉을 수밖에 없
다.

미국에는 물론 그들을 수용하는 시설도 있지만 홈리스들은 까다
롭고 부자유스런 수용소 생활을 싫어해서 거리를 헤매는 이들이 많
다고 한다. 뉴욕의 예술마을인 소호와 그리니치 빌리지에서도 홈

리스가 자주 눈에 띄었다. 번듯한 화랑 앞 길바닥에 배낭을 내려놓고 다리를 뻗고 앉아 있는 백인 홈리스 두 사람에게 "사진을 찍어도 좋겠느냐"고 물으니 "얼마든지 찍으라"면서 활짝 웃음까지 지어준다.

미국의 거지들은 동냥질을 하는 방법이 특이하다. 어떤 거지는 "도와주시면 고맙겠습니다"라고 쓴 팻말을 들고 큰길 한복판에서 자동차와 행인들을 향해 흔들어댄다. 로스앤젤레스에는 차 유리창을 몇번 훔쳐주고 손을 내미는 거지들도 있는데, 동전 한닢을 안 주면 아예 보닛을 타고 앉아 '농성'을 하기도 한다. 경찰을 부르면 되지 않느냐고 묻겠지만, 그 나라의 경찰은 이런 경범을 쫓아다닐 만큼 한가하지가 않다. 살인, 마약, 강도, 강간 같은 강력범죄가 끊이지 않기 때문이다.

한반도의 정치적 미래에 엄청난 영향을 끼칠 북한 김일성 주석의 사망 소식은 미국 시간으로 7월 8일 플로리다주의 마이애미에서 들었다. 나는 그 도시에서 『한겨레 저널』이라는 신문을 격주간으로 펴내고 있는 김현철 선생 댁에 묵고 있었는데, 서울의 어느 출판사에 전화를 걸었더니 한 후배가 격앙된 목소리로 그 소식을 전해주었다. 내가 서울을 떠나던 6월 말께만 해도 남북정상회담에 관한 뉴스들로 언론이 들끓었다. 그러나 이제 북쪽의 최고권력자가 갑자기 세상을 떠났으니 남북관계는 앞으로 어떻게 전개될까? 통일은 김주석이 살아 있는 동안에 남한의 상대역과 함께 일대 결단을 내려야 큰 진전이 있을 것이라는 견해에 동조하는 나는 멀리 떨어진 땅에서 한반도의 앞날이 어떻게 될는지 종잡을 수가 없었다. 다만, 근자에 북한 핵문제를 둘러싸고 미국과 남북한이 보인 복잡하고도 미묘한 움직임들에서, 그리고 김주석의 죽음에 대해 미국 클린턴 대통령이 나타낸 반응에서 이런 가정을 할 수 있었다.

"얼마 전에 카터 전대통령이 평양에 가서 김주석을 만나 한반도
에 감돌던 전쟁 위기를 푸는 실마리를 풀지 않았다면 지금쯤 우리
겨레는 어떻게 되어 있을까? 만약 미국 대통령이 부시라면 그는
이라크에 대해서 그랬듯이 갖은 전쟁 구실을 만들어 무차별 공격을
북한에 가하려 들었을까? 그래도 클린턴이니까 북한을 악마로 몰
지 않고 타협의 숨통을 터준 것은 아닌가? 더구나 그가 김주석의
사망에 정중한 조문을 발표한 것을 보면 이 죽음이 계기가 되어 한
반도에서 냉전의 먹구름이 가시고 분단의 장벽을 허무는 작업이 조
심스럽게 시작되는 것은 아닐까?"

나 자신의 결론을 말한다면 그래도 클린턴이니까 그 정도의 돌파
구를 열고 전쟁 위기를 비켜간 것이라고 믿는다. 클린턴은 아칸소
주지사 시절의 어지러운 여성편력(아직은 혐의에 불과하지만) 때
문에 보수파와 정적들로부터 쉴새없이 공격을 받고 있고 '화이트
워터' 사건이 의회 청문회로까지 번져 그를 괴롭히고 있기는 하다.
그러나 이 사건들에서 클린턴은 아직까지는 무죄 추정의 원칙을 적
용받아야 하는 도덕적 피고에 불과하다.

미국이라는 나라는 군산복합체와 기독교와 언론, 그리고 이것을
장악하고 있는 와습(WASP, White Anglo-Saxon Protestant)이 지배하
는 체제라는 것이 정설이다. 존 F. 케네디는 개신교도가 아닌 천주
교도로서, 또 앵글로색슨이 아닌 아일랜드계로 대통령이 되었지
만, 그나마 지니고 있던 진보적 색채가 탈이었던지 의문의 암살을
당하고 말았다.

클린턴은 백인이고 영국계인데다 프로테스탄트이지만 아칸소라
는 벽지 출신으로 집안이 한미하고 의붓아버지 밑에서 자랐는가 하
면 학생 시절의 진보적 성향과 베트남전 반대 때문에 보수적 지배
계급에게는 아주 탐탁지 않은 대통령일 것이다. 더구나 지금 미

국은 이라크전쟁 때 반짝했던 군수산업 경기가 극도의 침체에 빠져 있다. 군수산업이 대종을 이루는 캘리포니아가 극도의 불황에서 헤어나지 못하는 까닭도 이라크전쟁 때 재고 무기를 처리할 정도의 경기밖에 누리지 못했기 때문이다. 이런 마당이니 미국의 군수산업과 무기 거간꾼들과 군·정계 출신의 '악어새'들이 지구 어딘가에서 전쟁이 터지기만을 학수고대할 것은 뻔한 이치이다. 몇분에 한발씩 대포알이 날아가고 그보다 훨씬 비싼 미사일이 꼬리를 물고 발사되고 탱크와 비행기가 줄지어 출고되어야 호경기가 찾아오기 때문이다. 북한이 핵무기를 개발했는지가 확인되지 않은 상태에서 미국 정계의 매파와 무기장수들이 북한 폭격론을 주장하는 것은 이런 동기에서 비롯된다고 보아야 한다.

어쨌든 클린턴은 나라 안의 이런 압력에 굴복하지 않고 북한 핵문제에 비교적 이성적으로 대처했다는 평가를 받을 만하다. 클린턴이 김일성 주석의 사망에 대해 정중한 조문의 글을 낸 뒤 공화당 상원 원내총무 로버트 돌이 '극악한 전범'에게 웬 조문이냐고 거센 공격을 퍼붓자 7월 12일자 『뉴욕 타임즈』는 '상원의원, 그것을 외교라고 합니다'라는 제목의 머리 사설에서 이렇게 비판했다.

"실제로, 제럴드 포드 대통령과 추방된 그의 전임자 리처드 닉슨은 모택동이 한국전쟁에서 상당수의 미국인 희생자들을 내는 데 기여했음에도 불구하고 모주석을 열심히 찬양했다. 그 까닭은 닉슨씨와 포드씨가 새로 열린 중국의 문호가 계속 열려 있기를 바랐기 때문이다. 클린턴씨도 북한에 대해 비슷한 관심을 갖고 있으리라는 것은 돌씨말고 거의 모든 사람에게 분명해 보인다."

클린턴 대통령에 대한 당대의 평가 중에 아주 흥미로운 내용이 『네이션』이라는 월간지에 실렸다. 1865년에 창간된 이 잡지는 발행부수는 그리 많지 않으나 미국의 진보적 지식인과 좌파를 대변하는 몇 안되는 매체의 하나이다. 얼마 전에 나온 『네이션』 2면 '(의견)교환'란에는 「좌파와 클린턴: 빌이 가는 대로 우리도 간다」라는 흥미로운 기고문이 실렸다. 여기 대해 찬반양론이 쏟아져들어왔는데 대표적인 글을 하나 인용해보겠다.

"솔직히 말하면, 나는 심사숙고한 끝에 『네이션』 정기구독을 취소하기로 결심했었다. 왜냐하면 우체통에서 꺼낸 5월 30일치에서 '빌이 가는 대로 우리도 간다'는 제목을 보고 당신들이 맹목적으로 부단히 클린턴에 대한 '잡동사니'를 싣고 있다고 믿었기 때문이다. 그러나 이제 나는 우리의 미래를 위한 그 제목의 예언에 전적으로 동의한다. 그리고 나는 지금부터 당신들이 양자(좌파와 클린턴)를 다른 각도로 보게 될 것이라고 믿는다."

이런 시각은 '덜 나쁜 악'이 '더 나쁜 악'보다는 낫다는 미국식 사고의 소산이기도 할 것이다. 어쨌든 레이건과 부시가 지배하던 12년은 이성과 양식을 가진 사람들에게는 악몽이었다는 인식이 진보적 지식인들 사이에 널리 퍼져 있는 것 같다.

나는 이제 앞에서 말한 대로 미국을 좀더 바로 보고 그 나라에서 배워야 할 것과 버려야 할 것이 무엇인지에 관해 깊이 생각해보려고 한다. 남한사회에서는 8·15 이래 극단적인 친미와 반미가 공존해왔다. 세력으로 보면 친미가 압도적이었지만 반미는 그 나름으로 굳은 뿌리를 내리고 오늘날에도 목소리를 낮추지 않고 있다. 간략하게, 그러나 좀 거칠게 말하면 친미는 "미국은 일제의 식민지배에서 우리 민족을 해방시켜주었을 뿐 아니라 한국전쟁으로 공산화 위기에 빠진 나라를 구해준 혈맹이고, 그 뒤에도 자유와 평화를 위해 많은 병력을 주둔시켜 우리를 지켜주는 자유세계의 지도자"라는 시각이다. 이와는 반대로 "미국은 8·15 뒤 해방군이 아니라 점령군으로 남한에 진주한 뒤 3년에 걸쳐 군정을 펴면서 주체성 없는 친미세력과 친일파에게 권력을 넘겨줌으로써 독재와 착취를 일삼는 세력의 기반을 마련하고, 한국군의 작전권을 장악하고 반세기 가까이 남한 정권과 민중을 지배하면서 자국의 이익을 챙기는 제국주의 세력"이라는 것이 반미의 논리이다.

양자 가운데 어느 것이 역사적으로나 현실적으로 더 타당한가에 관한 평가는 후세에만 기댈 일은 아니다. 이것은 전문가들뿐 아니라 보통 사람들도 끊임없이 숙고해야 할 당면과제이다. 다만 나는 여기서 미국을 바로 알자는 명제에 따라 이 글을 쓰고 있기 때문에 현실에 발을 딛고 그 나라를 보고 느낀 바를 전달할 뿐이다.

한국은 적어도 교육과 언론에 관한 한, 미국의 장점보다는 나쁜 점을 주로 수입했다. 먼저 교육을 보면, 그 나라의 학교와 학생과 학부모와 시험제도와 사교육 부문은 우리나라와 판이하다. 미국에는 하버드, 예일, 프린스턴처럼 아이비 리그라는 이름으로 전통의 명문임을 자랑하는 대학들이 있지만, 그런 학교들이 한국의 서울대처럼 절대적 일류로 군림하지는 않는다. 한국에서는 서울대를 비롯해서 서너너덧 손가락 안에 꼽히는 대학의 졸업생들이 정치와 경제와 문화를 포함한 온갖 분야에서 지도적 역할을 하면서 이른바 '파워 엘리뜨'로 군림하고 있지만 미국에서는 꼭 아이비 리그를 나와야 지도적 집단에 편입되는 것이 아니다. 학비가 비싼 사립은 사립 나름으로, 정부 보조를 주된 재원으로 살림을 꾸리기 때문에 학비가 싼 주립대들은 그 나름으로 일정한 학문에서 인재를 길러내고 있다. 서울대가 강요하는 극도의 콤플렉스 같은 것은 미국에 없다.

또하나 주의 깊게 볼 것은 미국의 대학들은 자기 학교 졸업생을 교수로 임용하는 법이 거의 없다는 사실이다. 서울대 교수의 90% 이상이 그 학교 출신이라고 말하면 미국 대학의 교수들과 학생들은 벌린 입을 다물지 못한다. 그렇게 되면 정실이나 파당에 치우치는 인맥의 사슬에 얽혀 학교도 학문도 발전하지 못한다는 철저한 인식이 미국의 대학들을 지배하고 있는 것이다. 총장은 물론 다른 학교 출신이다. 그러나 한국에서 연세대 출신이 고려대 총장이 되는 일을 상상할 수 있는가? 그러나 미국에서는 예일대 졸업생이 하버드대 총장이 되는 것이 전혀 이상하지 않다.

미국의 교육에서 우리나라가 배워야 할 것은 합리주의와 과학성과 분수를 아는 태도이다. 미국의 대학들은 한국의 수학능력시험과 비슷한 SAT와 내신성적을 바탕으로 신입생을 뽑는다. 어느 학생이 동부의 하버드나 브라운 대학에 들어가고 싶으면 성적표와 함께 자기소개서나 특정의 주제로 쓴 글을 보낸다. 대학이 그 학생을 받아들이고 싶다고 판단하면 전액 장학금을 주겠다거나 학비를 얼마쯤 깎아주겠다거나 전혀 혜택을 줄 수 없다는 식으로 통보를 한다. 학생과 학부모는 집안 형편에 따라, 또는 학자금 융자를 받을 수 있는 여건에 따라 진로를 결정한다. 하버드 아니면 죽어도 안 가겠다는 식의 일류병자들은 미국에서 정신병자로 여겨질 수도 있다.

미국의 대학들은 한 해에 한 번씩 언론매체나 전문기관의 평점을 받는다. 교수의 연구성과와 학생의 성적과 취업을 비롯한 여러 기준을 따라 전국적으로 종합등위를 매기고 단과대학이나 학교별로도 평가를 내린다. 그러니 하버드나 예일이 언제나 모든 분야에서 1등을 하는 것이 아니다. 한국에서는 이름도 잘 모르는 노스캐롤라이나주의 듀크대학이 여러 분야에서 탁월한 점수를 받기도 한다.

실제로 내가 만난 교포의 자녀들 중에는 아이비 리그에 들어가기에 충분한 성적인데도 학비 때문에 주립대를 택하는 젊은이들이 많았다. 한 해에 3만 달러 가까운 돈을 만들어낼 능력이 없으면 깨끗이 단념하는 것이다. "이런저런 대학에만 보낼 수 있다면 한 달에 몇백만원을 들이더라도 과외를 시키겠다"는 한국의 부유층에게는 납득이 안 가는 현상일 것이다.

교육을 둘러싸고 벌어지는 부모들의 열병에 관한 한, 한국은 세계 최악이라는 오명을 벗어날 수 없다. 코흘리개 유치원생을 음악, 미술, 태권도 학원에 보내는 일은 대도시에서 일반화된 풍조이다. 그것도 모자라서 조기 영어교육을 시키자는 주장까지 나와 있다. 대학 입학을 준비하는 고교생들은 한 달에 100만 원 이상의 과외비를 들여야 마음에 둔 학교에 들어갈 수 있다는 것이 통설이고 사교육비가 한 해 나라 예산의 4분의 1을 넘는다는 통계도 나와 있다. 국민소득은 미국의 3분의 1도 못 되는데 사교육비는 비교도 할 수 없는 거액을 쓰고 있는 것이다.

우리나라 교육의 단점 가운데 두드러진 것으로 창의력을 길러주기보다는 점수 따는 기계를 만드는 교수방법이 지적된다. 그래서 미국의 대학에 유학 간 한국의 젊은이들이 대학 초년에는 그런대로 성적이 괜찮지만 독창적 사고와 연구자세가 필요한 상급학년이나 대학원에서는 미국 학생들에게 뒤지게 마련이라고 한다.

한국인들은 허영과 과욕으로 얼룩진 일류병을 고치지 않으면 세계의 웃음거리에서 벗어나지 못할 것이다. 줄리어드 음대에 제일 많다는 한국 학생들은 그 학교를 나온 뒤 무엇을 하고 있는가. 훌륭한 연주자나 교수, 아니면 교향악단원? 불행히도 그렇지 못하다. 대부분이 본격적 음악과는 거리가 먼 길로 빠져버린다. 여성의 경우 "시집 잘 가기 위한 통과의례"라는 비판이 나오는 것도 당연하다. 줄리어드나 커티스는 정경화나 장영주가 유학 갈 곳이지 과잉소비를 일삼는 재능 모자란 젊은이들이 한국 학생 수 불리기를 위해 갈 데는 아니다.

다음으로 언론을 보자. 우리나라에서는 지금 언론이 군대보다 훨씬 강한 힘을 갖고 있다. 한국의 신문은 대통령 만들기에서 세운 공을 자랑하는가 하면 재벌에 못지않은 부를 쌓고 있다. 그들은 민족의 운명도 나라의 정치도 냉전이데올로기나 상업주의로 요리하면서 오만과 방자를 넘어 언론독재까지 하려고 든다. 그러나 미국의 『뉴욕 타임즈』를 필두로 한 권위있는 신문과 방송은 명백한 논리를 앞세워 정치적 입장을 밝히되, 편견이나 지역감정을 부채질해서 대통령을 만드는 따위의 행동은 하지 않는다. 다만 『뉴욕 타임즈』나 『워싱턴 포스트』 같은 신문들이 철저한 친유태적 입장에 서 있으며, 미국의 자본주의 체제를 지탱하는 기둥이 되어 있다는 사실은 따로 연구할 대상이다.

언론과 관련해서 반드시 짚고 넘어갈 대목은 언론인 채용방식과 교육과정이다. 우리나라에서는 웬만한 신문이나 방송의 입사시험 경쟁률이 100 대 1을 넘는 것이 보통이다. 기자나 프로듀서가 되는 데 국어와 논문 시험은 치러야 마땅하겠지만 왜 외국어를 두 가지씩이나 시험하고 사지선다형으로 상식까지 측정하려 드는가. 언론인의 임금이 재벌기업보다 높아지고 사회적 지위와 특권이 치솟다 보니 이제는 언론고시라는 말까지 생길 정도로 인기가 높아졌다. 미국에는 언론인을 그런 시험으로 뽑는 제도는 거의 없다고 한다. 어떤 사람이 들어가고 싶은 언론사가 있으면 대학 시절에 학교 신문이나 방송에 쓴 기사나 논설, 영상프로를 보여주고 채용 여부를 통보받는다. 그리고 언론 지망생들은 처음에는 지방의 신문, 방송이나 잡지 또는 군소매체에서 훈련을 시작한다. 그러다가 이름있는 매체에서 그의 능력을 높이 사면 스카우트가 되는 것이다. 한국에서처럼 입사시험에만 합격하면 그대로 일류 언론인 행세를 하게 되는 광대놀음이 그 나라에는 없는 것이다.

이번에 내가 방문한 애리조나 주립대의 언론대학인 월터 크롱카이트 스쿨에서는 신문기사와 논설, 르뽀 작성을 정규과목으로 두는가 하면 미국의 공영방송인 PBS의 피닉스 지국을 아예 캠퍼스 안에 유치해서 학생들이 직접 제작에 참여하고 있었다. 이런 노력의 결과로 그 대학은 윌리엄 랜돌프 허스트 재단이 해마다 주관하는 제34회 언론상에서 기사작성, 방송, 보도사진 부문 전체 1위, 학내 방송부문 2위, 학내 기사작성 부문 4위를 차지했다. 산 교육의 표본이라고 할 수 있을 것이다. 한국의 신문방송학과처럼 딱딱한 이론 중심으로 교육을 하고 언론인이 되는 데 필수적인 현장교육은 소홀히함으로써 언론고시의 합격자 대부분이 엉뚱한 학과에서 나오는 것과는 정반대이다.

여기까지 나는 교육과 언론을 중심으로 미국과 우리나라를 비교했다. 물론 우리나라의 민족자주적 민주화 교육이나 언론계의 역사 깊은 자유실천운동 또는 민주·통일운동은 미국에서 비슷한 보기를 볼 수 없는 우리의 자존심이지만 잘못된 부분을 바로잡으려는 노력은 빠를수록 좋을 것이다.

이제 우리가 미국을 어떻게 보고 그 나라의 지배세력이나 대중을 어떻게 상대해야 할 것인가에 관한 견해를 이 글의 결론으로 삼으려고 한다.

미국은 누가 뭐라고 해도 한반도에서뿐 아니라 멀리 떨어진 그 본토에서 끊임없이 우리 겨레의 생존에 영향을 끼치는 강대국이다. 쏘비에뜨 체제와 동유럽 사회주의권의 근본이 흔들린 뒤 미국은 한반도에 대해 종전보다 훨씬 강한 발언권을 갖게 되었다. 이런 엄연한 실재인 그 나라에 대해 남한사회가 친미 또는 반미라는 도식적 자세로 접근해서는 현실 대응력에도 모자람이 커질 뿐 아니라 실제로 민족의 이익을 구하는 데도 허술한 점이 많아진다.

남한사회는 8·15 이래 지난 반세기 동안 미국에서 배울 것이 무엇이고 버릴 것은 무엇인가를 분별하는 데 너무나 생각이 모자랐다. 지배세력은 장기집권을 하기 위해 미국식 통치술과 대중조작의 기법을 무분별하게 도입했고, 대중은 알게 모르게 그들이 가르치거나 조종하는 대로 세뇌당해왔다. 특히 70년대 이후에는 미국에서 공부한 전문가들이 정권에 그런 지식을 제공해주면서 혜택을 누렸다. 오늘날 남한사회의 정치와 경제와 문화, 특히 대중매체를 움직이는 미국의 패권주의와 신식민주의 그리고 상업주의적 퇴폐문화는 우리가 지혜롭고 끈기있게 그 해독을 제거해야 할 독버섯들이다.

김한정씨는 미국 뉴저지주의 러거스대학에서 정치경제학 박사과정에 들어가 있는 30대 초반의 남성이다. 그는 지난해 가을 미국에 유학 간 뒤 보고 느낀 점을 간명하고도 설득력있게 이야기했다.

"미국은 너무 넓고 큰 나라이며 이 나라를 움직이는 세력은 강력하고도 복잡하다. 나는 우리 겨레가 민족자주를 이루려면 미국을 더 정확히 알아야 한다는 것을 절감했다. 그것은 일본에 대해서도 마찬가지이다. 느슨한 듯하면서도 합리적이고 시야가 넓은 이 나라의 국가경영, 전반적으로 청렴한 공직자 사회, 자기 분수를 알며 사는 보통 사람들, 과학기술을 비롯한 모든 부문에서 뛰어난 전문성으로 문명의 발달에 기여하는 지식인 집단을 본받아야 한다. 그리고 미국 국민들은 백인이건 흑인이건 선량하고 정직하게 살려고 애쓰는 이들이 많다는 사실을 인정해야 한다. 뿌리깊은 인종차별이나 소수민족 소외는 그것대로 문제삼는다 하더라도. 나는 미국에 와서 여러 분야를 종합적으로 보고 나서야 이 나라를 조금 알았다는 생각이 든다."

나는 '더 나쁜 악'보다는 '덜 나쁜 악'을 택하는 미국인들의 정치적 계산법에 관해서 얘기한 적이 있다. 우리 겨레도 이 점을 깊이 생각해야 할 것이다. 미국의 지배계급이라면 일방적으로 제국주의자나 식민주의자로 몰아붙이기보다 그들 가운데 그래도 나은 쪽과 대화를 하면서 궁극적으로 민족의 자주화를 이루어내는 예지가 아쉽다. 더 구체적으로 말하면, 지금 미국의 행정부를 이끌고 있는 클린턴과 고어는 레이건이나 부시보다는 한반도 문제에 접근하는 데 진취성과 유연성이 있다. 이것은 어디까지나 비교해서 내리는 평가인데, 이 상대적 진보성은 큰 차이를 낳는다. 나는 미국에 머무는 동안 지난 초여름의 북한 핵 위기 때 부시라면 북한 폭격 명령을 내렸을는지도 모른다고 말하는 교포를 여러 사람 만났다. 그런 일이 벌어졌다면 남한도 북한도 어쩔 수 없이 파멸적 전쟁에 휩쓸려들었을 것이다. 그러나 다행스럽게도 카터의 평양방문은 그런 위기에서 한반도를 구해주었다. 이런 정치적 결정의 최고책임자가 클린턴임은 물론이다.

최근 우리 눈앞에서 벌어진 사건들은 태풍에 날아가는 낙엽 같은, 또는 이성과 논리보다는 이데올로기적 색맹이 좌지우지하는, 우리 사회의 진면목을 여실히 보여주었다. 북한 강성산 총리의 사위라는 사람이 망명해 온 뒤 한 달이 넘도록 그 사실을 발표하지 않고 있던 정부당국이 어느 날 느닷없이 그를 기자회견장에 앉혀, "북한은 이미 핵폭탄 다섯 개를 만들었다"는 폭탄선언을 하게 했다. 대부분의 신문과 방송은 미처 사실을 확인하기도 전에 그 말을 대서특필함으로써 '북한의 핵무기 보유'를 기정사실인 듯이 보도했다. 그러나 이게 웬일인가. 그 이튿날에는 기자회견을 주선한 안기부뿐 아니라 청와대까지 나서서 "북한 핵폭탄 다섯 개 보유설은 확인되지 않은 첩보일 뿐"이라고 허겁지겁 해명을 했다. 그렇게 엄청난 사실이 온 세계에 전해진 뒤, 그것이 정보도 아닌 첩보라고 해명하는 정부는 말할 것도 없고, 기사는 물론이고 사설과 칼럼까지 동원해서 호들갑을 떨면서 국민을 불안에 떨게 한 언론이 민족문제를 자주적으로 풀어나갈 수 있을까?

이제 모두 이성을 찾아야 한다. 20세기가 가기 전에 민족통일의 실마리라도 풀려면, 남한이 러시아, 중국과 수교한 대로 북한이 미국, 일본과 국교를 맺도록 도운 뒤, 느슨한 형태의 남북연합이라도 만들어야 한다. 이런 작업의 과정에서 미국을 지혜롭게 활용하는 일은 더할 나위 없이 중요하다.

——— 1994년 9월·월간 말

# 시누대밭 샛길에서 들은 육자배기

조계산은 시누대의 산이다. 산자락부터 꼭대기까지 머리를 맞대고 늘어서 있는 시누대는 대나무과의 식물인데, 사람 키의 몇배나 치솟는 대나무와 달리 줄기가 회초리처럼 가느다랗고 커봤자 키가 한 길을 넘지 않는다.

선암사를 떠나 조계산의 상봉인 장군봉으로 오르던 날은 유난히도 바람이 거세게 불었다. "어허, 여그는 이런 날씨가 좀처럼 없는디 웬일이당가?" 일요일 아침 산길을 오르는 우리 일행을 배웅하면서 송기숙 선생은 고생깨나 하겠다고 걱정을 했다.

입춘이 지난 때이고 남녘이어서 따스하리라고 지레짐작을 했던 것과는 어긋나게 매섭고 거센 바람이 산을 휩쓸었다.

남향받이 기슭의 시누대들은 골짜기가 바람을 다독거려주어서 꼿꼿이 서 있었으나, 장군봉 너머 능선길의 시누대밭은 풍랑 치는 바다처럼 넘실거렸다.

　　내가 조계산을 처음 알게 된 것은 지난해 봄이었다. 소설가이자 전남대 교수인 송기숙 선생이 여러 해 전부터 승주의 선암사에 자리를 잡고 "한번 내려오라"고 했지만 이날 저날로 미루다가 광주에 갔던 길에 내처 승주까지 찾아간 것이다.

　　송선생과 인연을 맺은 지는 벌써 열몇해나 된다. 그는 박정희 정권 말기인 1978년에 「우리의 교육지표」라는 선언문을 동료 교육자들과 함께 발표하면서 유신교육에 도전했고, 이내 해직과 투옥의 길로 들어섰다. 그보다 앞서 언론계에서 해직당한 나는 몸이 부자연스러운 같은 처지에 있던 그를 좀체로 만날 수가 없었다.

　　80년대 초의 어느 날인가, 송선생이 불쑥 서울에 나타났다. '광주폭동의 수괴급'으로 옥살이를 마치고 막 나온 길이었다. 신경림 시인과 셋이서 소주를 마시다가 그 시절에 서슬이 푸르던 통행금지에 걸린 우리는 청진동의 어느 여관으로 들어갔다.

　　송선생은 도피생활, 고문, 감방살이 이야기를 숨도 돌리지 않고 했다. 목소리가 어찌나 큰지 여관의 손님들이 자다가 뛰쳐나와 "조용히 좀 하라"고 해도, 그는 잠깐 입을 다물었다가 다시 따발총을 쏘아댔다.

　　송선생이 선암사 문간의 기와집 방 한칸을 차지하고 대하소설 『녹두장군』을 쓰기 시작한 것은 다섯 해 전이라고 한다. 목사에서 승려로 '전향'한 남명이라는 큰스님의 배려로 선암사의 객사로 쓰이던 기와집에 무임승차를 한 것이다. 지난해 그곳을 찾아갔을 때 송선생은 선암사에서 송광사로 넘어가는 길이 그렇게 좋다면서 한번 꼭 가보라고 권했다.

　　나는 조계산에 오르기 전에 그 산을 딱 한번 본 적이 있다. 지난해 가을 지리산 천왕봉에 올랐던 때였다. 우리 일행을 안내해준 국

립공원의 젊은 관리인이 "저것이 무등산, 저 봉우리는 백운산, 저
기가 조계산, 저쪽은 회문산"이라고 일러주었다. 조정래씨의 『태
백산맥』에서 너무나 귀에 익은 이름들이었다. 상봉인 장군봉의 높
이가 884m밖에 되지 않는 조계산은 지리산 연봉의 큰 산들 사이에
서 다소곳이 고개를 내밀고 있었다. 그날 이마와 관자놀이에 뿌연
구름을 두르고 있던 조계산은 마음속에서 늘 나를 부르고 있었다.

멀리 백두대간을 타고 내려오는 지리산의 지맥과 연산(連山)들
은 골짜기마다 배어 있는 피냄새와 비극의 사연들 때문에 늘 어두
운 얼굴을 하고 있을 듯하다. 그러나 높고 낮은 그 뫼들은 무정하
기 짝이 없어서 거기서 총 맞아 죽고 연기에 질식해 숨이 끊어진
빨치산들도, 그들을 사냥하던 토벌대의 고생도 모두 잊은 듯이 봄
이면 진달래를 흐드러지게 피우고 가을이면 화사한 단풍을 빚어낸
다.

조계산도 지리산을 둘러싼 다른 봉우리들처럼 1949년의 여순사
건 뒤에 펼쳐진 동족상잔의 무대가 되었다. 내가 기억하기에 『태백
산맥』에서 제1 주인공이라고 할 수 있는 염상진은 이 산에서 최후
를 맞았다. 시누대의 뾰족한 잎이 가슴을 파고드는 산길을 오르면
서 나는 어쩔 수 없이 그 시절을 생각했다.

오늘처럼 바람이 거세게 부는 날 빨치산들은 시누대밭과 억새물
결에 몸을 숨기고 흘러가는 구름이나 한밤의 별자리를 보면서 가족
과 벗들과 고향을 생각했겠지. 그리고 빨치산과는 증오라는 단 하
나의 공감대로 묶여서 이 잡듯 이 산을 뒤지던 토벌대도 어서 빨리
추위와 바람을 벗어나 집으로 돌아가기를 고대했을 것이다.

빨치산과 토벌대를 제쳐두더라도 조계산은 대결과 갈등을 상징
하는 산이다. 이 산의 동쪽에 똬리를 틀고 있는 선암사는 전국의
불교 31본산 가운데 유일하게 태고종이 '지배'하는 절이다. 그리고

서쪽의 송광사는 조계종의 대표적인 사찰이다.

사람들은 흔히 태고종 하면 대처승을 연상한다. 대처의 반대쪽에는 비구가 있고, 비구를 대표하는 종파는 조계종이다. 거칠게 말하면 조계산은 비구와 대처, 조계종과 태고종이 대립하고 있는 승주땅의 비무장지대이다.

선암사는 한마디로 고풍의 절이다. 대웅전도 요사채도 화장을 하지 않은 얼굴로 담백하게 서 있다. 괄약근을 빠져나간 덩어리가 '풍덩' 소리를 내는 변소가 있는 그런 절이다. 절 전체가 투박한 분위기이면서도 평안하고 조화로운 짜임새를 지니고 있다. 송기숙 선생은 그 까닭을 이렇게 설명했다.

이승만 정권 때 권력이 불교의 내분을 부채질하던 무렵 태고종이 끝까지 지킨 본산이 선암사였다. 이 절은 그 이래 셀 수도 없이 송사에 휘말렸다. 절의 주인이 언제 누구로 바뀔지 모르니 단장이나 손질을 하는 사람이 없었다는 것이다. 그런데 이것이 역설적으로 선암사를 남한에서 가장 절다운 절로 보존해주는 결과를 낳았다.

송광사는 웅장하고 정갈하면서 현대화를 상징하는 대찰이다. 선암사 쪽의 주산인 장군봉을 지나 송광사 쪽의 어미봉우리인 연산봉을 내려가서 추위에도 얼지 않고 흐르는 물을 따라가면 송광사의 드넓은 가람이 한눈에 들어온다. 대웅전을 중심으로 번듯번듯한 건물들이 정연하게 들어선 이 절은 질서와 체계 그 자체처럼 보인다.

해인사, 통도사와 더불어 삼보(三寶) 사찰의 하나인 송광사는 고려 이래 많은 고승을 배출한 절이라는 명성과 함께 관광지로서도 이름이 높다. 절 입구의 식당과 기념품가게들은 한결같이 규격화되어 있다. 선암사 입구에도 관광촌이 없지는 않지만, 직선거리가 5.7km인 두 대찰의 이쪽에는 '중세'가, 저쪽에는 '현대'가 있다.

조계산에 오르고 나서 글을 쓴 사람들이 거의 빠짐없이 강조했듯
이, 이 산길은 곧고 가파르지 않고 완만하게 에돌아나간다. 선암
사를 떠나 장군봉까지, 웬만한 등산경력을 가진 사람이라면 숨가
쁨을 별로 느끼지 않고 정상의 비석 앞에 서게 된다.

장군봉 양지턱에서, 동행한 광주 아그배화랑의 최준 선생, 『사
람과 산』의 박기성 차장, 심병우 기자와 함께 빵조각으로 요기를
하고 있는데 투박한 전라도 사투리를 쓰는 중년남자 네댓 명이 올
라왔다. 순천 시민들인데 휴일마다 조계산을 찾는다고 한다.

백운산이 어느쪽이냐고 물었더니 그들은 멀리 동쪽에 솟아 있는
큰 봉우리를 가리켰다. 그 아래가 광양, 오른쪽이 순천이다. 순천
만의 바다가 희끄무레한 빛을 내고 있었다.

앞에서 나는 선암사와 송광사의 역사적 대립을 말했는데, 그 대
립의 축인 조계산은 포용과 조화와 평화의 산이다. 얼핏 보기에는
무등산의 아우 같다. 그러나 무등산이 멀리서 보면 무덤덤하지만,
다가가면 입석대나 서석대 같은 돌가시와 칼바위를 품고 있는 데
비해 조계산은 봄볕 아래 졸고 있는 아낙네처럼 한가한 느낌을 준
다.

내 고향 충청도의 사투리를 빌려 말하면, 이 산은 '까시러진' 데
가 없다. 아내가 아무리 바가지를 긁어도 소처럼 눈을 멀뚱거리는
남정네 같기도 하고, 맞선 보는 자리에서 다소곳이 고개를 숙이고
있는 처녀로 보이기도 한다.

조계산은 불교의 산이다. 이 산의 이름이 조계인 것은 우연이 아
니리라. 불교는 이웃과 남의 종교를 배척하지 않으며, 우주의 모
든 것을 포용한다. 서양 사람들이 세계적 종교로 발전시킨 기독교
가 강한 배타성을 띤 데 반해 불교는 품새가 넓다.

여러 해 전 나는 프랑스의 진보적 학자 막심 로댕송이 쓴 『마호
멧 전기』 영역판을 우리말로 옮기면서 새로이 깨달은 바가 많았다.
코란에 나오는 예언자들이나 인물들의 이름은 거의 모두가 성경과
비슷했다. 표기가 다를 뿐 사실상 같은 이름들이었다. 마호메트가
알라의 계시를 받아 구술한 코란의 내용도 구약성서를 뼈대로 하고
있었다.

그런데 유태교와 이슬람, 기독교와 이슬람은 불구대천의 원수처
럼 싸운다. 평화보다는 전쟁을, 공존보다는 패권을 추구한 권력자
들이 종교를 살벌하게 이용한 데서 그런 비극이 벌어졌을 것이다.
또 서로가 유일신인 여호와와 알라의 타협할 수 없는 성격도 한 원
인이 되었을 것이다.

불교에도 다툼과 갈등이 없지 않아서, 송광사와 선암사의 선교
(禪敎) 대립은 승려들의 주먹질까지 일으켰다고 한다. 그리고 유
서 깊은 불교의 재산싸움은 여러·군데서 지금까지 끊이지 않고 있
다. 그래도 어쨌든 불교는 서양 사람들이 제도화한 종교들보다 포
용력이 훨씬 높은 것이 분명하다.

나는 어릴 적에 할머니가 절에 다녔고, 지금은 어머니가 뒤를 잇
고 있다는 것말고는 불교와 인연이 없지만, 장군봉에서 억새평전
을 내려다보면서 염주를 굴리며 기도하는 불자의 마음이 이렇게 평
안할 것이라고 생각했다. 시누대와 억새가 바람에 누웠다 일어났
다 하면서 몸부림을 쳐도 장군봉과 연산봉이 품고 있는 그 드넓은
산자락은 하나의 전체로서 아늑하고 푸근했다.

장군봉을 내려가서 연산봉으로 가는 굽이길은 시누대와 억새의
바다이다. 선암에서 송광으로, 송광에서 선암으로 여러번 이 길을
걸었다는 최준 선생은 "볼 때마다 새롭고 좋다"고 말했다. 턱밑까
지 오르는 시누대들이 사각거리는 소리가 음악처럼 들렸다.

  전라도는 소리의 고장이다. 나는 연산봉에서 우리가 걸어온 길
과 비스듬히 펼쳐진 드넓은 산자락을 되돌아보면서 그 '소리'를 생
각했다. 특히 내가 사랑하는 육자배기가 어디서 한가락 들려올 것
같은 느낌에 사로잡혔다.


  산지로고나 헤~
  내 정은 청산이요 임의 정은 녹수로구나
  녹수야 흐르건만 청산이야 변할쏘냐
  아마도 녹수가 청산을 못 잊어 빙빙 돌아를 가는고나 헤~


  원래 농요(農謠)의 한 갈래였다는 육자배기는 아주 느리고 한이
서려 있고 서정적인 느낌을 주는데, 그 구성진 가락을 덮을 음악이
달리 없다는 생각이 든다. 본디는 육자배기와 형제였겠지만, 양반
들의 뜨락으로 가면서 한문의 갖은 고사성어들을 주워담은 판소리
보다 육자배기에 정이 더 간다.


  왜 전라도 땅에서 육자배기가 생겨나고, 그 땅에서 자란 사람 아
니면 판소리를 제대로 부를 수 없는 것일까?
  흔히 전라도의 한을 이야기한다. 동학농민전쟁을 일으켜서 '인내
천' 세상을 이루려다 까마귀밥이 된 그 많은 농투성이들, 제일 넓
은 들이 널려 있는데도 한줌의 지주들 밑에서 머슴살이를 하거나
소작을 부쳐먹으면서 입에 풀칠하기도 어려웠던 그 백성들, 그리
고 가까이는 1980년 5월항쟁 때 계엄군의 총에 맞고 칼에 찔려 죽
고 다친 그 사람들. 이 눌리고 밟히고 조롱당한 땅의 소리가 육자
배기이고 판소리인 것이다.
  허소치 남화(南畫)의 맥을 잇고 있는 광주의 아산(雅山) 조방원

(趙邦元) 선생은 언젠가 이렇게 말했다. "전라도의 소리를 알지 못하면 그림도 제대로 이해할 수가 없다. 소리가 그림이고 그림이 소리이다." 처음에는 그 말의 뜻이 얼핏 잡히지 않았으나 곰곰이 씹어볼수록 그보다 단순하고 명쾌한 미학이 달리 없으리라는 생각이 들었다.

제 땅에서는 지주나 마름들에게 주리를 틀리고, 타관땅에 나가면 거렁뱅이나 협잡꾼으로 몰리던 사람들의 가슴 깊이 쌓인 울분과 원한은 그들끼리밖에는 알 수 없는 것이었으리라. 그것이 육자배기로, 허리가 휘게 무거운 지게를 지고 가는 농투성이의 그림으로 나타난 것이다.

조계산은 그런 전라도의 산이다. 굽박과 고난과 통한의 땅. 그러나 그 모진 삶 속에서도 그곳의 이름없는 사람들은 따사로운 인정과 우애와 사랑을 키워왔다. 조계산의 부드러움과 유장함은 그것을 상징한다. 그러나 부당한 탄압이나 수탈에 부닥치면 그 산은 월출산으로 변한다. 그들은 죽창을 서슴없이 들고 목숨을 거는 것이다.

송광사 문에서 가까운 식당의 이름이 '길상'이었다. 원래 이 절은 창건될 때 그 이름을 가지고 있었다고 한다. 산나물밥을 주는 그 집의 할머니는 얼굴이 꼭 후덕스런 보살 같았다. 잘 익어서 씁쓰름한 맛이 완전히 가시고 상큼한 단내가 나는 더덕주 한잔을 마시고 나서 나는 돈으로 대학합격증을 사는 부모, 그것을 알고도 대학생 행세를 하는 자식들, 그리고 무슨 수단을 써서라도 권력과 영화를 누리려고 발버둥치는 인간들이 득시글거리는 세상으로 내려왔다.

─── 1993년 3월·사람과 산

# 살둔의 추억과 절망

그 계곡은 여름에도 해만 지면 서늘한 기운이 살갗을 파고든다. 물가에 앉아 설거지들을 마치고 나면 남정네들은 냇가의 자갈밭이나 풀숲에 널려 있는 통나무 쪼가리나 고주배기를 주우러 나선다. 그렇게 모은 땔감과 싸릿대 같은 것을 쌓아 불을 지필 때쯤이면 계곡에 안개가 자욱이 피어오른다. 어쩌다 둥근 달이 산등성이로 비죽이 얼굴을 내밀면 안개는 달의 얼굴을 가리려는 듯 더욱 진하게 꿈틀거린다. 아이들은 탁탁 불똥을 튀기는 모닥불에 발갛게 얼굴이 달아오른 채 노래를 흥얼거리고 어른들은 한되들이 플라스틱병에 든 경월소주를 연신 비워댄다.

성내운 선생이 일어선다. 어른들도 아이들도 그가 왜 일어났는가를 묻지 않고도 안다. 그 산악회에서는 흥이 도도해지면 선생이 시낭송을 하는 것이 한 풍경이 되어 있었기 때문이다.

하늘은 날더러 구름이 되라 하고
땅은 날더러 바람이 되라 하네
청룡 흑룡 흩어져 비 개인 나루
잡초나 일깨우는 잔바람이 되라네
　　(…)
산은 날더러 들꽃이 되라 하고
강은 날더러 잔돌이 되라 하네
산서리 맵차거든 풀 속에 얼굴 묻고
물여울 모질거든 바위 뒤에 붙으라네
민물새우 끓어넘는 토방 툇마루
석삼년에 한 이레쯤 천치로 변해
짐부리고 앉아 쉬는 떠돌이가 되라네
하늘은 날더러 바람이 되라 하고
산은 날더러 잔돌이 되라 하네

　　　　　　　　　　　　──「목계장터」 부분


　이 시를 지은 신경림 시인도 모닥불 건너에서 남의 시를 감상하
듯 고즈넉이 귀를 기울이고 있다.
　평소에는 그렇게도 인자하고 정중한데 술기운이 오르고 모닥불
이 뜨거워지면 상소리도 마다 않는 성선생은 시 한 편으로는 성이
풀리지 않는다. "내 원래 지은이를 눈앞에 두고는 낭송을 안하지만
오늘은 하나 더 해야겠어요. 그렇다고 정희성이 너무 으쓱해하지
말라고." 이러고 나서 선생은, 그때가 광복절 무렵이라면 정시인
의 「8·15를 위한 북소리」를 기운차게 낭송한다.
　이어서 노래 돌려부르기다. 운동권 가요부터 뽕짝까지 골고루
나온다. 취흥과 신명에 겨운 이들은 얼쑤얼쑤 어깨춤을 춘다. 은
하수가 이울도록 사람들은 잠자리로 들어갈 줄을 모른다.

그곳은 강원도 홍천군과 인제군의 경계선을 넘나드는 곳, 내린천의 살둔이다. 홍천군 내면과 인제군을 흐른다고 해서 내린천이라는 이름을 가진 그 골짜기는 내라고 부르기에는 너무 넓고도 깊은 강을 품고 있다. 오대산에서 발원한 물이, 우리나라에서는 특이하게도 북으로 흘러 소양강으로 들어가 한강에 안기는 내린천은 몇해 전까지만 해도 오염이라는 말과는 무관한 맑고 푸른 강이었다.

우리가 내린천에 첫발을 디딘 것은 지금부터 10여년 전이었다. '광주의 5월'이 태풍처럼 지나간 뒤 사회의 구석구석이 군사독재의 주먹질과 감시 아래 오그라들어 있던 때, 우리는 무명산악회라는 이름으로 모여 자연을 찾아다니고 있었다. 이미 이런저런 매체에 이 산악회의 내력이 소개되었지만, 그 탄생의 배경을 줄여서 말하면 이렇다. 75년에 신문사에서 해직된 몇 언론인이 그 이듬해 해직교수가 된 성내운 선생과 서울 근교의 산을 자주 올랐다. 선생이 10·26 뒤 계엄사의 수배를 받아 3년 가까이 피신생활을 하는 동안 우이동의 귀때기봉에서 겨울 어느 날 산악회 이름을 짓자는 말이 나왔다. "이름 없는 산악회로 하자"는 것이 그대로 무명산악회가 되어버렸다.

82년 여름, 산악회 회장인 성선생은 아직도 '잠수함'을 타고 있었다. 그때 회원들 중에 고등학교 교사 몇사람이 선생을 정선 아우라지로 모시고 갔다. 그들은 83년에 어느 잡지에서 내린천에 관한 기사를 보고 답사에 나섰다. 나는 바로 그해 여름에 그들의 2차 나들이에 합류했다. 홍천을 지나 한참 가면 철정검문소가 나오고, 몇십분을 가면 굽이굽이 돌아가는 계곡을 타게 된다. 현리 가는 길을 따르다 보면 상남이라는 소읍에 이르는데, 거기서부터 내린천을 거슬러오른다. 버스는 미사리라는 주막거리에서 앞길이 막혀버린다.

여기부터 강행군이다. 서울에서 총무가 미리 나누어준 '준비물 안내'에는 갖은 깡통과 밑반찬, 쌀 반말 따위가 적혀 있어서 나는 고지식하게도 50kg이 넘는 배낭을 짊어졌다.

내린천은 그대로 원시시대에 머물고 있었다. 자유당 때 썩은 정치인들과 군인들이 한통속이 되어 나무를 베어 팔려고 뚫은 길에는 칡넝쿨이 뻗어 있고 심심찮게 나타나는 폭포와 약수의 물은 심장을 얼어붙게 한다. 어쩌다 지팡이를 든 심마니를 마주하게 될 뿐 드문드문 있는 집들도 거의가 폐가이다. 강이 흐르다가 잠깐 쉬는 소(沼)들은 그대로 천연의 수영장이다.

그해 그 길은 멀고도 험했다. 미사리 지나 하루를 자고 우리 일행이 '비경'이라고 이름한 폭포 부근의 여울목에서 짐을 풀었다. 사흘째에 살둔에 이르렀다. 살둔은 내린천 계곡의 배꼽이다. 한강의 양수리처럼 두 물이 합치는 물목 위에 자리잡은 분지로, 학생은 여남은 명도 안 되지만 분교가 있고, 농가도 십여 채가 듬성듬성 보인다. 이곳은 장차 무명산악회의 내린천 거점이 된다.

일행은 강행군을 했다. 하루에 20여 리를 걸어 텐트를 치고 자고는 다시 옮겨 이레 만에 삼봉약수에 닿았다. 그때 우리 아들아이가 여섯살로 유치원에 다니고 있었는데 용케도 7박 8일을 제 발로 움직였다.

무명산악회는 그 다음 여름부터 휴가철이면 오로지 내린천만을 찾아갔다. 가는 길도 홍천이 아니라 영동고속도로로 바뀌었다. 『정감록』인가에 "궁궁을을"로 나와 있다는 살둔은 80년대의 재야 문화예술인들 사이에 살그머니 소문이 나서, 85년에는 버스 한 대에 봉고까지 따라야 할 정도로 식구가 불어났다.

지금도 잊지 못할 살둔의 추억이 있다. 그해 여름은 유난히 폭우

가 잦아서 내린천이 넘칠 지경이었다. 호랑이처럼 으르렁대는 강
은 이틀 동안이나 발을 묶었다. 비우느니 소주병뿐이어서 이내 술
이 동났다. 남은 것은 누군가 배낭에 숨겨둔 2홉들이 한 병뿐이었
다. 비가 개인 날, 모닥불을 지피고 둘러앉았는데, 한 사람에 한
잔꼴도 안 돌아가는 술이어서, 자청해서 노래를 부르는 이에게 한
모금씩 주기로 했다. 그랬더니 음치라고 호가 난 회원들까지 다투
어 노래를 부르는 것이었다. 이튿날, 술 보급을 위한 결사대가 조
직되었다. 살둔에서 상류 쪽으로 십여 리 남짓 되는 곳의 민가에
술이 있다는 말을 듣고 4인조가 떠났는데 아직도 목에 차는 급류를
건너가야 했다. 나도 그 결사대의 일원이었는데, 지금 돌이켜보면
"그렇게도 술이 고팠던가" 하는 아찔한 생각이 든다. 배낭 가득 채
운 소주병 때문에 급류에 떠내려갈 뻔했기 때문이다.

　우리는 몇해 뒤에는 살둔에 '콘도'까지 마련했다. 그 계곡에서
제일 경치가 좋은 분교 옆의 뱃집을 사들인 것이다. 옛날에 뱃사공
이 줄로 끄는 배를 부려 사람들을 건네주었다는 그 폐가를 열댓 명
의 회원 가구주들이 몇푼씩 거두어 샀던 것이다. 그 집에 얽힌 추
억은 이루 말할 수 없을 정도로 많다. 마을 대표들과 매매계약서를
썼으나 5년이 넘도록 소유권 이전이 안 됐고, 어쩌다 가을에 가보
면 사냥꾼이나 떠돌이중이 집을 차지하고 있었다. 순박하리라고
믿었던 두메산골 사람들에게 둘림을 당해 속이 쓰리기도 했지만 그
래도 우리는 해마다 살둔을 찾아갔다. 그만큼 그곳의 산과 물과 공
기가 우리를 빨아들였기 때문이다.

　그러나 89년이 저물던 어느 날 성내운 회장이 갑작스런 병환으
로 세상을 떠난 뒤 살둔은 우리에게 슬픈 추억만을 일으켰다. 그래
도 우리는 한번 더 거기서 여름의 며칠을 보냈다.

　우리에게 자연 속의 아버지였던 성선생의 죽음은 아물지 않는 슬

품이었다. 그래도 살둔이 있어서 우리는 성선생과 친화할 수 있었지만, 그 끈마저 끊어버리는 사건이 벌어졌다. 내린천 계곡이 개발의 돌개바람에 휩싸여버린 것이었다. 이미 여러 해 전부터 어느 재벌이 우리의 '콘도'를 노리다가 뜻대로 안 되자, 한 마장쯤 떨어진 곳에 통나무로 별장을 짓더니, 관청에서 계곡의 한쪽을 허물면서 포장도로를 내기 시작했다. 우리가 그렇게도 사랑하던 내린천의 죽음이 시작된 것이다. 처음 어느 일간신문에서 그 기사를 본 나는 숨이 막혔다. 그들은 나무를 베어내고 우리의 약수와 폭포를 까뭉개어 무엇을 '개발'하려는 것인가? 이제 내린천에는 관광객이나 놀이꾼들, 부동산 투기자들이 들끓겠지.

우리는 살둔과 이별했다. 그 집이 누구의 차지가 되건 애달파하지 않기로 다짐하면서. 내가 마지막으로 살둔을 본 지 서너 해가 넘는다. 눈을 감으면 그 계곡의 나무와 물과 바람이 선하게 다가온다. 그곳이 너무나 그립다. 그러나 권력과 자본과 인간의 탐욕은 살둔을 우리에게서, 아니 이 땅의 주인들에게서 앗아가버렸다. 그래서 나는 이 악독한 파괴를 어떻게 무찌를 것인가를 오늘도 골똘히 궁리하고 있다.

───1993년 6월·사람과 산

# 민중구제 염원했던 한 처사의 적공

### 때묻지 않은 장수의 산하

무진장은 남녘의 삼수갑산이었다. 전라북도 무주, 진안, 장수 세 군은 60년대까지만 해도 심심산골 아니면 오지벽촌으로 알려져 있었다.

그러나 박정희 정권이 밀어붙인 개발이라는 이름의 탱크는 무진 장의 고요와 평화를 깨뜨려버렸다. 그 다음 정권들도 이 지역을 마구잡이로 파헤쳤다. 특히 맑은 물과 공기로, 수려한 경관으로 이름 높던 무주는 스키장을 갖춘 리조트가 들어선 뒤 서울 강남 못지 않게 화려한 환락가가 되었다. 그래서 요즈음 청소년들에게 옛날에는 벽지의 대명사가 무진장이었다고 말하면 고개를 갸우뚱할 것이다.

나는 남도길을 많이 다녀보았지만 무주는 66년엔가 답사여행을 간 것이 마지막이고, 진안과 장수는 초행이다. 그래서 『사람과 산』

이 돌탑 답사를 부탁했을 때 기꺼운 마음으로 응했다.

요천을 사이로 하고 광한루를 건너다보는 추어탕집에서 늦은 아침을 먹은 일행이 진안읍 어귀에 들어선 것은 한식경이 넘어서였다. 남원에서 국도를 따라 전주로 가다 오수 못미쳐에서 꺾어들었으면 금방이었을 길을 장수군을 휘저어 돌아갔으니 두 시간도 넘게 걸린 것이다. 안내를 맡은 『사람과 산』의 황상보 사진편집위원이 추어탕집에서 마신 탁배기 때문에 흥이 한껏 돋아 일부러 운치 좋은 길로 에돌이를 했다고 한다.

황위원의 '미필적 고의'에 따른 진양조의 길놀이 덕분에 나는 봉고차 안에서 장수를 여유있게 볼 수 있었다. 낮은 산자락까지 쌓인 눈이 햇빛에 반짝이는 따스한 날씨에 장수의 산하는 그윽한 향내를 풍기고 있었다. 장바닥이 된 무주나 조금 뒤에 볼 진안보다는 아직 관광객의 발길에 덜 밟힌 곳이다.

진안에 들어서는 마루턱을 넘어서자 나는 숨이 딱 멎을 듯한 흥분을 느꼈다. 사방의 산들이 모두 밋밋하게 솟아 있는데 11시 방향 쪽의 두 봉우리만이 불끈 솟아 있다. 한눈에 그것이 마이산임을 알 수 있었다. 그야말로 말의 귀처럼 생겼다. 능선이 일자로 흐르는 산 너머로 귀 윗부분만 보이던 마이산은 진안 초입에 들어서자 거대한 쌍둥이뫼로 모습을 바꾸고 있다.

마침 일요일이어서 마이산 도립공원 일대는 남대문시장처럼 북적댄다. 지리산 천왕봉이 그렇듯이 삼도는 물론이고 서울과 경기도 그리고 충청도에서 온 차들이 뒤섞여 있다.

경부, 호남, 88고속도로가 그 차들을 마이산으로 데려온 것이다. 자연히 마이산 등성이에서는 이런저런 사투리가 어지럽게 거미줄을 엮는다.

마이산은 얼핏 보면 쌍둥이 같지만 실제로는 암수 한 쌍이다. 공

원의 주차장부터 가파르지 않게 차곡차곡 이어진 수백여 계단을 오
르는 길은 눈송이 같은 마른 꽃을 안고 있는 나무들에 휩싸여 있
다. 오르막길 중턱에서 왼쪽으로 꺾어져 한 마장쯤 가서 약수를 한
바가지 마시니 오장육부가 서늘해지면서 도시에서 온몸에 절어든
먼지와 매연이 다 씻겨나가는 듯 상쾌해진다.

고갯마루에 오르면 오른쪽에 수마이봉(667m), 왼쪽에 암마이봉
(673m)이 온몸을 압도할 듯이 우뚝 솟아 있다. 수놈은 경사가 90
도에 가까울 정도로 가팔라서 사람의 접근을 거부한다. 암놈은 서
쪽은 깎아지른 암벽이지만 동쪽은 키 작은 나무들이 들어찬 유순한
길을 열어주고 있어 정상에 오를 수가 있다.

행정구역은 진안군 진안읍 단양리. 안내판에는 "전라북도 기념
물 66호"라고 적혀 있다. 마이산은 소백산맥과 노령산맥이 경계를
이루는 곳이라고 씌어 있는데 얼마 전에 『산경표를 위하여』를 낸
조석필씨가 들으면 무지한 소리라고 꾸짖을 것이다.

### 암수 한 쌍으로 이루어진 마이산

그러나 마이산이 섬진강과 금강의 분수령이라는 말에는 이의를
달 수가 없다. 바로 이 산등성이에서 동쪽으로 미끄러져가는 물방
울은 충청도 땅을 지나 군산에서 바다로 들어가는 금강의 물줄기를
타고, 서쪽으로 내려가는 물방울은 구례와 하동을 지나 남해로 흘
러가는 섬진강에 섞여든다.

수마이산은 그 강퍅한 몸뚱이의 아랫부분에 화암굴이라는 동굴
을 품고 있다. 길이가 10여m, 높이가 6m 남짓인 동굴은 여름에도
서늘하고 석간수가 고인다는데, 관광객들이 어지럽힌 샘가에는 '복
을 비는' 사람들이 던진 동전들이 어지럽게 흩어져 있다.

해거름이 오기 전에 돌탑들이 모여사는 탑사까지 내려가야 하기

때문에 서둘러서 서쪽 계단을 밟기 시작했다. 『사람과 산』 발행인 홍석하씨와 함께 내려가다 보니 일행 열 명 중 다섯 사람이 암마이봉으로 올라가고 있다. 편집위원 겸 동부경남지사장 신영철씨, 서부경남지사장 송용철씨, 진주지사장 유동훈씨, 광고부 신승호 대리, 이번에 '일계급 승진'한 박기성 부장이 벌써 산줄기를 타고 있다.

나중에 암마이봉에서 본 장관을 전해 듣고 나는 거기 올라가보지 못한 것이 못내 서운했다. 신영철씨는 굵직한 목소리로 몇번이나 그것을 묘사했다. "꼭 양물 그대로더라니까요. 봉우리가 귀두 모양인데다 심줄까지 박혀 있고, 듬성듬성 잡목까지 섞여 있으니 영락없이 그 물건이지 뭡니까."

과연 그럴 것이다. 수마이봉의 서쪽 암벽 밑에 납작 붙어 있는 은수사 대웅전 지붕을 짓누르고 있는 그 웅자는 실로 대단한 힘을 뿜고 있었다. 정교한 남근석으로는 세계 최대라고 해도 과장이 아니겠다.

털모자를 눌러쓴 채 대웅전 툇마루에서 해바라기를 하고 있던 스님이 종이쪽지에 무언가를 열심히 적고 있는 나를 보더니 눈인사를 건네고 합장을 하며 다가온다. 취재중이라고 했더니 마이산의 내력을 들려준다. 이성계가 태조가 되기 전 젊은 시절에 이 산에서 기도를 올리던 때 신인(神人)이 금자(金尺)를 주기에 왕이 될 것을 알았다고 한다. 나는 그 전설을 듣기 전부터 이런 산세라면 역성혁명이나 반역의 모태가 될 수 있으리라고 생각하고 있었다.

『사람과 산』 전주 주재기자 이인기씨가 준 자료와 해석은 그 전설과 사뭇 다르다. "이성계는 1392년 왕위에 오른 뒤 한양으로 천도한다. 무학대사와 이성계는 왕조의 기틀이 잡혀간다고 보고 역지(逆地)에 비보(裨補)를 하기로 결심한다. 무학은 비보지로 마이

산을 추천하는데, 이성계는 황산싸움에서 왜군을 무찌르고 돌아오
는 길에 보았던 마이산을 이야기한다. 이성계는 그 산이 금(金)
기운이 너무 강하더라며 속금산(束金山)이라 이름하는데, 그 뜻은
금 기운을 묶어달라는 것으로 풀이된다. 이성계의 말을 들은 무학
은 속금산에 은밀히 사자를 보내 탑을 쌓게 하여 이씨의 오행인 목
기운이 승하게 하고 금 기운이 제압되게 한다."

은수사에서 한 마장쯤 더 내려가면 우리의 목적지인 돌탑 무리와
탑사가 나온다. 암마이봉 서벽에 길게 뻗어 있는 빙폭이 초대형 고
드름 같다. 돌탑과 절이 어우러진 그 탑골은 대갓집 안뜰만한 넓이
인데 관광객이 빼곡히 들어차서 눈을 어지럽힌다.

아무런 사전지식도 없이 탑골에 들어서서 안내판을 본 나는 적잖
이 당황했다. 황상보씨가 자세히 설명해주지 않고 그저 "돌탑이 무
리지어 장관을 이루고 있다"던 말만 들은 나는 거기가 서낭당 군락
쯤 되는 곳이라고 짐작하고 있었다. 그러나 안내판을 보니 그 돌탑
무리는 이갑룡이라는 처사의 30년 적공(積功)이었다.

안내판 앞에 세워진 「도사 이갑룡 사적비」에는 그의 생애와 행
적이 비교적 자세히 적혀 있다. 스스로 석정(石亭)이라 호를 지은
이갑룡은 1860년 3월 25일 효령대군의 16대손으로 태어났다. 진안
군 둔남면 둔덕리가 그의 고향이다.

### 이성계와 관련된 두 개의 전설

소싯적에 군졸로 들어간 그는 포장까지 올랐다가 임오군란 직전
나라가 어지러워지자 관직을 버린 뒤 25세 때 '산신의 계시를 받
고' 마이산에 들어갔다. 그는 나막신을 신고 생식을 하며 수도생활
을 한 지 1년 만에 억조창생을 구원하고 만국평화를 기원하는 돌탑
을 쌓기 시작했다. 30여 년에 걸쳐 120여 기를 쌓았는데 지금은

80여 기만 남아 있다.

그는 마이산 일대의 돌로 탑을 쌓다가 어떤 때는 다른 지방의 돌도 날라다 섞었다고 한다. 큰 것은 높이가 7~8m, 지름이 3~4m나 되는데 흐트러짐 없이 한 세기를 견뎠으니 그 견고함을 알고도 남음이 있다.

이갑룡 처사의 돌탑들은 석가탑이나 다보탑, 감은사탑 같은 '왕조탑'과는 달리 민간탑의 한 전형을 보인다. 기하학적 계산을 어떻게 했건간에 바위나 넓적한 돌을 기단으로 삼아 뾰족하고 긴 삼각형의 조형을 이루는 것이다. 그가 사다리를 이용해 돌을 쌓아올라갔는지, 그 나름의 공법을 갖고 있었는지는 전혀 알려져 있지 않다.

이갑룡은 도인이면서 기인이었던 듯하다. 사적비가 그의 수도와 기행을 알려준다. 그는 1896년 여름 두 마이산을 잇기 위해 명주실 18필로 산봉우리를 단단히 매고 그 줄 한복판에 신병(神兵)대장 이갑룡이라고 적었다고 한다. 국론이 엇갈림을 개탄해서 그랬다는데, 이것이 조정의 눈총을 사서 옥고까지 치렀다.

사적비에 따르면 이갑룡은 95세 때 숨을 멈추었으나 한참 만에 '기적의 회생'을 해서 3년 뒤인 1957년 2월 8일에 98세를 일기로 운명했다고 한다.

이인기 기자의 해석으로 돌아가보자. "왕조 말에 이갑룡이라는 분이 마이산 아래 탑들을 더 쌓았다고 합니다. 일제의 침략으로 이씨조선이 몰락하면서 비보터로서의 가치를 잃어버린 마이산에 계속해서 탑을 쌓은 그의 뜻은 분명하지 않지만 제 소견으로는 망해가던 나라를 구하려는 의도였지 않나 봅니다."

이갑룡은 왕손인데도 군졸로 들어간 것을 보면 영락(零落)한 귀족계급이었음이 틀림없다. 마이산 탑골이 민중의 집단창작이 아니

라 해도, 어쨌든 그것은 조선 돌탑의 한 귀중한 자산으로 숨결을
이어가고 있다.

암마이봉 산그늘이 점점 널리 퍼지는데 정상에 올라간 일행은 돌
아오지 않는다. 호남에 가면 온종일 식욕을 다스리지 못하는 나는
홍석하 사장과 함께 탑골 주차장의 민속식당으로 들어갔다. 감자
전과 도토리묵을 안주 삼아 더덕술과 칡술을 마시다가 안주인에게
말을 던져보았다. "이갑룡 처사님에 관해 알고 계신 게 있습니
까?" 동그란 얼굴에 순박한 웃음을 띤 중년의 아주머니 대답은 아
주 짧다. "우리 할아버지 아닙니까." 그 식당의 주인이 이갑룡의
장손자라는 것이었다.

안방에서 손님과 이야기를 나누고 있던 이강렬씨가 우리 자리로
왔다. 57살이라는데 나이보다 젊어 보이는 그는 할아버지가 도탄
에 빠진 중생을 구제하려고 탑을 쌓았다고 말한다. 이어진 대여섯
채의 식당이 모두 일가로서 "할아버지가 남겨주신 땅이 관광지가
된 덕분에 먹고 산다"면서 부끄러운 듯이 웃는다.

그때 암마이봉 등반대가 내려왔다. 송용철씨와 유동훈씨는 부처
님 가운데토막 같은 사람들이라 온종일 염화시중의 미소만 지을 뿐
이다. 두 사람은 수마이봉에 관해서도 입을 다물고 있는데, 신영
철씨는 팔뚝을 걷어붙이면서까지 그 양물을 묘사하느라고 정신이
없다.

우리 일행은 전날 밤 늦게 남원의 광한루 앞에서 만났다. 서울을
떠나기 전에 『사람과 산』 쪽에서 울산, 마산, 진주로 전화를 걸어
세 산사람과 남원에서 만나기로 한 것이다.

서울에서 떠난 일행은 밤 10시가 넘어서야 남원에 도착하는 바
람에 요천을 끼고 식당을 찾아헤매다 11시가 가까워서야 광한루원
담 밑의 월매주막이라는 데를 발견했다. 진한 전북 사투리에 농부

의 아내처럼 생긴 주인아주머니는 술을 여러 잔 마셨는지 얼굴이 불콰해져 있었다. 말수 적은 아저씨도 그랬다.

나는 호남 지방을 여행할 적마다 그 음식솜씨에 탄성을 억누르지 못하지만 우연히 들어간 월매주막은 맛이 일품이었다. 아주머니가 손수 걸렀다는 청주와 탁배기, 더덕무침, 깻잎, 토하젓, 토란국 …… 배가 짜구가 나게 부른데도 젓가락이 자꾸 접시로 간다.

광한루원 언저리에 자리잡은 식당들은 태반이 간판에 춘향, 월매를 달고 있다. 더러 사또나 향단이는 보이지만 몽룡은 없는 듯하다.

산을 찾는 일은 자연과 함께 숨쉬는 것이기도 하지만 사람과 그 삶에 온몸으로 다가가는 과정이다. 이번 마이산행에서 나는 시간에 쫓기면서도 많은 사람들을 만나보고 싶었다. 비인간적 경쟁과 탐욕에 찌든 얼굴이 아니라 싱싱한 생명력과 착한 마음씨로 해서 눈이 빛나는 사람들을. 그런 사람들은 멀리 있지 않았다. 1박 2일을 함께 한 영남의 그 산사나이들이 바로 그런 얼굴이었다.

땅거미가 지기 시작하는 산기슭을 따라 전주길에 들어서면서 나는 뒤를 돌아다보았다. 수마이와 암마이가 석양을 이마에 받으며 밤을 맞을 채비를 하고 있었다. 그 어떤 인간이 만든 것보다 웅장하고 정교한 그 돌탑들의 허리께를 새들이 무리지어 날아간다.

―― 1994년 3월 · 사람과 산

# 지리산 아랫녘의 돌탑들

설악산이 더 좋은가, 지리산이 더 좋은가? 그야말로 양자택일을 강요하는 어리석은 물음이다. 네팔에서 여러 해 동안 트레킹을 한 어느 산악인은 거대한 히말라야산맥을 이리저리 헤집고 다니다가도 문득 설악산이 생각나면 밤에 잠을 이루지 못했다고 한다. 그래서 그는 귀국하는 기회만 생기면 어김없이 설악산으로 달려가서 그 품에 안기곤 했다.

설악산이 남성의 기상과 여성의 부드러움을 아울러 지니고 있다면, 지리산은 무덤덤하기가 말수 적은 농투성이 같다. 소낙비가 내리면 묵묵히 논에 물꼬를 트고 뙤약볕 아래서도 쟁기를 맨 소를 모는 농부 말이다. 그리고 그 품새 넓음과 깊이로 말하면 어느 산이 그곳을 당하랴.

그런데 정작 이렇게 말하는 나는 본격적으로 지리산에 올라본 것이 딱 한번뿐이다. 비록 걷는 등산이기는 하지만 20년이 넘게 산에 다닌 경력을 가진 터에, 이런저런 산에는 대체로 올라보았지만 지리산은 92년까지 미답이었다. 그래서 나는 늘 지리산 콤플렉스를 지니고 살았다. 그러다가 진주의 일간신문 문화부에서 일하는 정규화 시인이 "한번 다녀가라"고 간곡히 권하는 데 따라 그해 가을 진주로 갔던 것이다. 한 서너 날쯤 잡아 종주를 했더라면 콤플렉스가 얼마쯤은 풀렸을 텐데, 그 등산은 오뉴월 장마에 잠깐 나온 햇볕을 쬐는 식이었다. 두류동이라고도 하는 중산리 산장에서 밤을 보내고 네댓 시간 만에 천왕봉에 올랐다. 거기서 찬바람에 몸을 떨며 끼니를 때우고 통천문을 지나 고사목 지대와 장터목으로 해서 중산리로 내려왔다.

천왕봉에서 사방으로 펼쳐져 있는 그 많은 봉우리들은 소설 『태백산맥』과 『지리산』에서 귀에 익은 이름들이었다. 나는 안내인이 가리키는 백운산, 회문산, 무등산과 세석평전이니 노고단이니 하는 이름들을 들으면서 동족상잔의 피냄새와 함께 싸움이 지나간 자리의 고요함을 코로 맡을 수 있었다.

이번에 지리산의 돌탑들을 찾아보기로 한 것도 언제나 그 봉우리들을 향해 달리는 잠재의식 때문인지도 모른다.

우리는 먼저 전남 광양으로 갔다. 거기 있는 사진작가 황상보씨의 집에서 자고 이튿날 거슬러올라와서 구례로 가기로 한 것이다.

아직 날씨가 쌀쌀한 3월 초의 토요일인데 호남고속도로에는 관광차들과 개인승용차들이 꼬리를 물고 있다. 나는 그 까닭을 구례에 접어들어서야 알았다. 바로 고로쇠물의 한철이 다가온 것이다. 경칩 전후로 보름씩, 그러니까 한 달 동안에 마시는 고로쇠물이 효험이 제일 좋다고 하니 사람들이 무리를 지어 몰려가는 것이다. 그날은 경칩 전날이었다.

'고로쇠 원조' 하면 광양 백운산 아닌가. 황상보씨의 집은 바로 백운산 어귀에 자리잡고 있으니 오늘 밤에는 고로쇠물로 배떰을 하 겠구나. 그러나 나의 이런 기대는 산산이 깨어지고 말았다. 어젯 밤에 비가 많이 내려서 고로쇠나무들이 활동을 중단했다는 것이 다. 상보씨의 아버님이 가까스로 구한 물 한 말을 놓고 일행 여섯 명이 나누어 마셨다.

나는 지난해 고로쇠물과 첫 대면을 했다. 화가인 한양여전의 여 운 교수가 우리 동네에 함께 사는데, 여러 해 전부터 그 물에 관한 이야기를 자주 했다. 장작으로 불을 때서 쩔쩔 끓는 방에서 명태에 고추장을 찍어먹으면서 고로쇠물을 한 사발씩 들이켜면 밤새 한 말 이 뱃속으로 들어간다는 것이다. 나는 "에이, 싱거운 사람" 하면서 웃어넘겼는데 그는 진지하고도 집요하게 고로쇠물의 신비함을 강 조했다.

그런데 몇해 전부터인가 스포츠신문들과 텔레비전이 봄만 오면 고로쇠물의 놀라운 효력을 대대적으로 보도하는 바람에 팔도에서 사람들이 몰려들기 시작한 것이다. 지난해 우리 벗들도 '고로쇠 유 람단'을 조직해서 구례군 산동면을 찾아갔다. 문화방송을 타고 나 가 큰 인기를 누린 「여명의 눈동자」 마지막 편에서 최대치와 여옥 이 비극적 최후를 맞이하고 장하림이 그 죽음을 지켜보는 장면을 찍었다는 바로 그곳이었다.

여남은 명이 둘러앉아 고스톱을 치며 동이에 그득 담긴 고로쇠 물을 연신 마시는데 노름이 서툰 나는 옆에서 구경만 하므로 더 자 주 물배를 채웠다. 그런데 어럽쇼! 이게 웬일인가. 서너 대접쯤 마시고 나니 아랫도리가 불룩해지면서 더는 버틸 수가 없다. 나는 산장 주인에게 뒷간을 물었다. 그러나 그는 싱긋이 웃으면서 문밖 베란다의 빗물 내려가는 구멍에다 일을 보라고 말한다. 바짓가랑 이를 내리자마자 오줌, 아니 고로쇠물이 콸콸 쏟아진다. 나는 나이 40을 넘긴 뒤 그렇게 힘차게, 그렇게 오래 배설을 한 기억이 별로 없다. 그야말로 청춘이 용솟음치는 소리가 들리는 것이었다. 밤 2시껜가 자리에 들고 나서도 아침까지 대여섯 번은 더 깨어났다. 졸린 눈을 비비고 '그 일'을 볼 적마다 우렁찬 소나기 소리가 계곡으로 쏟아져내려갔다.

이튿날 서울로 돌아온 뒤에도 그 힘은 약해지기는 했지만 사그라들지는 않았다. 나는 가만히 생각해보았다. 밤새 물 한 말 가까이를 마시고 오장육부에 달라붙어 있던 찌꺼기들을 말끔히 씻어냈으니 수십년을 혹사당한 몸이 얼마나 개운해했을까.

고로쇠는 이름도 가지가지이다. 광양군 진상면의 백운산 언저리 민박촌의 현수막들에는 고뢰쇠, 쌍계사 쪽에는 고로쇠 그리고 어떤 데는 고리쇠라고 적혀 있다. 고로쇠와 함께 거자수도 씌어 있는데 그 물은 마셔보지 못했다.

요즈음처럼 건강에 좋다면 나이든 사람들이 사족을 못쓰는 시대에 고로쇠는 날이 갈수록 인기와 값이 높아질 것이 분명하다. 지난 경칩날 지리산 일대에서 5만 원을 주고도 한 말을 살 수 없을 정도였으니 말이다.

우리는 일요일 아침 하동으로 갔다. 알맞게 시장한 참이어서 큰길가의 재첩국집으로 들어갔다. 너무나 많이 들어본 그 음식 이름은 싸락조개의 알갱이와 국물이 혀에 닿는 순간 그 진가를 금방 알려준다. 밤에는 고로쇠, 아침에는 재첩이라. 대도시에서는 돈으로 살 수 없는 호강을 한 셈이다.

우리의 목적지는 화엄사와 천은사의 돌탑들이지만, 거기 가는 길에는 볼 것이 너무나 많아 여기저기를 들러야 한다. 『나의 문화유산 답사기』를 쓴 유홍준 교수가 남한에서 아름답고 운치있는 길로 세 손가락 안에 꼽은 구례―하동길을 거슬러오다 화개장터에

차를 세웠다. 마침 가는 날이 장날이었다. 조영남씨의 노래로 더 유명해진 그 장터는 현대와 근대의 비빔밥이다. 길가 좌판에서는 아낙네들이 두릅이나 산수유 열매를 파는가 하면 한쪽에는 유행을 타는 옷들이 걸려 있다. 영남과 호남이 코를 맞대고 있는 데로도 유명한 그 장터에서 나는 어쩔 수 없이 "그 경계는 누가 그었고 이들의 말씨는 언제부터 이렇게 다른 억양을 띠게 되었을까"를 다시 생각하지 않을 수 없었다.

화개장터에서 지리산 쪽으로 들어가는 길이 쌍계계곡이다. 우리는 그 계곡에서 아주 희한한 약수를 만났다. 봄철이면 눈부신 겹벚꽃으로 뒤덮인다는 그 계곡, 물위에 엎드려 있는 바위 틈에서 약수가 흘러나오고 있다. 마치 달걀 썩는 듯한 냄새를 풍기는 그 약수도 고로쇠물 못지않게 신비하다.

화엄사는 대찰이다. 크고 높은 가람들이 찾는 이들을 압도한다. 신라 진흥왕 5년인 544년에 지었다니 1000년하고도 500년 가까이나 나이를 먹은 절이다. 임진왜란 때 절이 모조리 타버리고 나서 중창한 것이지만 아무튼 우람한 절이다. 그런데 이 절은 너무 때가 묻어 있다. 관광철뿐 아니라 여느 때도 찾는 사람이 많아 입장료 수입이 엄청나서 그런지 절 살림살이에 기름이 좔좔 흐른다. 풍요는 누구나 누릴 자유가 있겠지만 화엄사라는 문화재에 땟국이 흐르게 하는 그 흥청거림은 보기에 그리 탐탁하지가 않다.

화엄사의 얼굴은 각황전 앞에 우뚝 솟아 있는 쌍둥이탑이다. 각황전을 향해 왼쪽이 서오층석탑, 오른쪽이 동오층석탑인데, 자세히 보면 이란성 쌍둥이다. 서탑은 조각과 장식이 장엄하고 2층 기단인데, 동탑은 새겨넣은 것이 없고 단층기단이다.

이 쌍둥이탑이 한 사람 또는 동일집단의 창작인지는 분명하지 않다. 안내문에는 두 탑 모두 신라 하대인 9세기께에 세워진 것으로

추정된다고 적혀 있다. 비슷한 시기지만 두 탑이 배가 같은 형제인
지 다른 남매인지는 알 길이 없다.

문화재 전문가가 아닌 내가 보기에도 이 탑들은 솟아오르는 기상
보다는 섬세함과 아취 쪽으로 기울어 있다. 유홍준 교수의 말대로
신라의 황혼을 보여주는 것인가?

화엄사에는 세계 최대의 석등이 있다. 함통연간(850~873년)에
만들어진 것으로 추정된다는 이 조각품은 단순히 불을 켜기 위한
것이라기보다는 탑 같은 성격을 띤 듯하다. 6.4m나 되는 이 석등
에는 잘록한 하대석 위에 연꽃 여덟 송이가 새겨져 있다. 이 석등
이 국보 12호로 지정된 것을 보면 국보 중에서 서열이 꽤 높음을
알 수 있다.

화엄사에서 관광객들의 기념사진 배경으로 애용되는 것은 쌍둥
이 돌탑이다. 그러나 정작 예술적으로 가치가 높아 다보탑에 버금
간다는 평가를 받는 작품은 각황전 뒤 언덕빼기 소나무숲에 있는
사사자 삼층석탑이다. 기단에 양각되어 있는 천인상은 악기를 타
거나 춤을 추거나 꽃을 공양하는 모습들로 이루어져 있다. 상층기
단에는 연화대 위에 암수 두 마리씩의 사자들이 꿇어앉아 있다. 이
사자탑은 국보 35호이다.

정작 정겹고 사람의 숨결이 느껴지는 조형물은 화엄사 앞마당으
로 들어가는 대문인 천왕문 앞에 널려 있는 잔돌탑들이다. 언제부
터 누가 쌓았는지 높이가 1m쯤 되는 것부터 난쟁이 돌무더기에 이
르기까지 수십개의 돌탑이 옹기종기 머리를 맞대고 있다. 비바람
에도 눈보라에도 무너지지 않게 그 돌들을 쌓아올린 우리 할머니
할아버지들은 무엇을 빌었을까?

천은사는 구례에서 노고단으로 올라가는, 양의 창자보다 더 구
불구불하고 경사가 심한 도로의 입구 쪽에 자리잡고 있다. 나는 그

절을 처음 보는 순간 몇해 전 늦겨울에 찾아갔던 전북 부안의 내소사를 생각했다. 내소사만큼 정결하고 호젓하지는 않지만, 화엄사보다 관광객의 발길을 덜 탄 덕분인지 절 분위기가 차분하고 아늑하다. 절 앞의 인공저수지가 돋우는 운치도 좋고, 가람들을 에워싼 소나무숲은 그대로 산수화다.

나는 '샘이 숨어 있다'는 뜻의 절이름이 어떻게 생겨났는지는 모르나, 절 앞의 약수도 매점의 수돗물도 숨은 샘에서 나오는 것을 보고 신기한 느낌이 들었다. 천은사의 팔상전 앞에는 이름도 없는 돌탑이 서 있는데 넓적한 바위 위에 투박한 단층탑이 앉아 있다. 옛날부터 사람들은 탑을 보면 빌고 싶고 그 언저리를 돌고 싶어했다. 이 탑은 그런 사람들의 염원을 보여주는 잔돌들이 잔뜩 얹혀져서, 빌붙은 돌탑 무리를 이루고 있다.

나는 지난해 겨울 산삼 심는 모임인 농심마니와 함께 광양 백운산 기슭으로 가면서 구례에서 하동으로 흘러내리는 섬진강의 아름다움에 흠뻑 취해버렸다. 강이 굽이치는 곳에 대나무숲이 우거져서 강물과 초록 동색으로 빚어내는 조화가 절묘하고, 웬만한 해수욕장에 못지않게 넓게 펼쳐진 모래밭도 시원스럽다.

하동에서 전라도로 넘어가는 구례군 경계선에 이르기 전에 도로표지판 하나가 나타난다. 그것은 아주 특이하다. 악양면이라는 글자 밑에 평사리라는 세 글자가 조그맣게 적혀 있는 것이다. '아하, 박경리 선생의 『토지』 제1부 무대가 바로 여기로구나.' 나는 오래 전부터 거기 가보고 싶었다. 서희, 길상이, 구천이, 용이, 월선이처럼 현실에서보다 더 생생하게 살아 움직이던 그들이 사랑하고 미워하고 떠나가고 죽고 하던 곳. 그리고 섬진강은 그들이 나룻배를 타고 하동으로 가거나 전라도 땅으로 넘어가던 데가 아닌가.

우리 일행은 그 안내문이 가리키는 대로 9인승차를 몰았다. 그

런데 꺾어져들어간 길 옆에는 도대체 평사리를 알려주는 표지판이
없다. 몇킬로미터를 가니 악양면 사무소가 나온다. '여기는 아닌
데.' 구멍가게 아주머니에게 길을 물으니 온 길을 도로 가서 하평
이라는 데로 들어가라고 한다. 보일 듯 말 듯 서 있는 '하평' 돌비
석을 따라 찾아간 마을이 평사리였다.

과연 그 마을은 『토지』와 박경리라는 뛰어난 작가를 낳을 만한
조건을 두루 갖추고 있었다. 풍수에 식견이 없는 내가 보기에도 뒤
로는 웅장한 산봉우리들이 잇닿아 있고 앞으로는 기름진 벌판과 개
천이 펼쳐져 있어 땅기운이 자못 힘차게 치솟는다. 뒤편 오른쪽 산
허리에 한산사라는 절이 두드러지게 보이는데 얼핏 보기에도 범상
한 절 같지는 않다.

나는 최치수의 기와집을 보고 싶었다. 가랑이가 풀풀 날리는 바
지를 입고 넥타이를 매고 치켜깎은 머리에 무쓰를 바른 청년이 지
나가기에 "『토지』에 나오는 기와집이 어디 있느냐"고 물었다. 그런
거 여기 없단다. 내 옆의 사람이 텔레비전에 나온 그 집 말이라고
했더니 그건 다른 데서 찍은 거란다. 홍두깨로 뒤통수를 맞은 기분
이었다.

내가 알기에 우리나라에서 문학작품의 무대로 평사리만큼 널리
알려진 곳은 없다. 『토지』 제2부의 무대는 북간도로 옮겨지므로 생
동감이 평사리보다 떨어진다. 아직도 일간신문에 연재되는 이 대
하소설은 1부로 막았어야 한다고 말하는 문학인도 있을 정도로 평
사리는 강렬한 인상을 주고 있다. 그런데 정작 거기에는 부실한 안
내판만 있을 뿐, 마음먹고 찾아간 길손이 허탈하게 돌아서야 한다
니.

악양에서 내려오던 길에 우리가 평사리가 어디냐고 또 물었을 때
길가 밭의 농부가 퉁명스럽게 내뱉던 말이 떠오른다. "평사리 거기

뭐 볼 게 있다고 갑니까?"

천은사 대웅전 앞의 동백나무에는 꽃이 한창이다. 고창 선운사처럼 무리를 이룬 동백숲은 아니지만 그 짙은 붉은빛이 농익어들고 있다. 샘을 숨긴 그 절을 나서면서 나는 이렇게 노랫말을 바꾸어 중얼거려보았다.

"천은사에 가신 적이 있나요/바람 불어 설운 날에 말이에요/동백꽃을 보신 적이 있나요/눈물처럼 후두둑 지는 그 꽃 말이에요."

지리산 영봉들이 봄맞이 길에서 기지개를 켜고 있다. 내가 세로질러보지 못한 그 능선이 다시 내게 손짓을 한다. "여름장마가 지기 전에 꼭 종주를 해야지." 내가 혼자소리로 말하자 일행 중 몇사람이 "그때도 같이 가요" 하면서 산자락으로 눈길을 보낸다.

─── 1994년 4월·사람과 산

제 3 부

# 메워야 할 골, 넘어야 할 벽

# 한 달 과외에 5,000,000원

　며칠 전 어느 자리에서 들은 이야기다. 그림을 그리는 후배와 어울린 술자리였는데, 개인사업을 한다는 50대 초반의 남성이 합석했다. 어쩌다가 화제가 대학입시에 미치자 그 초면의 사나이가 탄식조로 이렇게 말했다. "우리 딸아이가 지금 고3으로 자랑은 아닙니다만 공부를 썩 잘합니다. 모두 가고 싶어하는 서울대에서 제일 어려운 데라도 무난히 합격하리라는 게 담임교사의 말입니다. 그런데 아내가 어디서 들었는지 그래도 과외를 안 시키면 불안하다는 겁니다. 아주 유명한 교사만 모시는 학원에 보내어 100% 안전을 확보해야 한다는 말이지요. 그 학원은 지망자들의 내신성적을 확인한 뒤 자체 시험을 통해 수강생을 선발한답니다. 그런 애들만 모아서 가르치니 합격률은 뻔하지 않겠습니까?"

　그는 얼마 전부터 딸을 그 '학원'에 보내고 있는데 한 달 '수업료'가 자그마치 500만 원이라고 한다. 유명한 강사가 일주일에 두 번쯤 나와서 문제를 짚어주고는 학원 경영자와 3·7제인가로 수입을 나눈다나.

그의 말이 과장이 아님은 분명했다. 단순히 허풍을 떨려고 그런 이야기를 할 사람이 아니라는 후배의 '공증'이 있었기 때문이다.

물론 내가 이런 풍설을 처음 들은 것은 아니다. 한 달에 1000만 원이 넘는 과외비를 들이는 고3 학생도 더러 있다는 소문을 신문에서 읽은 적도 있고, 바람결에 들은 일도 있다.

나는 그로부터 며칠 뒤 서울 강북 달동네 언저리 고등학교에서 교사로 있는 친구들에게 그 이야기를 해주고 사실 여부를 물어보았다. 그들은 하나같이 고개를 끄덕였다. 맞는 말이라는 것이었다. "아니, 합격이 확실한데도 한 달에 500만 원이나 써야 한다니, 그런 부모가 심리적으로 정상이라고 할 수 있을까?"

그들의 대답은 자연스럽게 나왔다. "우리가 대학에 들어간 60년 대에는 몇달 벼락치기 공부를 하고도 일류대학이라는 데 들어갈 수 있었지. 그러나 지금 그런 일은 불가능해. 우선 시험과목이 그 시절보다 엄청나게 많을 뿐 아니라 수능시험과 본고사 성적이 국어, 영어, 수학 점수에 따라 결정적으로 좌우되기 때문에 과외 안한 아이들은 형편없이 불리하지. 그러니 돈 가진 부모들이 과외를 안 시킨다면 오히려 비정상 아니겠는가." 내 친구들은 일찍부터 평교사 운동에도 참여해왔고, 전교조의 회원이거나 후원자이다. 더구나 그들은 비밀과외로 수입을 올리지도 않는다. 그런 그들이 과외의 현실을 전해주는 데야 믿지 않을 수 있는가.

최근 대통령 직속 자문기구인 교육개혁위원회는 교육개혁을 위한 3대 우선 정책과제를 대통령에게 보고했다. 교육재원 확충, 사학 자율화, 대학경쟁력 강화가 바로 그것이다. 교육환경을 개선하기 위해 국민총생산의 5%를 교육에 투자하고 사학의 교육과정 운

영을 자율화하고 대학의 경쟁력을 높여 국제화시대에 국가에 대한
기여도를 높이겠다는 계획은 너무나 당연하고 바람직하다. 그런데
문제는 이 교육개혁안에 들어 있는 사립 중·고교 입시 부활에 도
사리고 있다.

예전의 중고교 입시는 아이들을 그야말로 지옥에 묶어두고 있었
다. 경기, 서울, 경복 같은 일류중학은 몇몇 '일류 국민학교' 출신
이 독점하다시피 했고, 그들 가운데 다수는 과외선생을 집에 모시
거나 집단과외를 받았다. 고등학교 경쟁은 더욱 치열해서, 거기서
이긴 학생들은 이류, 삼류나 똥통학교(그 시절에는 이 말이 유행
어였다) 학생들을 사람 대접하지 않기가 일쑤였다.

만약 교육개혁위의 건의대로 빠르면 96년도부터 사학 중·고교
입시제가 실시된다면 어떤 일들이 벌어질까? 먼저 부유층이 모여
사는 강남의 사립 중·고는 그야말로 초귀족화할 것이다. 입시를
통해 선발한 학생들은 당연히 명문대 진학률이 높을 테니 어느 부
모가 과외를 안 시키려 들겠는가. 그리고 사립학교들이 명문이라
는 명예를 독점하는데 공립학교들이라고 가만히 있겠는가. "우리
도 입시로 학생을 뽑게 해달라"는 요구가 빗발칠 것이다. 지금 권
력의 핵심에 있는 인물들 중에 그런 공립고 출신이 태반인데 어떻
게 그런 아우성을 외면하겠는가? 생각만 해도 머리가 터질 듯한
일이다.

어떤 사람은 이렇게 말한다. "우리 사회는 그래도 교육을 통해
신분상승을 할 수 있는 기회가 넓게 열려 있어서 다행이다. 영국,
프랑스, 독일처럼 교육이 특권층의 기득권이 되어 있다면 얼마나
답답할까."

그럴듯한 말이다. 그러나 명문학교라는 엘리베이터를 타고 수직
상승할 수 있는 학생과 부모는 인구의 1%도 되지 않는다. 그리고

그런 대학을 나온다고 해서 모두 권력엘리뜨나 자본가집단에 편입되는 것도 아니다. 남보다 훨씬 편하고 모양 좋게 살 수 있는 지역에 들어갈 입장권을 사는 것뿐이다.

　자, 그렇다면 이 교육을 어떻게 할 것인가? 나는 오늘 낡은 레코드를 틀듯이 이 말을 되풀이할 수밖에 없다. "교육의 민주화와 인간화, 그리고 그런 교육을 추진할 수 있는 민주정부 건설."

——1994년 9월 · 전교조신문

# 신세대와 윤리

　이른바 '박한상 사건'이 세상을 떠들썩하게 했다. 60년대 초에 고재봉이라는 사나이가 한 가족을 몰살했던 때에 못지않게 언론도 그의 패륜과 무도함을 질타했고 시정의 입방아도 어지럽게 움직였다.

　그가 부유한 부모를 둔 미국 유학생이며, 하라는 공부는 안하고 노름과 잡기에 빠져 빚을 걸머지자 결국 부모를 살해하게 되었다는 사실, 살인의 방법이 너무도 끔찍하다는 것 때문에 이 사건은 마땅히 화끈한 뉴스가 될 수밖에 없었다.

　신문과 방송은 박한상씨가 잠든 어버이를 참살한 경위를 충실한 리얼리즘으로 보도했고, 그를 향한 손가락질과 저주는 하늘을 찌를 듯했다.

　신문들의 사설과 칼럼과 시론은 박한상씨처럼 극악한 패륜아를 만들어낸 우리 사회의 교육과 신세대의 비뚤어진 윤리와 도덕관,

나아가서 오렌지족의 방탕하고 무절제한 생활을 극한적 용어들을
아끼지 않으면서 비판하고 매도했다. 재빠른 매체들은 '파라슈트
키드'(낙하산 꼬마라는 뜻인가?) 같은 새말까지 만들어 유학생들
의 실태를 닭의 배 가르듯 해부했다. 자녀를 외국으로 유학 보낸
부모들은 '내 자식도 어쩌면 저 아이처럼 될지 모른다'는 두려움 때
문에 오그라든 가슴을 쓸어내리고 있다.

나는 이런 소동을 보면서 박한상 사건이 우리 사회의 윤리를 바
로잡고 삶의 건강함을 되찾는 데에 보탬을 주는 계기가 될 수 있을
까를 생각해본다. 대답은 "이런 식으로 대처해서는 안 된다"라고
나온다. 왜 그럴까?

초중고교의 윤리교육 교과서를 뜯어고치거나 유학생들에게 돈을
적게 보내거나 해외유학을 강력히 규제한다고 해서 해결될 문제가
아니기 때문이다. 그리고 오렌지족만을 떼어내서 건전한 청소년들
과 다른 종족으로 보는 시각도 옳지 않다. 유학을 가서 공부를 제
쳐두고 주색잡기에 빠져드는 젊은이들도 오렌지족도 모두 이 사회
가 낳은 자식들이다. 이와 동시에 그들은 부모에게서 물려받은 유
전인자와 개인적 성격, 세계관과 인생관에 따라 살고 움직이는 개
체이다.

한 시대를 지배하는 이념과 정신과 윤리는 짧은 시간에 확립될
수도, 그 병폐가 고쳐질 수도 있는 것이 아니다. 그것은 그 사회의
정치와 경제와 문화를 비롯한 온갖 분야의 산물이며, 구성원들이
함께 빚어낸 정신적 자산의 표현이다.

교육의 시각에서 박한상 사건에 접근할 때 "윤리교과서를 새로
쓰자"거나 "교사들을 재교육해야 한다"거나 "청소년들에게 바른 가
치관을 심어주어야 한다"는 주장은 그야말로 청맹과니의 잠꼬대 같
은 소리이다. 교과서에는 공자 말씀도 실려 있고, 청소년들은 교

회나 절에서 예수와 부처의 말씀도 자주 듣는다. 문제는 그런 말씀을 따른다고 하면서 실제로는 독선과 협잡과 배신과 부정한 축재를 일삼는 정치지도자들과 대자본가들과 지식인들, 그리고 일부 교육자들에게 있다. 교과서가 아무리 좋은 교훈을 가르쳐준다 하더라도 그 책을 만들거나 가르치는 어른들이 그렇게 실천하지 않는데 어린이와 젊은이가 어떻게 따르겠는가?

그리고 윤리 교과서뿐 아니라 국어, 역사 교과서에도 진실을 뒤틀거나 오그라뜨린 부분이 너무나 많다. 일제 식민주의에 빌붙어 동족을 살상하고 탄압한 자들은 교과서의 그 어디에서도 비판받지 않고 있다. 아니 오히려 그들은 민족주의자나 선각자로 미화되어 있기까지 하고, 지금도 지배세력의 한가운데 자리잡고 있다.

게다가 박정희 정권 이래 쿠데타로 권력을 잡은 정치군부와 그 후계정권은 '어떤 수단을 쓰더라도 권좌에 오르기만 하면 된다'는 생각을 국민대중의 머리에 깊이 심어주었다. 이런 풍토에서 청소년들이 '어떻게 해서라도 남을 누르거나 해치고 나만 잘살면 된다'고 생각하지 않는다면 이상한 일이다.

그렇다 하더라도, 나는 청소년들의 대다수는 그런 자기중심주의와 그릇된 철학에만 빠지지는 않는 이성과 양식을 지니고 있다고 믿는다. 이것은 지배이데올로기나 제도교육이 깡그리 잠식할 수 없는 영역이다. 박한상씨 같은 젊은이들이 미국 땅에서 고급 승용차를 몰고 카지노에서 돈을 뿌릴 때 책과 씨름하면서 모국에 기여할 방법을 생각하는 유학생도 있겠고, 오렌지족을 반면교사로 삼아 우리 사회의 병폐를 보는 눈을 기르는 청소년들도 많을 것이다.

그래서 신세대나 오렌지족을 별세계 인간으로 보거나 무서운 병균으로 여기는 언론과 기성세대의 시각에는 잘못이 많은 것이다.

우리는 박한상 사건을 계기로 한국병 아니 신한국병을 새로 진단

해야 한다. 군사정권이 제도화한 경쟁 중심의 교육, 소수의 엘리
뜨를 위해 다수의 열등생을 희생시키는 교육은 '문민'을 표방하는
정권 아래서 조금도 개혁되지 않았다. 그리고 특정 지역 중심의 권
력구조도 대구, 경북에서 부산, 경남으로 핵심부를 옮겼을 뿐, 다
른 지역의 소외감과 분노에 더 부채질을 하고 있다.

　건강한 신세대를 기르는 작업은 사회의 민주화 없이는 성공할 수
없는 일임을 다시 절감하게 된다.

──── 1994년 6월 · 전교조신문

# 어느 음악시험 문제

　지난번 계간 『낭만음악』에 계명대 음대 교수인 박종문씨가 어떤 가수에 대한 논문을 발표하여 클래식 교수에 의한 최초의 긍정적 대중가요론으로 논란을 일으켰다. 이 가수의 뛰어난 음악성과, 뽕짝으로 어려웠던 시기의 우리 대중의 삶과 애환을 잘 노래해준 우리 시대의 대표적 가수로 그 공로를 인정하기도 했다. 엘레지로 불리는 이 가수의 대표곡은 「동백 아가씨」「섬마을 선생님」「기러기 아빠」이다. 이 가수는 누구인가?

　(1) 김완선　(2) 신효범　(3) 양수경　(4)조갑경　(5) 이미자

　며칠 전 이른 저녁에 집에 돌아가니 고등학교 2학년인 아들과 아내가 종이 한 장을 들고 웃음판을 벌이고 있었다. 그날 낮에 치른 음악시험문제 중에 아주 신기하고 파격적인 내용이 많다는 것이었다. 서울 고덕지구의 어느 고등학교에 다니는 아들은 그 음악시험

이 얼마나 신명이 났는지를 이야기했고 아내는 "어머, 이런 문제를
내는 선생님이 다 계시니" 하면서 자못 신기하다는 표정이었다

글머리에 적은 문제가 대표적인 보기이다. 객관식 16문제, 주관
식 6문제로 구성된 그 음악시험은 물론, "다음 중 베토벤의 교향곡
이 아닌 것은?"이라든가, "칸타빌레의 뜻은 무엇인가?"처럼 우리
가 상투적으로 치러온 서양 고전음악 중심의 지식을 묻고 있었다.
그러나 객관식 문제 가운데 이미자가 베토벤이나 피아노 4중주와
어깨를 나란히하고 있는 점이 파격이었다.

주관식 문제들은 훨씬 더 '급진적'이었다. 랩댄스뮤직과 '서태지
와 아이들'의 활동, 랩의 퇴조와 레게의 부상, 김건모의 「핑계」가
대표하는 레게의 등장과정 같은 것을 지문으로 삼아 단답식 질문을
던지고 있었다.

나는 그 음악시험 문제를 자세히 보고 가벼운 충격과 함께 깊은
흥미를 느꼈다. 그리고 글쓰는 일을 생업으로 삼고서 교육을 주제
로 적지않은 발언을 해왔는데 정작 학교 시험문제에 관해서는 제대
로 모르고 있었다는 반성이 고개를 들었다. 그저 막연하게 객관식
문제가 청소년을 시험기계로 만들어 창의력이나 사고력을 떨어뜨
리고, 주관식 문제도 암기 위주의 경향이 있다는 지적을 자주 해왔
던 것이다.

중고교뿐 아니라 국민학교에도 앞에 보기로 든 것과 비슷한 시험
문제를 내는 교사들이 드물지 않을까 하는 생각도 든다. 그러나 그
것은 내가 확인할 수 없는 일이라서 나는 다만 내 눈으로 본 아들
의 음악시험 문제만을 놓고 교육과 시험과 교사의 진취적 자세에
관해 이야기하려고 한다.

우리의 아들딸들은 시험이 지겹다. 어떤 아이들은 점수와 입시
의 중압을 못 견디고 죽음의 길을 택하기도 한다. 나는 시험과는

무관하지만 시험문제에 대해서는 극도의 혐오감을 품고 있다. 특히 이런저런 일간신문들이 주말에 몇쪽씩이나 들여가면서 경쟁적으로 싣는 대학입시 예상문제를 보면 신문을 쫙쫙 찢어버리고 싶어진다. 그 신문들은 기회만 있으면 비인간적 입시경쟁을 통탄하고 잘못된 교육제도를 탓한다. 그러나 실제로는 그런 모순에 업혀서 학부모와 학생들에게 신문장사를 하고 있는 것이다.

도대체 세계 어느 나라에서, 역사와 전통을 자랑하는 신문들이 입시 예상문제를 몇쪽에 걸쳐 싣고 있는가? 내가 알기에는 거의 없다. 특히 '고급지'를 표방하는 신문들이 그런 짓을 한다면 당장 독자들의 비웃음을 살 것이다. 그런데 민족지 또는 정론지라고 주장하는 우리나라 신문들은 그런 상업주의를 일삼고 있다.

자꾸 제 자식 이야기를 하는 것이 멋쩍지만, 어쨌든 시험과 교육의 발전을 위해서 다시 말한다면 공부는 흥미를 일으키고 인간을 깨어 있게 해야 한다. 아들은 그 음악시험 문제는 정답을 모르면 연필굴리기를 할 수밖에 없는 그런 '재래종'이 아니라 여러가지 근거와 암시를 통해 정답에 다가가게 하는 것이라는 뜻의 말을 했다. 나는 그 말에 동의하면서 시험지의 아래쪽 여백에 적힌 노랫말을 보면서 빙긋 웃지 않을 수 없었다.

"속삭임은 사랑을 부른다네/소리는 이웃을 부른다네/천둥은 단비를 부른다네/참된 노래 참된 삶을 부른다네."(「우리 노래 참노래」 중에서)

아이들은 시험문제를 다 풀고 나서 바로 이런 노랫말에서 한숨 돌리고 갈 것이다.

우리 기성세대는 오늘의 청소년들을 잘 이해하지 못한다. 고지식한 사람들은 그들을 따뜻하게 보려 들지 않는다. 워크맨을 귀에 꽂거나 라디오를 들으면서 시험공부를 하는가 하면 컴퓨터나 비디오 앞에서 사족을 못쓰는 아이들을 정상으로 여기지 않기 때문이다. 그러나 "그들이 얼마나 시험에 짓눌려 있으면 그런 식으로 공부를 할까" 하는 쪽으로 이해를 해야 하지 않을까? 앞의 시험문제를 낸 음악선생님은 제자들의 이런 고민을 이해함은 물론이고, 현실에 뿌리내린 음악, 청소년들의 몸에 젖은 음악을 제쳐두고 화석이 된 소리들을 우상처럼 섬겨서는 안 된다고 생각하는 교사인 듯하다. 그도 어쩔 수 없이 서양 고전음악에 비중을 더 두는 문제들을 내기는 했지만.

교육은 열려 있어야 한다. 특히 정신과 육체가 사춘기를 맞아 격심한 변화를 겪는 아이들을 가르치는 교사들은 '지금의 나'를 기준으로 그들을 보지 말고 지금의 '저 아이들'을 중심으로 그들에게 다가가야 한다. 이 말은 우리가 보편적으로 지켜야 할 가치나 이상을 포기하라는 뜻이 아니다. 그런 가치와 이상은 살아 움직이는 현실 속에서 청소년들의 삶과 접목될 때 자연스럽게 그들의 지성을 기름지게 하고 이성을 깊고 넓게 해줄 수 있다.

내가 "그 시험지를 잠깐 빌려달라"고 하니 아들은 어디 쓸 거냐고 묻는다. 이 글을 그 음악선생님이 읽으실는지.

—— 1994년 5월·전교조신문

# 교육과 자녀 사랑

서울 강남에 있는 상문고등학교에서 터진 '학교 장사꾼들' 사건으로 온 나라가 떠들썩하다. 우리 사회의 교육이 병들어 곪은 것은 어제오늘의 일이 아니지만 이번에 드러난 교육계의 환부는 너무나 깊고 넓어서 이러다가는 청소년 교육이 벗어날 길 없는 수렁에 빠지지나 않을까 하는 걱정을 일으킨다.

자고 나면 불거지는 그 학교 교장 일족과 참모들의 기상천외한 부정과 뒷거래는 교육현장에서 일하는 교사들뿐 아니라 청소년들까지 심각한 위기의식을 느끼게 할 것이다. 교장과 교감, 정보기관 출신의 재단이사라는 사람이 한통속이 되어 교사들에게 보충수업비를 몇배씩이나 불려 거두게 하고 내신성적을 조작해서 돈을 받고, 그렇게 번 돈으로 50억여 원이나 나가는 건물을 짓고 아방궁같은 저택에 살며 미국 땅에다가도 호화판 별장을 사들이고······

상문고 사건의 불똥은 전국으로 튀어 50개가 넘는 고교가 교육부의 특별감사를 받았다. 우리나라의 입시 위주 교육이 안고 있는 병폐를 단적으로 보여준 이번 사건은 상문고 교사들의 용기있는 행동이 없었더라면 이렇게 전면적으로 드러나지는 않았을 것이다. 학교 쪽의 강요에 못 이겨 가난한 학생의 부모한테까지 찬조금을 받은 교사가 양심선언을 하면서 울음을 터뜨리는 모습은 처참하면서도 통분을 일으켰다. 그 교사들 중 한 사람은 신문에 제자들에게 보내는 편지를 실었다. "학교 앞을 지나가는 시민들이 새삼 신기한 종교집단 보듯 우리 학교 정문을 가리킬 때, 유난스런 학칙 때문에 뒤통수가 허옇게 드러날 정도로 짧은 머리를 한 너희들을 마치 왕국에서 사육당하는 동물인 듯 측은히 여기는 눈들을 볼 때 차라리 묻어둘걸 하는 후회가 스치지 않은 것은 아니란다."

이 교사가 눈물로 쓴 이 편지는 비단 상문고만의 아픔은 아닐 것이다. 이른바 명문대나 일류대 합격률을 높이려고 학생들을 입시 기계로 만들면서 군대 내무반 같은 생활을 강요하는 데가 드물지 않다. 그렇게 해서 어느 대학에 몇명, 어느 대학에 몇명을 보냈다는 사실이 보도되면 하루아침에 명문고교가 되는 것이다. 그러나 그런 비인간적 교육으로 좋은 성적을 내는 학교는 전국에 수십곳에 불과하고 나머지 학교들은 대여섯 명만 일류대에 합격해도 현수막을 걸고 자축하는 지경이다. 이것을 교육이라고 부를 수 있는가?

내 벗과 후배 중에는 교사로 일하는 이들이 여럿 있다. 이번 사건이 터진 뒤 나는 그들에게 이 사태에 대해 교사들이 어떻게 생각하는지를 물어보았다. "한마디로 고개를 들 수 없지만, 굳이 변명하자면 우리 학교에는 상문고 같은 내신 조작이나 찬조금 거두기는 없다"는 것이었다. 그러면서 그들은 달동네에 있는 학교에서 일하기 때문에 그런 부정에 휘말려들지 않을 수 있는 게 다행이라고 말했다. 그리고 교장이나 재단이사가 그런 부정을 강요해도 거부하

거나 저항할 만한 교사조직도 있다는 것이었다. 꼭 전교조 조직이
아니더라도 그만한 일을 할 수 있는 평교사모임이 있다는 말이었다.

　나는 그들의 설명을 들으면서 그나마 다행이라고 생각했다. 우
리나라의 고등학교 모두가 이번에 도마에 오른 학교 같다면 그야말
로 우리 사회의 앞날은 절망 그 자체일 것이기 때문이다.

　여기서 나는 우리나라 교육의 현실과 모순을 깊이있게 짚어볼 필
요를 느낀다. 교육이 나라와 겨레의 미래를 좌우한다고 말하면서
교육이 인간성을 파괴하는 영리사업이 되도록 만드는 사람들은 누
구인지를.

　그 일차적 책임이 역대 정권을 비롯한 권력자들과 교육행정가들
에게 있음은 두말할 나위도 없다. 이승만 정권은 물론이고 박정
희, 전두환, 노태우씨로 이어져온 군사정권은 교육을 지배의 도구
로 삼는 정책과 행정으로 일관해왔다. 자유민주주의를 구호로 내
세우면서도 사상과 표현의 자유를 원천적으로 억압하고, 같은 민
족 사이에 분열과 갈등을 부추기는 냉전적 사고를 청소년들에게 불
어넣는 일이 교육이라는 이름을 얻고 있었다. 좀 누그러지기는 했
지만 지금 정권도 그런 길을 밟아가고 있다.

　그들이 교육을 병들게 한 또하나의 원인은 교육을 신분상승의 사
닥다리로 전락시켰다는 것이다. 물론 선진국이라고 하는 미국, 영
국, 프랑스, 독일 같은 나라에서 교육이 계층이나 계급을 결정짓
는 요인이 되고 있음은 사실이다. 이른바 명문대학을 나와야 사회
적 지위와 높은 소득을 보장받을 수 있는 것이다. 그러나 그런 나
라들에서는 학부모와 학생들이 오직 입학시험 하나에만 목숨을 걸
다시피 하지는 않는다. 미국에서는 한국의 수학능력시험과 비슷한
SAT를 치르는데, 여러 대학에 원서를 낼 수 있고 면접 날짜도 다
르며 학부모의 재정능력에 따라 학교를 고를 수도 있다. 학비가 비

싼 사립고등학교 같은 특수교육기관이 있기는 하지만 돈 없는 아이
들은 아예 갈 엄두도 내지 못한다. 장학금을 받지 못하는 한, 부모
가 강도나 사기를 하기 전에는 그런 학교에 보낼 수가 없는 것이
다. 하물며 내신성적을 돈으로 사는 일은 꿈도 꾸지 못한다. 영국
역시 지능이나 수학능력이 모자라는 아이들은 일찌감치 실업교육
이나 기술교육을 받는다. 프랑스와 독일도 비슷하다. 국민학교 때
부터 엄정하게 매긴 점수가 그대로 내신성적이 되는 것이다. 거기
에는 학부모의 돈이 끼여들 틈이 없고 교사들이 부정을 저지를 소
지도 보이지 않는다.

그런데 우리나라의 부모들에게는, 지능도 떨어지고 학문의 소질
도 없는 자녀를 일류대나 버젓한 간판을 단 대학에 들여보낼 길이
열려 있다. 한 달에 몇백만원씩 들인다는 고액과외가 성행하고,
거액을 내고 대학입시성적을 조작해서 선량한 피해자를 만들어내
는 일이 다반사로 벌어지는 것이다. 이것을 지극한 자녀 사랑이라
고 보기에는 부모의 허영과 보상심리가 너무나 큰 자리를 차지하고
있다. 학벌이 나쁘거나 학연이 없어서 이루지 못한 출세나 명예를
자녀를 통해 얻어보겠다는 것이다. 그뿐인가. 그렇게 하지 않으면
좋은 혼처도 나서지 않는 현실이 부모들을 더 짓누른다.

이것은 자녀에 대한 사랑이 아니다. 그리고 이런 부모들과 그 아
들딸들이 무슨 수단을 써서라도 신분상승의 사닥다리를 올라가려
고 기를 쓰는 사회는 발전할 수 없다. 그런 사회는 소수의 특권층
을 만들어낼 뿐, 절대 다수를 희생시킬 수밖에 없는 것이다. 요즈
음 교육계에서 터진 사건이 이런 깨달음을 주지 못한다면 병든 교
육은 더욱 악화의 길로 치달을 것이 분명하다.

—— 1994년 4월 · 함께걸음

# '상문고'는 어디로 갔나

올해의 봄은 교육에 대한 뜨거운 관심으로 시작되었다. 새 학기가 열리자마자 서울 상문고 교사 8명이 "지시받고 내신을 조작했다"는 양심선언을 한 것이 도화선이 되어 교육계는 물론이고 정치권까지 발칵 뒤집는 폭탄이 터졌던 것이다.

신문과 방송이 상문고와 그 동류 학교들에서 잇달아 드러난 부정과 교육의 병폐를 보도하기에 숨이 가쁘던 무렵 난데없이 다른 사건이 뛰쳐나왔다. 총무원장의 장기집권 기도를 둘러싸고 벌어진 조계종의 폭력사태가 바로 그것이다. 요즈음 언론은 온통 이 사건으로 도배질을 하고 있다. 어느 틈엔가 상문고는 자취를 감추어버렸다.

박정희 정권을 뿌리로 하는 역대 군사정권 때 권력을 위협하는 중대한 사건이 터지면 정보·수사기관이 거의 어김없이 '간첩단 일망타진' 식 보도자료를 발표하던 것을 우리는 기억하고 있다. 오래 전에 잡힌 '간첩들'이 초췌한 얼굴로 언론매체에 부각되면서 그 중 대사건을 압도하면 사람들은 안보 위기를 느끼면서 몸을 움츠리게 마련이었다.

그런데 이번에는 교육행정가들과 양심을 잊고 사는 일부 사학 경영자들을 즐겁게 해주는 일을 권력기관 아닌 불교계에서 벌여주었다. 그래서 상문고는 이제 아득한 곳으로 사라진 듯하다. 쇠고랑을 찬 그 학교 교장과 재단이사 그리고 그들의 악어새였던 교육관료만이 감방 안에서 벽을 바라보고 있을 뿐이다.

상문고가 언론의 촉각에서 벗어났다고 해서 우리 사회의 가장 심각한 병리현상인 교육문제가 잊혀져간 '금주의 인기가요 1위'처럼 될 것 같아 걱정이다.

상문고는 재단 운영과 학교 경영을 독단한 상씨 일가와 그 마름들의 축재 수법과 교사, 학생에 대한 비인간적 억압이 너무나 지나쳐서 언론의 십자포화를 맞았다. 그러나 우리나라의 사학 가운데 상문고적 병통을 안고 있지 않은 데는 소수에 지나지 않는다. 전교조 같은 조직이 활발하게 움직이거나 교사평의회가 감시의 눈을 부릅뜨고 있는 사학이 아니면 재단과 교장은 교사들을 민주적 체제의 구성원으로 대하지 않고 머슴처럼 부리려 들 것이다. 그런 학교들에서 당연히 학생들은 인격체로서보다는 '우리 학교를 명문으로' 만드는 입시기계 아니면 돈봉투 바치는 시주꾼으로 전락할 수밖에 없다.

온 국민의 눈길이 불교계에 쏠려 있는 지금, 나는 상문고를 잊지 말자고 소리 높여 외치고 싶다. 난장 구경을 간 시골 사람들이 씨름판에서 함성이 터지면 우르르 몰려가고 야바위판을 구경꾼들이 에워싸면 그리 달려가서 넋을 잃듯이, 언론의 선정주의적 보도에 홀리면 안 된다. 상문고와 조계종은 별개의 문제가 아니라 우리 사

회의 중요한 두 부문인 교육과 종교의 고질적 증증을 상징하는 사
건들이다. 총무원장이라는 사람이 시민들은 어림짐작도 못할 정도
의 거액을 대통령선거 자금으로 바쳤는가 하면, 벌건 대낮에 폭력
배들을 동원해서 개혁을 외치는 승려들에게 주먹질 발길질을 하게
했다는 혐의를 받아 오랏줄을 차게 될 처지에 놓였다. 이것을 소림
사의 무술싸움 보듯 흥미거리로 여겨서는 안 되듯이 '상문고'도 한
번 보고 기억창고에 희미하게 보관하는 영화처럼 다루어서는 안 된
다.

　바로 지금 이 순간에도 당신의 자녀들은 옆자리의 벗보다 일 점
이라도 더 받아 명문대학에 들어가려고 눈에 핏발을 세우고 있다.
그리고 사학재단을 움직이는 사람들과 학원행정을 맡은 이들 가운
데 적지않은 수가 은밀한 치부의 길을 끊임없이 더듬고 있을 것이다.

　이런 때 정치인들은 당장 국회를 열어 병든 교육을 근본적으로
치유할 대책을 세워야 할 텐데 팔짱을 끼고 있으니 답답한 일이다.
나는 국회와 정부가 한꺼번에 획기적인 교육개혁을 할 수 없다면
적어도 교육악법을 고치는 작업만이라도 시작하라고 권고한다. 재
단이사장의 가족이 대학 총학장을 맡을 수 있게 하고, 친척의 이사
취임 비율을 40%나 허용함으로써 사학을 족벌의 사유물로 만들어
주는 사립학교법을 바로잡아야 한다. 노태우 정권 시절 민자당 의
원들이 날치기에 앞장설 때 졸고 있었다던 야당의원들도 이제는 진
심으로 반성하는 자세로 교육법 개정에 손을 대기 바란다. 그리고
'문민'임을 강조하는 김영삼 정권도 군사정권 때 만들어진 대표적
악법인 사립학교법을 하루빨리 고침으로써 교육개혁의 의지가 있
음을 보여야 할 것이다.

—— 1994년 4월 · 전교조신문

# 종교와 돈과 권력

4월 한 달은 온통 조계종의 청부폭력 사건으로 떠들썩했다. 한국 불교 최대 종파 조계종의 집권세력인 서의현 총무원장 진영과 그에 맞서서 불교개혁을 외치는 범승가종단개혁추진회의 대립은 단순한 종교 갈등의 차원을 넘어섰다.

서원장이 92년 대통령선거에서 민자당 김영삼 후보를 노골적으로 지지하면서 선거운동에 나섰던 사실은 널리 알려져 있다. 그는 신도가 2000만에 가깝다는 불교의 표를 김후보에게 몰아주려고 동분서주했고, 그 과정에서 김영삼 계보의 핵심인 최형우, 서석재씨와 돈독한 관계를 맺었다고 한다.

이렇게 권력에 밀착해 있는 그는 두번째 총무원장 임기가 끝나기 전에 삼선을 위한 작업을 무리하게 벌이다 개혁세력의 강력한 저항에 부닥쳤다. 그는 불교계의 '매관매직'이나 공작정치의 책임자라는 비난을 수시로 들어온 바 있고, 종교지도자로서의 자질이나 이

력에도 의문이 크다는 평가를 받고 있는 터여서 '삼선 저지'를 위한
개혁승단의 연합전선은 급속하고도 광범하게 힘을 키워나갔다.

불교 신도가 2000만이라면 우리나라 인구의 절반 가까이가 부처
님의 가르침을 따르려 하면서 공양과 시주를 하고 있다는 말이 된
다. 조계종은 다른 종파에 비해 사찰 수와 재정이 압도적이어서 불
교 하면 그대로 조계종을 연상할 정도이다. 해인사, 송광사, 불국
사, 화엄사를 비롯해서 이름난 고찰과 대찰로 이루어진 24개 본사
아래 1750개 말사가 있다. 총무원장은 종단 운영을 책임지고 중요
종책(宗策)을 의결하는 종무회의 의장으로서 주지 임면권을 갖는
다. 그리고 전국에 널려 있는 임야, 논밭을 포함한 부동산에서 나
오는 임대료와 절의 관광수입을 관리한다. 조계종의 가용자산은
수백조로 추정된다고 하니 한 해에 40조 남짓한 예산을 쓰는 정부
와 비교하면 그 규모가 얼마나 큰가를 능히 짐작할 수 있다. 그러
니 조계종 총무원장을 '불교 대통령'이라고 불러도 무방할 것이다.
지금 2000 불자들은 내전에 휩쓸린 듯한 조계종을 보면서 참담함
과 분노를 억누르지 못할 것이다.

나는 오래 전에 돌아가신 할머니부터, 올해 73살이신 어머니까
지 부처님을 지성으로 섬기는 집안에서 자랐지만 자신이 불교 신자
라고 생각하지는 않는다. 다만 50년 인생에서 겪은 종교적 체험에
서 처음에는 기독교에 쏠렸다가 나이가 중년에 접어들면서는 불교
에 호감을 갖게 되었다는 사실은 고백할 수 있다.

인간의 역사에서 그것을 떼어낸다면 그 역사가 불구가 될 수밖에
없는 종교. 자고 나면 과학기술이 성큼성큼 발전하는 오늘날에도
종교는 인간의 삶을 지배하는 요소들 중 가장 강력하다. 특히 90
년대 들어 옛 쏘비에뜨 체제의 붕괴와 더불어 사회주의 이데올로기
가 혹독한 시련에 빠진 이래 종교는 인간사회를 구원하는 유일한

등불처럼 여겨지고 있다.

그러나 과연 그런가? 시야를 남한사회만으로 좁혀 보더라도 종교가 그런 구실을 하고 있는가? 나는 이런 질문에 부정적 답변을 할 수밖에 없다.

나는 우리나라뿐 아니라 온 세계에서 종교가 대중에 끼치는 영향, 역사의 발전과 종교의 상관관계에 대해 오래 전부터 깊은 관심을 가져왔고, 개인적 삶의 빛과 그늘 속에서 종교에 대한 접근을 심각히 고려하기도 했다. 75년에 동아일보사에서 해직당한 뒤 10여 년 동안 생계를 위한 유일한 수단으로 번역작업을 하면서 막심 로댕송의 『마호멧』, 자와할랄 네루의 『인도의 발견』, 알베르 마띠에의 『프랑스혁명사』 그리고 알렉스 헤일리가 기록한 『말콤 엑스』같은 책들을 우리말로 옮겼다. 그 과정에서 종교의 역사적 성격과 실체에 대해 배운 바가 많았다.

『마호멧』은 우리가 막연히 회교라고 알고 있던 이슬람의 생성과 예언자 마호메트의 인간적 삶, 이슬람의 정치세력화에 관한 연구를 객관적으로 기술한 것으로서 기독교문화를 편식하고 있는 한국인들에게 새로운 깨우침을 주는 책이다.

『인도의 발견』은 인도 독립투쟁의 지도자 네루가 여러번 투옥되면서, 감방에서 집필한 책이다. 우리나라에서는 아직도 재소자들에게 자유로운 저술이나 자료제공이 허용되지 않는데 그는 이미 1930년대에 독방에서 그 책을 썼다. 나는 중국과 더불어 동양사상의 뿌리를 이루는 인도가 정신적으로 얼마나 광활한 대지 위에 서 있으며, 석가모니의 불교도 인도문화의 자식임을 그 책에서 알 수 있었다. 한마디로 불교는 남을 부정하지 않고 삼라만상을 포용하는 인도정신의 산물이다.

『프랑스혁명사』는 종교와 권력, 역사의 발전과 종교의 함수관계, 계급과 종교의 상호작용을 역사적 보기를 들어 가르쳐준다. 프랑스혁명은 왕족과 귀족 그리고 그들에 못지않은 권력과 영화를 누리던 성직자들을 타도하려는 봉기였는데, 그 특권계급을 권좌에서 몰아내는 데는 성공했으나 궁극적으로는 그 계급과 이웃나라 왕정의 반동 때문에 좌절을 겪게 된다. 혁명의 주동세력이 기독교문화를 제거하고 성직자들의 특권을 박탈하려 했던 때 이른바 '반항 사제들'의 집요한 반혁명 공작이 프랑스혁명의 열매들을 갉아먹은 것은 종교와 대중의 관계를 여실히 보여준다.

전기를 소설 식으로 구성한 『말콤 엑스』는 백인에 대한 증오의 화신으로서 전투적 혁명가였던 말콤 엑스가 이슬람의 성지인 메카를 순례하면서 사해동포들을 만난 뒤부터 사랑이 없는 혁명은 성공할 수 없다는 깨달음을 얻는 과정을 감동적으로 전해준다.

이런 책들을 읽고 번역하고 하면서 나는 세계적으로 가장 힘이 강한 기독교는 과연 역사적으로 인류에게 어떤 영향을 끼쳤으며 성서는 무엇을 가르치고 있는가를 더 깊이 알아보고 싶었다. 『신약』은 어린 시절 교회에 다니면서 눈이 아프게 읽고 귀가 따갑게 들었으므로 『구약』을 통독해보기로 했다. 1978년 가을 '때마침' 나는 긴급조치 9호 위반으로 내가 속한 동아자유언론수호투쟁위원회 아홉 사람과 함께 서대문구치소에 수감되었다. 나는 날마다 『구약성서』 수십쪽을 숙독하고 폐방 뒤 아래층에 있는 어느 목사님과 토론을 나누었다. 그 시간이 되면 이방 저방의 정치범들이 '뺑끼통' 창턱에 고개를 얹고 그 목사님과 내가 벌이는 토론에 귀를 기울이거나 대화에 참여하기도 했다.

지금 되돌아보면 나는 과학적·논리적으로 성서에 접근하려 했고, 그 목사님은 그런 면을 인정하면서도 신앙의 신비와 성서적 역사관을 존중하는 자세였다. 그렇게 여러 달이나 토론을 하면서 『구약』읽기를 마친 뒤에도 나는 끝내 기독교 신자가 되지 못했다. 감옥이라는 극한상황에서 무언가 정신적 기둥을 갈구하는 사람들이 흔히 기대는 방향은 종교 쪽이지만, 내 감방살이가 그리 고되지 않아서 그랬는지 모른다.

누구나 코흘리개 적부터 종교와 접촉하게 되는데 나 역시 예외가 아니었다. 농촌의 소읍에서 태어난 나는 어려서부터 증조할머니 품에서 자랐다. 커서 알고 보니 외증조모였지만, 그 할머니는 굿을 좋아하셔서 집안에 궂은일이 있건 없건 한 해에 며칠은 걸쩍한 굿판을 차렸다. 그때 일흔살이 넘은 증조할머니는 꼬박 사흘을 춤추고 사설을 읊는 무당 앞에서 손을 비비며 밤을 새우곤 하셨다. 물론 절에 가서 부처님 섬기는 일도 게을리 하지 않으셨고.

6·25전쟁 이듬해에 국민학교에 들어간 우리 또래들은 처음에는 크리스마스 무렵에만, 나중에는 열성신자가 되어 교회에 나갔다. 성탄절에 교회에서 주는 떡이나 과자를 얻어먹는 재미도 그만이었고, 예수 탄생을 소재로 한 연극이나 노래 공연을 보는 일도 흥겨웠다. 어떤 아이는 신발을 훔치는 재미에 예배당에 간다고 했고, 코밑이 거뭇거뭇해진 나이든 축들은 '연애 걸러' 다닌다고 했다.

나는 4학년 때인가, 일요일만 되면 비가 오나 눈이 오나 꼬박 교회에 나가서 설교를 듣고 기도를 올렸다. 그러나 5학년이 되어 입학시험 부담을 지게 되면서 교회와 멀어져버렸다. 내 인생에서 진심으로 신앙에 몰두한 적은 그때가 전부였다. 나는 서울에 와서 중고등학교를 다니면서 친구 따라 교회에 더러 가곤 했는데, 그 목적이 사춘기의 뜨거운 몸과 마음을 달래려는 데 있었음은 물론이다.

70년대 중반 이래 민주화운동이나 재야활동과 연관을 맺으면서 천주교 성당과 개신교 교회당에 무수히 출입한 것은 기독교적 신앙과는 무관했다. 나는 지난 20년 동안 참으로 많은 성직자들과 가

까이 지냈고, 한 조직에서 생사고락을 같이하기도 했다. 그들의
이름을 열거하면 200명은 넘을 것이다.

그런데 놀라운 일은 그들 가운데 어느 누구도 내게 자기 교회나
절에 나오라고 권하지 않았다는 사실이다. 세월이 그렇게 많이 흐
른 뒤에 생각하고 보니 이것은 너무나 놀라운 일이다. 그들은 내
종교를 묻지 않았고, 내가 무신론자라고 하는 말을 듣고도 강론이
나 토론으로 나를 신앙세계로 끌어들이려 하지 않았다. 대표적인
이름을 든다면 기독교의 문익환, 이해동, 김상근 목사, 천주교의
김승훈, 함세웅, 문정현 신부, 불교의 지선 스님이 바로 그들이
다.

내가 겪어본 바로, 그들은 하나같이 권력이나 돈과는 거리가 멀
다. 이 말은 그들이 세속의 물질과 인간사회의 힘겨루기에서 완전
히 벗어나서 구름 위에 산다는 뜻은 아니다. 적어도 그들은 언제나
억눌리고 고난받는 이웃의 편에 서려고 애쓰면서 살고 있었다.

그들이 논리적으로 체계를 잡고 행동에 옮긴 민중신학과 해방신
학 또는 실천불교는 오늘에도 그 정당성과 생명력이 강하다고 나는
믿는다. 지금 우리 눈앞에서 벌어지고 있는 대다수 종교의 물신숭
배와 권력다툼이 그런 믿음을 더욱 굳혀준다.

한밤 서울 남산의 탑에 올라가보라. 촘촘히 박혀서 붉게 푸르게
번쩍이는 네온십자가들은 이 나라가 기독교의 본산지들보다 더욱
융성하는 전교의 현장임을 웅변으로 보여준다. 그러나 그 많은 교
회들 가운데 과연 몇개가 하느님의 말씀과 예수의 이웃사랑을 실천
하고 있는가? 그 교회들 중에는 한 주에 수억원의 헌금을 받아 한
해에 1000억 원이 넘는 돈을 쌓는 데도 있다고 한다. 그리고 서울
에서 50위 안에 드는 대형교회들의 목사는 한 달 판공비로 1000만
원을 받는다고 한다. 판공비가 그렇다는 말이고 심방 가서 받는 감

사헌금의 액수가 얼마인지는 본인밖에 모르는 일이다. '억'자를 빼면 수입 계산이 되지 않는 대형교회들 중에서 주보에 헌금내역을 공개하는 곳은 영락교회뿐이라고 한다. 당회만이 그 '비밀'을 안다니 신자들은 헌금이 어디에 쓰이는지 확인할 길이 없을 것이다.

이런 사정은 불교도 다르지 않다. 내가 잘 아는 한 스님은 몇해 전 경기 지역의 큰절 주지로 가면서 소설 같은 일화를 남겼다. 그는 그 절의 주지를 맡기로 결심하고 날마다 현직 주지 앞에서 무언의 가부좌시위를 벌였다. 주지는 으름장과 구슬리기를 비롯해서 갖은 수단을 써도 그가 물러가지 않자, 빚을 얼마 갚아달라는 조건으로 주지 자리를 물려주었다. 그 액수가 적지는 않았지만, 아무튼 그는 무혈입성을 한 셈이다. 그 스님은 남이 안 보이는 데서 좋은 일을 많이 하지만, 그렇지 않은 승려들이 절을 '사고 팔고' 한다면 그 목적이 어디에 있는지는 자명하다.

우리나라에서 가장 많은 건물은 학교이고 그 다음이 교회일 것이다. 좀 엉뚱하게 들릴는지 모르지만 나는 자주 이런 생각을 한다. '저 높고 넓은 건물들은 한 주에 몇시간이나 사용되는가? 일요일은 온종일, 수요일은 저녁에 예배가 있다. 그밖에는 비어 있는 시간이 대부분이리라. 그렇다면 교회 건물들을 이렇게 쓰면 어떨까. 우리나라 대도시에는 셋방살이하는 사람들이 절반을 넘는다. 버젓한 전세방에 사는 이들도 있지만 단칸방에서 예닐곱 식구가 새우잠이나 칼잠을 자는 가족도 있다. 쉬는 날 그들에게 교회를 개방해서 잠도 자게 하고 공부도 하게 하면 안 될까? 교회가 성스러운 곳이라 해서 그렇게 할 수 없다는 반론도 나오겠지만, 인간을 참으로 사랑하는 신이라면 교회의 그런 사업을 사랑의 표현으로 여기지 않을까. 천주교 성당도 사찰도 마찬가지이다.'

오늘도 끝없는 파문을 일으키고 있는 조계종 사건은 종교와 돈과 권력의 함수관계에 대해 많은 것을 알려준다. 그리고 참된 불자의 길을 걷는 사부대중이 인간문화재처럼 귀해져가는 불교계의 현실을 보여준다.

동화사에 통일약사대불을 세우는 데 150억여 원이 들었다고도 하고 200억 원이 넘을 것이라는 주장도 있다. 도대체 그렇게 엄청난 돈을 들여 통일부처님의 형상을 만든다고 해서 통일이 앞당겨지는 것인가? 나는 결코 그렇지 않다고 믿는다. 그런 천문학적 액수가 공사에 들어갔다고 보지도 않지만, 그 말을 곧이곧대로 믿는다 하더라도, 부처님은 그런 공양이나 시주를 달가워하지 않을 것이다. 오히려 그 돈을 가난한 사람들에게 나누어주어 작은 집을 수백 채 짓게 하고 병들고 굶주린 이들에게 베풀어주는 쪽을 갸륵히 여길 것이다.

마지막으로 나는 종교와 권력의 부도덕한 거래와 유착이 사회의 민주화를 얼마나 심각하게 위협하는지를 강조하고 싶다.

92년 대통령선거 때 서울 여의도 순복음교회의 조용기 목사는 특정 후보를 지지하는 발언을 공개적으로 해서 말썽을 일으켰다. "앞으로 한국 정치는 기독교가 일어나서 해야 한다. 그러기 위해서는 국회의원은 기독교인이, 대통령은 장로가 해야 한다. 이제까지 청와대에서 너무 목탁소리가 많이 들렸다. 가톨릭의 김추기경이 청와대에 자주 들어가는 일도 없도록 하자."

참으로 독선적인 생각이다. 어떻게 기독교인, 특히 개신교 신자들만이 한국 정치를 주도해야 한다는 말인가. 이런 배타적 신앙과 정치관은 그대로 권위주의와 자기중심주의로 이어지게 마련이다.

불교 쪽에서 서의현 당시 총무원장이 김영삼 후보를 위해 '발 벗고' 뛴 사실은 앞에서 말한 바 있다. 그 때문인지 이번 조계종 사건에서 경찰과 검찰은 서의현 원장 쪽에는 관대하고 개혁승단에는 아주 가혹하게 법을 적용했다. 불교의 오랜 전통에 따라 승려대회가 서원장의 퇴진과 승복 벗기기를 결의했는데도 권력은 그를 비호했다. 불교 신도 대다수가 현재의 총무원 체제가 물러가고 개혁을 밀고 나갈 불자들에게 힘을 실어주려 하는데 권력은 그 정반대로 치달았던 것이다.

그러자 개혁진영에서는 주요 본사들의 산문을 닫고, 그래도 문제가 해결되지 않으면 '반(反) 김영삼 정권' 운동도 마다하지 않겠다는 주장까지 나왔다.

다행히 서총무원장의 사퇴로 불교개혁의 실마리가 풀렸다. 그러나 모처럼 마련된 이 좋은 기회를 조계종이 자주적으로 활용하도록 두지 않고 권력이나 정보정치가 개입한다면 불교 민주화는 다시 장벽에 부닥칠 것이다.

───1994년 5월·월간 말

# 저 높은 곳과 저 낮은 곳

    사람들은 무엇이든 크고 높고 넓은 것을 좋아하거나 숭배한다. 산으로 말하면 에베레스트에 올라가는 것을 산악인 최고의 영광으로 알고 태평양을 조각배로 건넌 사람을 높이 평가하며, 키나 몸집이 큰 사람을 우러러본다. 작고 낮고 좁은 것은 업신여김을 당하는 것이다.

    기독교 찬송가 중에서 아주 널리 불리는 「저 높은 곳을 향하여」라는 노래는 높은 데 계신 하느님을 향해 가려는 인간의 소망을 잘 보여주고 있다.

    하느님을 섬기고 예수를 믿는 사람들은 어떤 곳을 가장 높은 데로 여기는 것일까? 천국이라고 한마디로 요약할 수 있는 바로 그곳이다. 천국은 물리학적 우주의 어느 한 지역은 물론 아니다. 그곳은 이 세상에서 하느님의 말씀을 잘 따르고 예수를 본받으려고 애쓴 사람들만이 갈 수 있는 곳이라고 한다.

불교에는 극락이 있다. 아주 낮은 데 있는 지옥과 달리 높디높은 곳에 자리잡은 극락은 기독교의 천국과 닮은 데일 것이다. 어떤 종교건 천국과 지옥을 갖고 있다. 딱히 종교라고 말할 수 없는 유교에만 그런 관념 또는 실재가 없는 것 같다.

인간세상에 죽음도 병도 고뇌도 슬픔도 없다면 사람들은 교회나 절을 찾아가지 않을 것이다. 아침에 눈을 뜨면 즐겁고 기쁘고 신명나는 일들만 기다리고 있다면, 사람이 영원히 죽지 않는다면, 누가 하느님에게 기대고 부처님 앞에서 절을 할까?

여기까지는 이해할 수가 있다. 문제는 그 다음이다. 이렇게 약한 인간들의 신앙이나 신심을 이용해서 권세와 영화를 누리거나 축재를 하는 일부 성직자를 어떻게 해야 하는가?

내가 알기로 한국의 교회와 사찰은 헌금이나 시주의 규모에서 세계 제일임이 분명하다. 기독교에서는 십일조가 불문율처럼 되어 있는데 미국이나 영국, 프랑스, 독일 교회들 가운데 한 주일에 수억원이나 되는 헌금을 받는 단일 교회가 있다는 말은 듣지 못했다.

서양 사람들은 대부분 기독교 '배냇신자'지만 많은 사람들이 습관적으로 또는 사교를 위해 교회에 나간다. 우리나라처럼 '은혜받기 위해' '복받기 위해' 교회에 나가는 사람들은 그리 많지 않다. 따라서 헌금도 액수가 적다. 미국에서 큰 기금을 모으는 기독교인이나 단체는 텔레비전이나 다른 전파매체를 이용하는 쪽이다. 독일에는 아예 종교세가 있어서 교회가 헌금에 크게 기대지 않아도 될 정도이다.

불행한 일이지만 우리나라에서는 돈과 떼어놓고 종교를 생각할 수가 없다. 서울 강남에 자리잡은 어느 큰절은 시줏돈의 규모가 엄청나서 몇해 전에는 주지 자리를 놓고 치열한 싸움이 벌어진 적도 있다. 북한산이나 관악산 같은 명산에 있는 절들도 '수입'이 얼마나 되는지 공개된 적이 없다. 입학시험 철이면 애가 타는 부모들이 뭉칫돈을 부처님 앞에 바치며 손이 닳도록 합격 기원을 한다. 우리나라 사람들은 기쁠 때도 슬플 때도 절에 시주나 공양을 하는 것이 몸에 배어 있다.

이태 전인가, 나는 서울에서 멀지 않은 지방도시에 있는 한 유명 사찰의 주지스님께 놀러 갔다가 재미있는 광경을 보았다. 그분은 아주 대범하고 소탈해서 술도 잘하고 잡기에도 능하다. 그날은 나와 함께 간 대여섯 명이 주지실에서 고스톱을 치고 있었다. 도박판이 벌어지면 재미삼아 구경을 하는 나는 스님과 속인들이 어우러져 '피박' '설사' '독박' '쇼당' 같은 소리를 하면서 화투장을 내려치는 모습을 지켜보고 있었다. 고스톱판에 한창 열이 오를 무렵 밖에서 스님을 부르는 여인들의 소리가 들렸다. 마침 그날이 주지스님의 생일이었다. "좀 기다리세요." 스님이 퉁명스럽게 말하자 그들은 "빨리 나오시라"고 아우성을 쳐대는 것이었다. 그래도 스님이 나가지 않자 그들은 노래를 부르기 시작했다. "해피 버스데이 투 유/해피 버스데이 투 유/사랑하는 주지스님/해피 버스데이 투유." 나는 터져나오는 웃음을 참으려고 입을 막았다. 그래도 스님이 화투장만 쪼고 있자 아낙네들이 문을 벌컥 열었다. 한 사람씩 '축 생신'이라고 쓰인 봉투를 방바닥에 살며시 내려놓았다. 여인들이 물러가고 고스톱도 끝난 뒤 스님은 봉투들을 책상에 쌓는다. "스님, 안 열어보십니까?" 내가 묻자 그는 피식 웃으며 대수롭지 않게 넘긴다. "한 십만원씩 들어 있겠지요."

아주 솔직한 그 스님은 "사월 초파일이 대목인데, 그때 한 해 '김장'을 담가야 한다"고 농담조로 말했다. 그때 2~3억 원은 들어와야 한다는 것이었다.

아주 담백한 편인 그가 그 정도이니 다른 큰절들의 살림살이가 어떨는지는 미루어 짐작하기 어렵지 않은 일이다.

나는 우리 사회의 종교와 성직자들이 하나같이 돈과 권력에 집착한다고는 보지 않는다. 내가 20여 년 가까이 사귀어온 분들 중에는 가난하고 고통받는 이들을 위해 헌신적으로 살아가는 목사님과 신부님, 스님이 적지 않다. 그러나 도시에 촘촘히 박혀 있는 저 교회당의 십자가들 아래서 기도하고 있는 성직자나 목회자들, 저 우람히 솟아 있는 대웅전에서 목탁을 두드리며 염불을 외는 스님들 가운데 참으로 낮은 데 있는 이웃을 따뜻하게 보살피면서 슬픔과 아픔을 함께하는 이가 몇이나 될까?

교회당도 성당도 절도 날이 갈수록 높고 넓어지기만 한다. 서울 어느 교회는 건축비만 200억 원이 넘게 들었다고 한다. 이름난 절들은 마치 관광호텔처럼 단장을 하고 불상의 높이와 대웅전의 크기로 힘자랑을 하려 든다. 예수와 석가는 제자들에게 그렇게 하라고 가르치지 않았다. 예수는 로마제국의 식민지 백성으로 압제와 착취에 신음하는 민중 속에서 먹고 자고 고뇌하다가 목숨을 바쳤다. 석가모니는 한 나라의 왕자라는 자리를 버리고 고행의 길로 나서 큰 깨달음을 얻었다. 그가 가르친 대자대비는 바로 기독교의 사랑으로 통한다.

'저 높은 곳'은 추상적 세계가 아니라 예수와 석가의 소리가 살아 움직이는 데이다. 그 소리는 이렇게 말할 것이다. "저 낮은 곳을 보라. 거기서 굶주리고 앓다가 죽어가는 이웃의 손을 잡아 일으켜주라. 너희 교회나 절을 높이 세워 나를 섬기기보다 그들에게 사랑을 베풀라."

―― 1994년 5월 · 함께걸음

# 오늘의 언론이 서 있는 자리

## 10 · 24선언 20주년에

우리는 10년을 단위로 역사나 인생을 뒤돌아보는 데 익숙하다. 10년이라는 세월은 세상이 한참 바뀌고 사람들의 삶에도 큰 변화를 일으키는 긴 시간으로 여겨지기 때문일 것이다. 20년은 그 배가 되는 기나긴 시간이다.

이번 10월 24일은 1974년 바로 그날 동아일보사의 언론인들이 '자유언론실천선언'을 발표한 지 꼭 스무 돌이 되는 날이다. 그날 그 신문사 편집국에서 2백여 명의 기자들이 선언을 세상에 전하는 모임을 가진 뒤 몇시간 지나지 않아 조선일보사를 비롯한 서울의 일간지들과 방송사 기자들이 잇따라 같은 뜻으로 선언문을 냈고, 며칠 사이에 전국의 거의 모든 언론사가 호응했다. 그때 동아일보사에서 그 운동을 주도한 기자들은 30대 초반에서 40대까지의 청장년들이었으니 이제는 50대의 중년 또는 환갑을 바라보는 노년이 되어 있을 것이다.

그들은 지금 그날 나온 선언문을 보면서 어떤 감회에 젖을까. 박정희 정권의 유신독재와 보수적 언론경영진에 맞서 치열한 항쟁을 벌임으로써 '자유언론실천운동'의 차원을 넘어 민주화운동, 민중해방투쟁으로 발전한 그 역사적 사건이 이제는 책갈피 속의 빛바랜 은행잎처럼 보일는지도 모른다. 그러나 이렇게 감상적으로만 보기에는 그 운동은 그 이후의 언론과 언론인들에게 너무나 큰 영향을 미쳤다.

유신독재의 언론통제를 거부하는 선전포고로서 발표된 동아일보사의 선언문을 읽으면서 그날을 회고해보자.

"우리는 오늘날 우리 사회가 처한 미증유의 난국을 극복할 수 있는 길이 언론의 자유로운 활동에 있음을 선언한다. 민주사회를 유지하고 자유국가를 발전시키기 위한 기본적인 사회기능인 자유언론은 어떠한 구실로도 억압될 수 없으며 어느 누구도 간섭할 수 없는 것임을 선언한다.

우리는 교회와 대학 등 언론계 밖에서 언론의 자유 회복이 주장되고 언론인의 각성이 촉구되고 있는 현실에 대하여 뼈아픈 부끄러움을 느낀다.

본질적으로 자유언론은 바로 우리 언론 종사자들 자신의 실천과제일 뿐 당국에서 허용받거나 국민대중이 찾아다가 쥐여주는 것이 아니다."

지금 읽어보면 이 글은 문장이 피동체로 된 부분이 많아 당시 선언 주체들의 방어적 자세를 여실히 보여준다. 그러나 본문이 그럴 뿐이지 선언문 후반의 '실천강령'은 그 시절의 혹독한 공포정치와 언론사의 오그라든 분위기에 비추어보면 대단히 강력한 의지를 밝힌 것이었다.

"1. 신문, 방송, 잡지에 대한 어떠한 외부 간섭도 우리의 일치된 단결로 강력히 배제한다.

1. 기관원의 출입을 엄격히 배제한다.

1. 언론인의 불법연행을 일절 거부한다. 만약 어떠한 명목으로라도 불법연행이 자행되는 경우 그가 귀사할 때까지 퇴근하지 않기로 한다."

요즈음 젊은 언론인들이 기관원의 출입이니 언론인의 불법연행이니 하는 말을 들으면 무슨 뜻인지 이해하기가 어려울 것이다. 그러나 70년대 초에 그것은 언론인들에게 명백하고도 현존하는 위협이었다.

기관원이라고 불리던 사람들은 언론사주와 편집간부들은 물론이고 기자들에게도 공포의 대상이었다. 권력의 비위를 건드리는 기사를 썼다가 '남산'에 끌려가서 곤욕을 치른 언론인이 한두 명이 아니었다. 내가 직접 목격한 사건으로는 이런 일도 있었다. 72년 10월 17일에 이른바 10월유신이 선포되고 계엄령 속에서 박정희씨의 영구집권을 위한 작업이 진행되던 무렵, 동아일보 1면 머릿기사로 「국민투표에 관한 찬반토론 금지」라는 제목이 나갔다. 그것은 계엄사가 발표한 포고문 안에 들어 있는 말이었다. 그러나 그런 제목을 뽑았다고 해서 1면을 편집하던 기자는 보안사에 연행되어 심한 고문을 당하고 나왔다. 결혼을 며칠 앞두고 있던 그가 고문 후유증 때문에 다리를 심하게 절던 모습이 지금도 눈에 선하다.

73년 10월에는 당시 동아일보 편집국장이던 송건호 선생이 정보부에 연행되는 사건이 벌어졌다. 서울대생 200여 명이 서울 문리대에서 유신독재에 맞서 처음으로 격렬한 비판을 하고 나선 10·2 데모는 그때처럼 얼어붙어 있던 상황에서는 상상도 할 수 없는 일이었다. '영웅적'이라는 말로는 표현하기 어려운 학생들의 그 비장

한 투쟁을 보고 감동과 부끄러움을 함께 느낀 동아일보사의 젊은
언론인들이 언론의 반성을 촉구하는 밤샘농성을 벌였고, 그 결과
이틀 뒤엔가 그 사건이 사회면 맨 아래에 1단으로 보도되었다.

그 1단짜리 기사는 핵폭탄과 같은 위력을 지닌 것이었다. 거기
에 고무된 학생들의 반유신독재운동은 다른 대학으로 급속히 번져
나갔다. 이렇게 불길이 퍼지기 전에 송건호 국장이 '남산'에 끌려
갔던 것이다.

신문 제작의 책임자인 편집국장, 중간간부인 부·차장 그리고
일선기자들이 언제나 정보기관에 불려가서 고문이나 협박을 당할
수 있다는 현실은 그들을 극도로 위축시켰다. 그러나 학생운동이
치켜든 횃불을 따라 재야민주세력이 유신독재를 겨냥해서 개헌청
원운동을 벌이자 언론인들의 움츠러들었던 어깨도 조금씩 펴지기
시작했다. 그런 사태에 당황한 박정권이 74년 1월 8일 긴급조치 1
호를 발표함으로써 공포정치를 크게 강화한 것은 잘 알려져 있다.

일련의 긴급조치는 침묵에서 막 벗어난 언론에 다시 재갈을 물렸
다. 민청학련과 인혁당이 내란음모 세력으로 조작되어 200여 명이
구속되고, 군법회의에서 사형을 비롯한 중형을 선고당한 피고들과
가족이 항변해도 언론에는 한마디도 보도되지 않았다.

10·24선언은 그런 상황에서 태어났다. 그래서 그것은 기자들의
양심회복운동이라는 성격을 띠고 있었다. 그런데 그 운동을 주도
한 젊은 기자들은 단순한 고해성사의 수준에 머무르지 않고 자유언
론 실천이라는 적극적 과제를 스스로에게 부여함으로써 독재정권
과 언론사주를 겨냥한 선전포고를 한 셈이었다.

74년 10월 24일에 시작되어, 75년 3월 17일에 언론사 내부 투쟁
으로서는 막을 내린 그 운동의 과정에 대해서는 여기서 자세히 소
개하지 않겠다. 동아일보사에서 132명, 조선일보사에서 33명이 강

제해직당한 뒤 동아·조선 투위를 결성해서 오늘까지 20년 가까이 싸우면서 고난을 당한 것은 그 자체가 한국 현대 언론사의 중요한 부분을 이루고 있다고 생각한다.

이제 눈길을 오늘의 언론으로 돌려보자. 지금 서울에서 나오는 일간지들 중에는 발행부수가 200만을 넘는다고 주장하는 신문이 여럿 있다. 신빙성있는 자료가 없지만, 150만에 가까운 신문이 있음은 분명하다고 한다. 그런 신문은 하루에 40여 면씩을 내면서 광고 수입도 10억 원이 넘는 날이 수두룩하다니 언론재벌이라 할 만하다. 74년에 일간지들이 8면을 발행했고 동아일보가 10·24운동의 절정기에 70만여 부를 찍었던 데 비하면 20년 동안에 일간지들의 양적 성장은 놀라운 것이다.

유럽의 한 경제학자는 '작은 것이 아름답다'는 것을 경제학의 이념으로 삼았지만, 오늘날 한국에서는 '큰 것만이 아름답고 강하다'는 생각이 지배적이다. 오늘 이 신문이 어느 지방도시에 분공장을 차리면 내일은 저 신문이 다른 도시에 큰 건물을 짓고 대대적으로 광고를 한다. 한 신문이 지면을 늘리면 다른 신문들이 잽싸게 따라붙는다. 사옥 높이 짓기는 기본이고, 최근에는 월급 올리기 경쟁까지 벌어졌다. 이런 극도의 상업주의적 경쟁 속에서 언론인들의 대우가 다른 분야보다 월등히 높아진 것은 좋은 일이지만 과로가 따를 수밖에 없는 노동강도가 심각한 문제가 되고, 전산화를 비롯한 경영 합리화의 명분 아래 대량 감원의 가능성이 생긴 것은 자연스러운 진전이라고 볼 수 있다.

10·24선언 이래 만 20년에 한국의 언론이 이렇게 거대기업으로 성장한 데는 권력에 대한 순종과 유착이라는 중요한 요인이 있다. 75년 3월 동아·조선 일보사에서 언론인들이 대량 해직당하던 때만 해도 그들의 임금은 재벌회사들의 절반을 조금 넘거나 3분의 2

가 채 못 되었다. 그러나 지금 서울에서 나오는 웬만한 일간지와 방송의 임금은 현대나 삼성 같은 대재벌보다 훨씬 높다.

이런 역전 현상은 어떻게 생길 수 있었는가? 74년 3월 동아일보사 기자들이 노동조합을 결성한 데 위협을 느낀 다른 신문사들이 슬그머니 임금을 올린 것을 출발점으로, 긴급조치 시대인 70년대 후반에 언론인에 대한 물질적 대우가 크게 높아졌다. 특히 80년 언론인 대숙청 뒤 언론사들의 임금은 급속도로 올라서 재벌회사들을 따라잡았고, 80년대 말에는 추월하는 현상이 벌어진 것이다.

나는 여기서 언론인들이 높은 급료를 받는 것을 덮어놓고 탓하자는 것이 아니다. 그런 사회·경제적 대우에 걸맞는 노동과 기능을 하고 있는가를 따져보는 일이 중요하다는 것이다.

오늘날 언론계에서 보도·제작 분야에 종사하는 사람들의 일반적 성향을 거칠게 정리한다면 다음과 같이 될 것이다.

대부분의 언론사에는 노동조합이 있고, 많은 사원들이 조합에 가입해 있다. 그들의 전국조직인 언론노련은 격주로 기관지를 내는 것을 비롯해서 다양한 사업을 펼친다. 『언론노보』를 보면 여러 매체의 보도와 논평에 대해 날카로운 비판이 자주 실리는데, 정작 그 조합원들이 만드는 일간지와 방송에는 『언론노보』의 그런 시각이 거의 반영되지 않는다. 한국기자협회의 기관지인 『기자협회보』의 경우도 마찬가지이다. 다시 말하면 언론노조들의 전국연합체는 한국의 언론이 진실 보도와 객관적 논평을 제대로 하지 못하고 있다고 평가하고 있는데 그 구성원들은 연맹의 이런 견해를 반영하는 데 무력하거나 아예 그럴 의지를 갖지 못한 것처럼 보인다.

나는 이런 현상이 젊은 언론노동자들의 용기 부족이나 기회주의 때문만이라고 보지는 않는다. 74년에 자유언론 실천에 앞장섰던 기자들이 요즈음 젊은이들보다 특별히 용감하거나 정의감에 불탔

다고 말하지는 않겠다. 어느 시대에나 이성과 양심에 따라 살려고
애쓰는 사람들은 있게 마련이다. 그렇다면 오늘의 언론인들 대다
수는 왜 이렇게 철저한 침묵에 빠져 있을까?

　지난 여름 서강대 총장 박홍 신부가 일으킨 한국판 매카시즘 소
동 때 나는 특히 그런 생각을 강하게 느꼈다. 그가 증거도 없이
"학생운동 출신의 주사파가 많게는 3만 명까지 있다" "북한의 장학
금으로 공부한 교수도 있다" "농민들이 우루과이라운드에 반대하는
것도 김정일의 지령에 따른 것이다"라는 식으로 '말의 테러'를 하면
서 사회를 온통 공포와 혼란으로 몰아넣고, 거의 모든 신문과 방송
이 그를 '용기있는 지식인' '양심의 사제'로 치켜세우던 때, 매체
안에서 그런 반이성적 작태를 비판하고 나선 젊은 언론인이 몇이나
있었던가.

　앞에서 말했듯이 나는 우리 사회의 언론이 이렇게까지 폭력적 도
구로 변하고 보수를 넘어 극우적 성향까지 보이는 가장 큰 원인은
언론사의 족벌경영체제에 있다고 믿는다. 공보처가 국회 국정감사
에 낸 자료에서 드러났듯이 한국, 경향, 문화 일보사는 사주 족벌
의 주식 지분이 99%나 되고, 조선일보사는 90%이다. 동아일보사
는 김병관 회장 일가와 인촌기념회의 지분을 합하면 62%가 된다.

　이런 족벌체제 안에서 언론사 경영진이 족벌의 뜻대로 선임됨은
물론이다. 신문 제작의 책임자인 편집국장을 기자들이 투표로 직
선하는 회사는 드물고 임명동의제도 많지 않으므로, 사주의 임의
로 임명하는 회사가 다수이다. 따라서 부국장, 부장, 차장, 심지
어는 평기자에 대한 인사도 사주나 경영진의 뜻을 어기기가 어려운
실정이다. 이런 족벌경영체제 안에서 노동조합이 자본과 편집·제
작권의 분리를 외쳐봐야 실현 가능성이 없고, 실제로 그런 움직임
도 없다. 그러니 권력과 밀착해서 갖은 특혜를 누리는 한편 그 자

체가 권력화한 언론사주 아래서 자유언론을 말하는 것은 공허하기 짝이 없다. 사주와 편집·제작 책임자가 뜻하는 대로 보도와 논평의 방향이 잡힐 것이 당연하다. 어떤 언론인들은 위에서 그런 지시를 하지 않아도 자기 회사의 정치적 성향을 너무나 잘 알기 때문에 사주나 간부들의 구미에 맞는 기사나 논평을 기계적으로 뽑아낸다고 한다.

이렇게 구조적으로 권력과 자본에 종속되어 있는 언론을 자유언론의 길로 이끌어내는 방법은 단 하나밖에 없다. 권력과 대자본이 언론매체를 지배하지 못하도록 강제하는 법적·제도적 장치를 만드는 일이 바로 그것이다. 그러나 족벌체제의 언론과 공생하는 정치권력은 그런 법과 장치를 만드는 데 앞장서지 않음은 물론이고, 그런 움직임이 일어난다 하더라도 적극적으로 억압할 것이다. 그래서 나는 늘 이런 물음을 스스로 던진다. "권력과 자본으로부터 독립한 언론은 민주적 정치체제 속에서 이루어질 수 있는가, 아니면 그런 언론이 만들어져서 대중과 함께 나갈 때 민주정부가 세워질 수 있는가?"

—— 1994년 10·24 **자유언론실천선언 20돌 기념 심포지움 발제문**

# 새해에 생각하는 언론개혁

새해 아침을 맞아 언론계의 선후배·동료 여러분께 덕담을 드리지 못하고 이렇게 쓴소리를 해야 하는 것이 나 자신도 고통스럽고 마음이 개운치 못합니다. 그러나 편집자의 주문이 그렇고, 나도 평소에 언론계 식구들에게 이런 말씀을 꼭 드려야겠다고 생각하던 터이므로 이 글을 쓰기로 했습니다.

김영삼 정권이 들어선 지 한 해가 가까워옵니다. 그 짧지 않은 기간에 우리는 개혁이라는 말을 무수히 들었으며, 실제로 그것은 사회 거의 모든 부문을 헤집고 들쑤셨습니다. 정치인과 공직자의 재산을 공개시킨 일이라든지 군사정권의 힘의 원천이던 정치군부를 수술한 일이라든지, 그 목적이 흐릿해지기는 했지만 사회경제적 지도를 크게 바꾼 금융실명제 실시 같은 것이 개혁의 대표적 보기였습니다. 정치인이나 군인으로 위세를 떨치던 이들이 쇠고랑을 차는가 하면, 감옥에 안 가려고 외국으로 달아난 사람들도 많았습니다.

언론은 김영삼 개혁을 좇아가느라고 숨이 가빴습니다. 군사정권 시대에 가려져 있던 진실이나 새로운 부정이 밝혀지면 신문과 방송의 기사나 논평은 냉정함을 넘어 가혹할 정도로 속속들이 그것을 펼쳐 보이고 질타해 마지않았습니다.

그러나 정작 언론인들 자신은 단 한 사람도(엄격한 의미에서 언론인이라고 볼 수 없는 '사이비'말고는) 신체의 자유를 구속당하지 않았습니다. 물론 나는 인신구속을 많이 당하는 집단이나 부문이 개혁의 수준이 높다는 뜻으로 이런 말을 하는 것은 아닙니다. 정말로 깨끗하고 성실하게 일하는 사람들이 사정의 그물에서 벗어나는 것은 당연하고 그것은 자랑이기도 합니다. 그러나 나는 김영삼 개혁이 공정하고 균형있게 추진되었다면 수만명이나 되는 언론인 가운데 정치인이나 공직자에 못지않게 단죄받아야 할 사람들이 많이 있다고 믿고 있습니다. 이것은 단순한 믿음이 아니라 내가 언론계에 들어와서 일하거나 해직당해 거리에 나가 있던 세월에 직접 보고 듣거나 기자들이 취재한 내용을 확증으로 삼고 있습니다.

대표적인 증거는 지난해 세상을 떠들썩하게 한 슬롯머신 사건 때 드러났습니다. 여러 명의 중견 언론인들이 정덕진씨 형제와 밀착해서 뒷배를 보아준 사실이 검찰에 인지되었는데도 단 한 사람 구속되기는커녕 조사조차 받지 않았습니다. 어떤 언론사주는, 강아지 같은 슬롯머신에 비해 공룡 같다는 카지노 경영에 지분을 갖고 있다거나 카지노 대부와 유착되어 있다는 혐의를 받으면서도 끝내 사정의 화살을 피해나갔습니다. 경쟁관계에 있는 신문이나 진실을 밝히려는 매체가 그 문제를 끈질기게 물고늘어졌으나 사정기관은 귀를 기울이지 않았습니다.

물론 이런 일이 김영삼 정권 아래서만 있지는 않았지요. 앞의 정

권들에서도 사과 한 개를 훔친 백성은 징역을 살아도 거액을 '떡값'
으로 받은 언론인들이 감옥에 간 적은 거의 없었으니 말입니다. 그
러나 정권이 지배이데올로기로 만들면서까지 밀고 나가는 개혁과
사정의 대공세 앞에서 언론인들만이 털끝 하나 다치지 않았다는 것
은 이 분야가 최고의, 아니 최강의 성역임을 단적으로 보여주는 일
입니다.

　나는 구태여 이 자리에서 김영삼 정권의 개혁이 안고 있는 모순
과 한계를 새삼 따지지는 않겠습니다. 다만, 어떤 권력이든 주권
자를 속이고 국민 위에 군림하는 독재로 변질될 가능성을 안고 있
다는 것이 역사의 교훈이라면, 모든 권력에는 언제나 비판과 견제
가 따라야 함을 강조할 뿐입니다. 이 기능을 가장 앞장서서 수행해
야 하는 책무가 언론에 있음은 물론입니다. 그런데 우리 사회의 언
론은 오래 전부터 권력과 유착되거나 새로운 권력기관으로 자리를
굳히고 있다는 비판을 받고 있습니다. 정보정치 또는 공포정치의
시대였던 박정희 정권 때는 긴급조치나 반공법이 무서웠다는 핑계
를 댈 수도 있었겠고, 전두환·노태우 군사정권 때는 '당근과 채
찍'에 휘둘리다 보니 비판과 견제의 기능을 제대로 못했다고 할는
지 모르나, 오늘의 언론은 딱 꼬집어 설명할 수 없는 동기 때문에
직무유기를 하는 적이 많습니다. 모든 매체, 모든 언론인을 향해
이렇게 말하는 것은 아닙니다. 그러나 그것이 요즈음 언론의 큰 흐
름임을 부정할 수 없습니다.

　구체적 사례를 들어보겠습니다. 지난해 10월 김영삼 대통령이
미국에서 열린 에이펙(APEC) 정상회담에 가서 클린턴 미국 대통
령과 여러번 만났을 때 한국의 거의 모든 신문과 방송은 그가 화려
한 외교를 펼치면서 국위를 크게 떨친 듯이 보도했습니다. 그러나
김대통령이 돌아와서 외교적 '성과라고 널리 선전한 '북한문제의 주

체적 결정권'은 그 뒤 슬그머니 미국으로 주도권이 넘어갔고, 쌀과 기초농산물 개방이라는 날벼락이 터져나왔습니다. 김대통령이 클린턴에게 개방 약속을 했는지는 확인되지 않았지만 관변에서 나온 자료를 보면 농수산부가 대통령의 방미 전에 쌀개방에 관한 기획안을 마련해서 청와대에 냈다는 사실을 알 수 있습니다. 이런 사실이 특정 신문에 보도됐는데도 다른 모든 신문과 방송이 그 사실을 묵살하면서 정부의 홍보기관이 무색하게 대통령의 외교를 찬양하는 데 지면과 전파를 아끼지 않았습니다.

언론이 그러고 있는 동안에 국민들은 농민과 농촌의 미래를 벼랑에서 밀어 떨어뜨릴 수도 있는 개방이라는 태풍에 부딪혔습니다. 그러나 이 중대한 문제도 여러 날을 두고 언론매체를 독점한 개각 때문에 잊혀지다시피 하고 말았습니다. 대통령 스스로 "제2의 건국, 제2의 광복"을 위해 개각을 하겠다고 공언하자 많은 신문과 방송이 그 말을 크게 보도했습니다. 그러나 정작 뚜껑이 열린 개각은 김영삼 정권에서 제대로 힘을 못 쓰던 재야 출신의 통일부총리와 민주계의 노동부장관마저 밀어내고 보수·기득권세력 일색이었습니다. 그것은 대구, 경북을 거세하고 부산, 경남으로 힘의 중심을 옮기는 '신보수체제 굳히기'로 드러났습니다. 그런데도 거의 모든 매체들은 친정체제니 전진배치니 하는 투로 일관했습니다. 어느 신문의 청와대 출입기자가 쓴 해설기사가 거의 유일하게 비판적 시각을 보였는데, 바로 같은 면에 실린 사설은 '개각 만세'나 다름없는 논조였습니다.

도대체 독자와 시청자는 무엇을 기준으로 정치를 평가하고 국제 정세를 판단해야 합니까? 우리나라의 언론을 보고 있노라면 한국 대통령이 금세 세계적 지도자들과 어깨를 나란히하는 지위로 격상된 듯한데 며칠 뒤에는 우루과이라운드 협상대표단이 제네바에서

미국 관리들에게 추운 날 문전박대를 당하는 굴욕외교를 하는 모습
이 전해집니다. 민족을 민족이게 하는 자주성은 아예 쓰레기통에
버린 것일까요?

이제 한국의 언론은 남자를 여자로 바꾸는 일말고는 무슨 일이든
할 수 있는 막강한 힘을 갖게 된 것 같습니다. 언론사주가 마음만
먹으면 '대통령 만들기'도 가능하고 무능한 권력을 유능한 권력으
로 화장시켜주는 일도 할 수 있습니다. 과거에 군부가 가졌던 위력
이 지금은 언론으로 옮겨진 셈입니다.

나는 특히 젊은 언론인들에게 간곡히 당부하고 싶은 말이 많습니
다. 90년대 들어 언론종사자들은 지나친 상업주의적 경쟁으로 혹
사당하기도 하지만 임금이나 사회적 지위에서 최상이라고 할 만한
특권을 누리고 있습니다. 이것은 굳이 탓할 일은 아니겠지요. 그
러나 아쉬운 것은 젊은 일선 언론인들에게서 치열한 기자정신을 찾
아보기 어렵다는 점입니다. 사회의 모순을 드러내어 대중에게 알
리고 그 알림을 가로막는 언론계 안팎의 세력에 맞서 싸우는 투지
가 아주 묽어졌다고 말할 수 있겠습니다. 나는 70년대나 80년대처
럼 언론인들이 전투적이어야 한다고 주장하지는 않습니다. 시대상
황과 언론인들의 삶의 방식이 많이 달라진 요즘음, 투사나 지사형
의 언론인이 되라고 할 수는 없는 일입니다. 그러나 적어도 언론활
동에서는 물론이고 언론사 안의 일에 대해서도 늘 건전한 비판의
시각을 유지하는 것은 언론인의 생명입니다. 그러나 유감스럽게도
오늘의 젊은 언론인들은 너무 빨리 체제와 타협하거나 안주하는 경
향을 보이고 있습니다. 노동조합들의 연합체나 기자들의 전국조직
에서 한 말과 회사에 돌아가서 하는 언행이 다른 경우를 많이 보았
습니다.

1994년은 언론이 새로 태어나기까지는 못하더라도 잃거나 포기

하거나 그 무엇과 바꾸었던 비판과 견제의 기능을 많이 되찾는 해
가 되기를 기원합니다.

───── 1994년 1월 · 기자협회보

# 언론과 권력

　우리나라 국민치고 언론과 담을 쌓고 지내는 사람은 별로 없을 것입니다. 한글을 모르는 노인도 산골 구석구석까지 파고든 텔레비전의 뉴스를 보고, 코흘리개 어린이들도 언론매체가 전해주는 이런저런 정보에 묻혀 살아갑니다.

　흔히 '언론' 하면 잉크 냄새를 물씬 풍기는 일간신문이나 전파매체의 보도·논평 부문을 생각하지만, 엄밀히 말하면 이것은 잘못된 관념입니다. 일간신문과 라디오, 텔리비전, 많은 부수를 발행하는 주간지와 잡지를 대량전달매체라고 합니다. 대학에서 나오는 신문을 비롯한 정기간행물, 재야단체의 기관지, 교회의 주보, 학계의 학술지는 물론이고 마을에서 만들어지는 지역신문도 언론입니다. 요즈음은 전자과학, 특히 컴퓨터가 발달함에 따라 정보 유통의 속도가 엄청나게 빨라졌습니다. 컴퓨터언론 시대라고나 할까요?

이제 언론은 쌀이나 반찬, 비누나 치약처럼 여러분과 함께 있는 생활필수품이 되어버렸습니다. 아침에 출근해야 하는 남편은 눈을 뜨자마자 신문을 찾고 아내는 설거지를 마치고 나서 텔레비전 앞에 앉거나 신문이나 잡지를 뒤적입니다. 세상이 어떻게 돌아가는지 궁금하고, 생활정보도 얻어야 하며, 즐거움과 재미를 주는 오락프로도 보아야 합니다. 지금 우리나라에서는 날마다 종합일간지만 1000만 부 이상이 나오고, 텔레비전 수상기도 1000만 대를 넘어선 지 오래라고 합니다. 이렇게 보면 한 가구에 신문 한 부, 텔레비전 한 대 꼴이라고 볼 수 있겠습니다. 관공서나 기업에서 신문을 구독하고 텔레비전을 보며, 한 집에서 신문을 여러가지 보거나 텔레비전 수상기를 여러 대 가지고 있는 경우가 많을 것이므로 우리나라의 모든 가구에 신문과 텔레비전이 보급되어 있다고 볼 수는 없겠지만, 어쨌든 대량전달매체의 시장은 대단합니다. 그래서 현대사회에서 "나는 언론으로부터 독립되어 있고 언론의 영향을 받지 않고 살아간다"고 말할 수 있는 사람은 거의 없는 것입니다.

언론은 정치, 경제, 사회, 문화, 예술, 종교, 교육, 체육 등 모든 분야에서 일어나는 사건들을 전달하고 평가합니다. 그런데 이 세상에서 벌어지는 일은 날마다 셀 수 없이 많기 때문에 신문이나 방송이 그 모든 일을 전달할 수는 없습니다. 고르고 가려서 독자나 시청자에게 알려야 하는 것입니다. 이것을 뉴스나 정보의 선택 또는 평가라고 말합니다. 그럼 그런 선택과 평가를 하는 주체는 누구일까요? 신문, 방송, 잡지사에서는 일차적으로 취재의 일선에 나가 있는 기자들이 그런 구실을 맡고 있습니다. 각자가 맡은 출입처나 취재분야에서 보고 들은 일 가운데 보도할 가치가 있다고 판단되는 사실들을 기사로 작성해서 데스크에 내면 부차장이 손질을 한 뒤 선별해서 편집부로 보냅니다. 신문사와 잡지사에서는 사진과 함께, 방송사에서는 영상과 함께 기사가 편집자에게 전해집니다. 신문 편집자는 기사와 해설에 제목을 달아 크기를 조정하고, 텔레비전 편집자는 기사의 순서와 길이를 정합니다. 잡지나 라디오도 비슷한 과정을 거칩니다.

이렇게 보면 언론매체가 사실이나 정보를 전달하는 과정에는 여과장치가 많아서 거짓이나 왜곡, 은폐가 끼여들 소지가 없다고 여기는 사람이 많을 것입니다. 그러나 우리나라 언론의 역사에서는 진실이 거짓을 이기기보다는 어둠이 빛을 누른 적이 더 많았습니다. 이것을 몇가지 사례를 들어 살펴보겠습니다.

1974년은 긴급조치로 시작되었습니다. 박정희 유신독재정권은 그 한 사람의 종신집권을 보장해놓은 '유신헌법'에 대해 개헌청원을 하는 행위까지를 엄벌에 처하고, 권력의 귀에 거슬리는 말을 하는 국민에게 '유언비어'라는 죄를 씌워 감옥에 보내는 긴급조치를 발표하고 민청학련, 인혁당 사건을 조작해서 온 나라가 공포로 주눅들게 했습니다. 많은 학생과 재야 운동가들이 구속되어 군사법정에서 재판을 받았는데, 신문과 방송은 독재정권이 발표하는 대로만 기사를 써야 했습니다. 그렇게 하지 않으면 언론인들도 긴급조치를 어겼다 해서 쇠창살 안으로 갈 수밖에 없었던 것입니다.

억울하게 잡혀가서 사형이나 무기를 선고받은 양심수들이 군사법정에서 아무리 무죄를 주장해도, 그들의 가족이 교회와 성당의 기도회에서 피맺힌 호소를 해도 언론은 권력의 앵무새 노릇만을 했던 것입니다. 이런 일을 보다못해, 지금은 고인이 된 지학순 주교가 양심선언으로 독재정권에 항의했다고 해서, 또 어느 변호사가 군사재판의 부당함을 비판했다고 해서 법정구속을 당하는데도 언론은 입과 귀를 막고 있었습니다.

이렇게 벙어리가 된 언론을 부끄럽게 생각하던 젊은 기자들이 앞

장서서 일으킨 것이 '10·24 자유언론실천운동'이었습니다. 동아일
보사 기자들이 먼저 시작한 이 운동은 전국의 거의 모든 언론사로
번져나갔습니다. 동아일보와 동아방송에는 긴급조치 아래 파묻힌
고문, 사건 조작, 양심수 가족의 외침이 차츰 크게 보도되어 박정
권은 최대의 위기에 몰렸습니다. 이 운동을 억누르려고 권력이 만
든 것이 동아일보사에 대한 광고탄압으로서, 그 유명한 '백지광고'
는 그때 민중의 반유신운동의 마당이 되었습니다. 결국 1975년 3
월 중순 박정권은 동아일보사의 사주와 손을 잡고 자유언론실천운
동에 참여한 언론인 114명을 폭력으로 몰아냈습니다. 조선일보사
에서도 비슷한 길을 걷던 기자 33명이 해직당했습니다.

그들이 거리로 밀려난 뒤 언론은 완전히 유신의 첨병이 되어버렸
습니다. 윤보선, 김대중, 문익환, 함세웅 같은 재야운동 지도자들
이 유신독재를 비판하는 선언을 해도 수사기관이 발표한 글만 일방
적으로 보도하고 그들의 주장과 반론은 철저히 외면했습니다. 75
년 3월부터 79년 10월 26일까지는 그야말로 언론의 암흑기였습니
다. 미국을 뒤흔든 박동선 사건, 동일방직 여성노동자 탄압, 함평
고구마 사건처럼 나라 안팎에서 일어난 중요한 일들이 단 한 줄도
보도되지 않았으니 박정권의 언론통제와 언론인들의 굴종이 얼마
나 심했는지 짐작이 갈 것입니다.

박정희씨가 김재규 중앙정보부장에게 죽음을 당한 뒤, 민주화로
가려는 사람들의 길을 막고 박정희씨를 영웅으로 미화하면서 신군
부가 쿠데타를 일으킬 빌미를 마련해준 것도 언론이었습니다. 80
년 민주화의 봄에 언론은 학생과 노동자의 집회와 시위를 '혼란'으
로 몰아붙이고, 북한의 남침이라는 '에비'를 만들어내어 대중을 오
그라들게 하면서 전두환, 노태우씨가 주동한 5·17 쿠데타와 광주
항쟁 무력진압을 찬양했습니다. 언론은 전두환 정권에게 갖은 모

욕과 멸시를 당하면서도 기득권을 지키려고 언론 통폐합이나 언론
인 강제해직에 고분고분하게 따랐습니다. 언론이 권력과 대등한
관계에서 비판과 견제를 하지 못하고 권력에 종속될 때 국민대중이
얼마나 비참해지고 민주주의가 목을 졸리는지를 5공 때 우리는 너
무나 명백하게 보았습니다.

노태우 정권의 언론 통제와 조종은 5공보다 교묘하고 기술적이
었습니다. 전두환 정권이 보도지침처럼 노골적인 방법으로 언론을
통제한 데 비해 노정권은 증거가 드러나지 않는 수단, 다시 말하면
언론사주나 영향력이 큰 언론인들을 매수하고 회유함으로써 언론
을 장악했습니다. 5공 때도 권력이 '당근과 채찍'을 아울러 이용하
기는 했지만 6공은 당근 쪽에 더 무게를 두었습니다. 청와대가 앞
장서서 출입기자들에게 '촌지'를 주었는데, 그것은 국가예산에서
나간 돈이었습니다. 웬만한 언론인치고 정치인, 재벌, 특권층의
봉투를 받지 않은 사람이 드물다는 것은 언론계에 널리 알려져 있
습니다.

90년 초에 3당이 합당해서 보수대연합을 이룬 뒤 대부분의 언론
매체들은 새로운 정치구조 속에서 거대여당을 은근히 지원하고 야
당을 궁지로 모는 데 힘을 쏟았습니다. 문익환 목사의 방북으로 빚
어진 이른바 '공안정국', 명지대생 강경대씨 타살사건으로 불붙은
반노태우 정권 운동 때 유력한 신문과 방송은 민주화와 민족통일에
진취적으로 나서는 학생, 노동자, 농민, 정치인, 재야인사를 '혼
란'을 일으키는 세력으로 몰아붙이면서 권력의 '안보'를 지켜주었습
니다. 특히 정원식 국무총리 서리가 외국어대에서 학생들에게 당
한 달걀, 밀가루 세례를 계기로 학생운동과 재야운동을 결정적으
로 약화시킨 것은 언론의 위력이었습니다. 나는 이런 힘을 '군대보
다 강한 언론'이라고 규정한 바 있습니다.

그렇습니다. 6공화국 중반을 넘어서면서 언론은 군대보다 엄청나게 강한 힘을 가진 집단으로 솟아올랐던 것입니다. 무력으로 쿠데타를 일으키거나 권력을 지켜주는 군대가 그런 힘을 잃게 된 풍토에서 언론이 권력을 방어하고 창출하는 가장 강력한 세력으로 커졌습니다.

몇몇 언론매체는 지난해 대통령선거에서 특정인을 후보로 만들고 당선시키는 데 결정적 역할을 했다는 평을 들었습니다. 여당 안에서 후보를 정하는 실질적 권한을 가진 노태우 당시 민자당 총재를 압박해서 후보를 세우고, 선거운동 기간에는 여당 후보 쪽에서 벌이는 관권·금권 선거를 가려주거나 축소하기도 한 것이 일부 신문과 방송이었습니다. 부산기관장 비밀회의가 폭로되어, 추악한 지역감정을 부추겨 표를 모으려는 음모가 드러나고, 제1야당 후보에 대한 용공음해가 기승을 부려도 진실을 알리거나 그런 작태를 비판하지 않음으로써 결과적으로 여당 후보를 도운 것도 언론매체들이었습니다.

이렇게 해서 이른바 문민정부가 들어선 뒤 언론이 어떤 길을 가고 있는지는 여러분이 잘 알고 있을 것입니다. 김영삼 대통령이 여러 달 동안 밀고 나온 개혁에 대해 대부분의 신문과 방송은 전폭적 지지와 찬양을 보내면서 지면과 전파를 아낌없이 썼습니다. 고위공직자가 부정축재 때문에 구속되거나 정계 은퇴를 강요당하면 언론은 '정의의 나팔수'인 듯이 요란하게 보도하곤 했습니다. 슬롯머신 사건도, 부정입학도 모두 그랬습니다.

그러나 언론은 그렇게 흥분하다가도 딱 두 가지 문제에 관해서는 입을 다물거나 꼬리를 사려버렸습니다. 첫째는 집권세력의 핵심부쪽으로 부정과 비리 폭로의 불똥이 튈 때이고, 둘째는 언론 자체의 더럽고 부끄러운 부분이 드러날 때입니다. 대표적 보기를 들면 공직자와 정치인 재산공개 때, 지난번 대통령선거 과정에서 김영삼 민자당 총재와 대립 또는 경쟁한 사람들은 실정법과 여론의 가혹한 심판을 받거나 세무조사를 당하기까지 했습니다. 그러나 대통령과 밀월관계를 맺은 사람들은 과잉보호를 받았습니다. 그런데도 대부분의 언론매체들은 이것을 비판적으로 보도하지 않았습니다. 언론과 권력의 공조체제라고나 할까요.

언론이 자신의 내부문제를 가리고 덮고 줄이고 속이는 행태는 더 심각합니다 슬롯머신 대부라는 정덕진씨를 비호하거나 떳떳하지 못한 관계에 있는 언론인들의 명단이 수사기관의 조사로 드러나도 자기 회사 사람은 빼고 남의 회사 사람에게 혐의를 씌우려고 들었습니다. 특히, 슬롯머신보다 엄청난 돈벌이의 수단이 된다는 카지노 비리에서는 한 언론사주의 관련설을 둘러싸고 해당 신문사가 텔레비전의 보도에 대해 협박조로 사과를 요구하고 방송사가 굴복하는 일까지 벌어졌습니다. 그런데도 그 언론사주의 행적을 시원하게 파헤친 매체는 없었습니다.

비단 새 정권 아래서뿐만 아니라 5·6공 시절에도 언론은 가장 부끄럽고 추한 촌지사건이 터질 때마다 독자에게 알리지 않거나 잠깐 자숙하는 모습을 보였을 뿐, 부정을 뿌리뽑으려고 하지 않았습니다. 그리고 검찰이나 경찰은 부당한 방법으로 촌지를 받은 언론인들을 사법처리하기는커녕 성역처럼 존중했습니다. 언론이 얼마나 강한가를 보여주는 대표적 보기입니다.

언론의 책무는 사회에서 일어나는 일들 가운데 독자나 시청자가 알 권리를 가진 진실을 정확하고 빠르게 보도하고, 나라의 주인인 국민이 자유롭고 평등하게 살 수 있도록 권력을 비판하고 견제하는 것입니다. 그러나 지금 우리나라의 언론 대부분이 이런 책무에 충실하다고 볼 수는 없습니다. 어떤 때는 권력과 특권층의 잘못을 지

적하고 비판하기도 하지만, 기득권체제나 보수세력의 이익에 조금
이라도 손상이 가는 문제가 일어나면 진보세력이나 비판적 집단들
을 가차없이 매도하는 것이 제도언론이라고 불리는 매체들의 습성
입니다.

모든 권력은 독재화하거나 부패할 가능성을 안고 있습니다. 그
래서 언론은 어느 사회에서나 권력과는 긴장관계를 유지해야 합니
다. 권력이 잘하는 일은 옳게 평가해주지만, 잘못하는 일은 냉철
하게 비판해야 하는 것입니다. 그런데 우리나라의 언론사 대부분
은 그 자체가 대자본에 종속되어 있거나 권력과 밀착해 있기 때문
에 그런 책무에 충실하기는커녕 흔히 권력을 편들면서 국민을 속이
게 됩니다.

이렇게 비뚤어진 언론을 바로잡는 길은 무엇이겠습니까? 한마
디로 대자본과 권력으로부터 독립한 신문이나 방송을 만드는 길밖
에 없습니다. 그런데 최소한 수백억원이 드는 일간신문이나 수천
억원 이상이 드는 텔레비전을 대자본이나 권력의 도움 없이 만드는
것은 불가능합니다. 그런 독립적 신문과 종교 계통의 방송이 있기
는 하지만 권력과 공생하는 매체들에 비하면 영향력이 비교도 안
될 정도로 약합니다. 우리 사회를 민주화하는 지름길은 자유롭고
독립된 언론매체를 많이 세우는 데 있다고 본다면 여러분도 이 문
제에 늘 깊은 관심을 가져야 할 것입니다.

──── 1993년 8월·생활성서

# 김대중과 '칠면조 언론'

  김영삼씨의 당선, 김대중씨의 패배가 움직일 수 없는 사실로 굳어진 14대 대통령선거 이튿날 아침, 김대중씨를 지지한 804만 명의 심정이 얼마나 참담했을까는 마음에서 마음으로 통하는 전류를 눈으로 보지 않아도 넉넉히 알 수 있는 일이었을 것이다. 특히 김대중씨를 '범민주 단일후보'로 결정하고 선거법의 덫을 피해 운동을 해가며, 더러 지뢰를 밟을 수밖에 없었던 민족민주운동 진영의 좌절감과 허탈함은 이루 말할 수 없었으리라.

  낙선을 확인하자마자 민주당사에 나와 "정계를 은퇴하고 평범한 시민생활을 하겠다"고 한 김대중씨의 고별사는 패배의 아픔을 서로 어루만져줄 엄두도 내지 못한 채 넋을 놓고 있던 그의 지지자들을 더욱 허탈하게 만들었을 것이다. 부부가 껴안고 울었다는 사람이 있는가 하면, 육교에서 하염없이 눈물을 쏟는 중년사내도 있었다. 선거 직전에 폭로된 부산기관장 비밀회의의 '지역감정 부추기기'

음모와 언론매수 공작이 김영삼 후보에게 결정적 타격을 가하리라
고 기대했던 유권자들은 영남에서 오히려 몰표가 쏟아지는 것을 보
고 선거를 통한 정권교체가 과연 가능한가에 관해 짙은 의문을 품
을 수밖에 없었을 것이다.

이 참담하고 암울한 풍경을 향해 홍두깨처럼 내리꽂힌 것이 있었
다. '김대중 영웅론'이 바로 그것이다. 대통령선거 기간에 김대중
후보가 민주정부를 세울 수 있는 적임자라는 쪽의 보도와 논설을
신중하게 실어왔던 동아일보가 그의 퇴장에 강한 조명을 비친 것은
자연스런 태도로 보였다. 그러나 지난 선거에서는 물론이고 오랜
세월에 걸쳐 김대중씨와 그가 이끌어온 야당, 그의 출신지역인 호
남, 그리고 심지어 영남 출신이라 하더라도 김대중씨와 정치적 노
선을 같이하는 사람들을 곱지 않은 눈으로 보아온 조선일보가 가장
화끈하고 인심 좋은 '영웅 퇴장' 특집을 내보낸 것을 보고 언론의
화장술에 혀를 차지 않은 이가 드물었을 것이다. 그 신문의 찬사를
보면 김대중씨는 "초인적 집념으로 입지를 다졌고" "불의와 타협하
지 않는 정치인으로서 3~5공 독재시절에 일관되게 반독재투쟁의
선두에 섰다." 제1사회면의 제목은 '거인 퇴장하다'였다.

칠면조는 하루에 일곱 번씩 색깔을 바꾼다고 한다. 그것은 칠면
조의 자유의지나 교활한 꾀에 따른 것이 아니라 생리현상이다. 그
런데 바로 어제까지만 해도 유력한 대통령후보에게 퍼부어지는 '색
깔 공세'를 과대포장해서 보도하고, 특정 후보를 대통령으로 만드
는 데 노골적으로 나섰던 신문이 그렇게 표변하는 것을 보고 같은
언론계에서 일하는 사람들의 마음이 어떠했을까? 조선일보의 '영
웅 특집'이 진실이라면 김대중씨는 벌써 오래 전에 대통령이 되었
어야 하고, 이번에도 당선되었어야 마땅하다.

4월혁명 뒤를 빼고는 한번도 민주정부를 가져보지 못한 우리나

라의 국민들이 대통령후보에게 가장 먼저 요구하는 것은 일관된 민
주화운동 경력과 높은 도덕성 그리고 대통령직을 수행할 수 있는
지적·실천적 능력이다. 조선일보의 사후평점이 옳다면 김대중씨
가 바로 그런 후보였다. 그러나 이제 그는 정치의 일선에서 물러났
다. 곧 영국으로 공부를 하러 갈 계획이라고 한다. 나는 그가 '칠
면조 언론'의 찬사처럼 '영웅'이라고 생각하지는 않으며, 완벽한 정
치지도자라고 보지도 않는다. 그에게도 인격이나 정치역정의 흠이
없을 리 없기 때문이다. 그러나 그는 독재권력과의 싸움이나 민주
정부 수립을 위한 준비작업에서 그 어느 후보보다 앞서 있었고, 특
히 억눌리고 빼앗기는 사람들에게 가장 애정을 보인 정치인이었
다.

김대중씨는 고향을 천형(天刑)처럼 지고 살아야 하는 비극의 정
치인이다. 이것은 그의 업보인가? 호남은 일찍이 봉건왕조 시대
부터 유난히 지배계급의 수탈과 박대에 시달려야 했다. 특히 박정
희 정권 이래 집권세력이 조작해낸 '전라도는 거짓과 사기의 고장'
이라는 허위의식에 사로잡혀 민주정부 수립의 결정적 계기가 올 때
마다 김대중씨를 '전라도 대표'로 몰아 거부했던 사람들은 지금 김
대중 영웅론을 어떻게 받아들이고 있을까?

몸과 마음이 건강한 김대중씨의 정치적 운명에 앞으로 어떤 돌발
적 사건이 일어날지는 알 수 없는 일이다. 다만 지금은 그 '거인'
이 지역모순의 벽을 넘지 못한다면 야당의 어떤 정치인도 같은 벽
에 부닥치리라고 말할 수밖에.

—— 1993년 1월·한겨레신문

# 언론이 지켜주는 정권

14대 총선에서 참패한 민자당은 초상집 같다. 딱히 누가 죽은 것은 아니지만 그 당에서는 곡하는 소리가 들린다. '상제들'끼리 서로 삿대질을 하는 볼썽사나운 모습도 보인다. "당신이 책임지고 선거를 치른다고 했는데 이게 무슨 꼴이오. 같이 물러납시다.""내 잘못은 없소. 안기부하고 군대에서 미련한 짓을 해서 그렇게 된 것이오. 그런데 나보고 무슨 책임을 지란 말이오."

민자당의 최고위원이라는 사람들이 하는 대거리이다. 그러나 그들은 까딱했으면 이런 입씨름판도 못 벌이고 정말 초상을 치를 뻔했다. 그 초상은 이런 가설을 전제로 한다. '언론이 민자당을 지켜주지 않았다면.'

민자당 정권의 무너짐을 막아준 신문과 방송 가운데 하나를 표본으로 뽑아, 구체적 보도를 분석함으로써 독자들의 이해를 돕는 것이 좋겠다. 내가 1초도 망설이지 않고 선택하는 매체는 조선일보이다. 왜 그런가를 따져보자.

3·24총선을 며칠 앞두고 선거결과에 절대적 영향을 끼칠 수 있는 사건들이 잇따라 터졌다. 민자당의 청년국이 돈 받고 박수 치는 부대인 한맥회를 직접 조직하고 관리한 사실과 안기부원들이 야당 후보의 사생활을 헐뜯는 유인물을 뿌리다가 잡힌 사건은 민자당 후보들의 애간장을 오그라들게 만들었을 것이다. 집권당과 노태우 정권에 가장 큰 타격을 줄 수 있었던 사건은 선거 이틀 전에 일어났다. 육군 9사단의 소대장인 이지문 중위가 "군부대에서 공개투표를 비롯한 대대적 부정이 저질러지고 있다"고 폭로하고 "국군기무사가 검열기로 중간검표를 하고 있다"는 내용의 양심선언을 한 것이다. 이것이 진실이라면, 야당 대표의 주장대로 30여 개 선거구의 당선이 야당에서 여당 쪽으로 바뀔 가능성이 생긴다.

한겨레신문은 3월 23일자 5판의 1면을 온통 그 기사로 채웠다. 이중위가 제시한 사례가 구체성을 띠고 있었고, 고문이나 투옥을 각오한 그 장교의 용기가 양심선언을 뒷받침하고 있었기 때문이다. 그러나 거의 모든 신문과 방송은 그 사건을 납작하게 찌부러뜨렸다. 총선 보도에서 비교적 민자당에 비판적이던 한 석간신문은 사회면 4단으로 보도했는데, 경쟁지인 다른 석간신문은 전자를 의식해서인지 사회면에 6단으로 내보냈다. 조선일보는 참으로 놀랍게도 제2사회면 1단이었다!

88년 말의 언론청문회에서 조선일보사의 사장은 '200만 독자'를 자랑했다. 그 신문이 200만 부가 팔린다는 것인지 200만 명이 날마다 읽는다는 것인지 분명하지 않지만, 어쨌든 조선일보가 우리나라에서 가장 많이 읽히는 신문임은 틀림없다. 3월 23일 아침 그 신문의 '200만 독자' 가운데 '눈을 씻고' 22면을 뒤져보지 않은 사람은 이지문 중위의 충격적인 폭로가 이 세상에서 일어났는지도 아예 모르고 지나쳤을 것이다. 게다가 세 텔레비전의 뉴스는 이중위의 양심선언보다 그것이 거짓이라는 국방부의 '해명'을 앞세웠으니 뉴스 제작의 기본 원칙도 지키지 않은 셈이다.

87년 6월항쟁에 불을 지른 '박종철 사건'도 한 석간신문 사회면에서 2단으로 시작되기는 했다. 그러나 그것은 공포정치와 '보도지침'의 그 시절에 어떤 결의를 담은 '1단 특종'이었다. 그때와 달리 이지문 중위의 양심선언은 시민운동단체가 주선한 자리에서 모든 언론사 기자들이 함께 취재한 것이었다.

만일 조선일보가 군부대의 '부재자투표 부정'에 관한 양심선언을 1면 머리에 올렸다면, 그리고 그 신문에 버금가는 영향력을 가진 신문들과 방송이 같은 정도로 보도를 했다면, 민자당은 전국구를 포함해서 100석도 얻지 못했을 것이라고 보아도 지나치지 않으리라. 조선일보가 대표하는 권력-언론 복합체는 14대 총선에서 정권을 지켜주는 위력을 다시 한번 발휘한 것이다.

신문이 독자를 오도하거나 교묘하게 속이는 방법과 정도에는 끝이 없다. 우리는 새해 머리에, 조선일보에서 그런 조작의 대표적인 보기를 보았다. 대통령의 연두기자회견을 앞두고 민자당의 다음 대통령후보에 관한 추측기사가 무성하던 그 무렵 조선일보는 단정적인 보도로 다른 신문을 단연 앞질러나갔다. 그 신문을 다시 펼쳐보면 이렇다.

"노대통령, 대권후보 결심 굳혀/김대표 사실상 내정"(1월 5일자) "김대표 대권후계 주내 전달/노대통령 단독면담 때"(1월 7일자)

그러나 정작 1월 10일에 열린 기자회견에서 노대통령은 전국에 생중계하는 텔레비전 카메라 앞에서 김영삼 대표를 '고양이가 쥐 다루듯' 했다. 민자당의 대통령후보는 전당대회에서 경선해야지 누구를 지명하는 것은 당사자에 대한 모독이라는 말을 강조하면서.

조선일보는 열흘이 넘게 계속한 그 '오보'에 대해 독자에게 한마디의 사과도 하지 않았다. 다만 연두회견이 끝난 며칠 뒤 그 신문의 1면에 편집국장이 갈렸다는 '알림'이 나갔을 뿐이었다. 이렇게 속고도 많은 독자들은 아침이면 다시 그 신문을 펼쳐든다. 그리고 그 교묘한 최면술에 걸려 부도덕하고 반민주적인 정권을 지켜주는 '한 표'를 던진다. 권-언 복합체의 이 거대한 장벽을 누가 부술 것인가?

———— 1992년 3월 · 한겨레신문

# 응급실에 누운 사회

성수대교가 동강이 나던 날, 난리가 난 듯이 온 나라가 술렁거리
는 속에서 나는 문득 두 다리를 생각했다. 하나는 몇해 전 전라도
진도에서 본 한 돌다리였고, 다른 하나는 프랑스 영화에 나온 뽕뇌
프 다리였다.

89년 여름이던가, 진도 해직교사들과 내가 일하는 신문사 지국
이 함께 주관한 강연회에 참석한 뒤, 섬 구경을 할 기회가 있었다.
남화의 대가인 허소치 선생의 생가를 복원해놓은 운림산방을 둘러
보고 나서 동남쪽으로 반시간쯤 가니 바닷가에 돌성으로 에워싸인
마을이 나타났다. 몽골의 침입에 맞서 항쟁하던 삼별초가 제주도
로 넘어가기 전 거기에 진지를 쌓고 머물던 곳이라고 한다. 나는
그 돌성이 7백여 년이 지났는데도 몇군데 생채기가 난 곳말고는 멀
쩡하게 버티고 서 있음을 보고 놀랐다. 그 성보다 더 감탄스러운
것은 그 마을의 개천에 놓인 돌다리였다. 서양식 표현으로 아치형

인데, 아직도 그 마을 사람들이 마음놓고 건너다니고 있었다. 쫓기는 군대인 삼별초와 주민들이 힘을 모아 했을 테니 '부실'할 수도 있었을 공사 아닌가? 그러나 그 다리는 손질한 흔적도 없이 건재하고 있었다.

빠리의 뽕뇌프 다리는 그야말로 낭만적이다. 「뽕뇌프의 연인들」이라는 영화에서 본 그 다리는 사랑과 고통과 절망과 재회의 기쁨이 가로세로 어지럽게 짜여지는 '작은 세계'였다. 매일 아침 올림픽도로로 해서 직장에 가는 나는 끊어진 성수대교를 보면서 이런 생각을 한다. '뽕뇌프 다리가 저렇게 폭삭 무너질 염려가 있다면 누가 그 위에서 잠을 자고 밀어를 나누고 포옹을 할까? 서로 껴안고 입을 맞추다 다리가 무너지면 함께 강에 빠져 물귀신이 될는지도 모르는데……'

한강의 남쪽과 북쪽을 잇는 다리들은 뽕뇌프처럼 고풍스럽지는 않지만 얼핏 보면 견고하거나 멋을 풍기는 듯하다. 열대여섯 개나 되는 그 다리들 가운데 대부분은 60년대 중반부터 80년대 후반까지에 세워졌다. 92년 김영삼 정권이 들어선 뒤 개통식을 가진 다리는 없으니, 88올림픽을 앞두고 만들어진 올림픽대교에 이르기까지 그것들은 하나같이 개발독재와 군사독재의 산물이다.

그 다리들 덕분에 입은 혜택도 부인할 수는 없다. 서울의 남북 교통에서 가장 큰 장애인 한강에 관해 내가 지닌 아득한 기억으로 보아도 그 다리들은 고맙기 짝이 없다. 64년 봄, 나는 같은 학과의 상급생, 친구들과 함께 봉은사로 놀이를 간 적이 있다. 지금은 강남 한복판의 노른자위 땅을 차지하고 있는 그 절은 위세가 당당하지만, 그 무렵에는 참으로 한적하고 외진 불당이었다. 서울역 앞에서 그 절을 목표로 떠난 우리 일행은 흑석동까지 버스를 타고 가서 말죽거리 가는 시외버스로 갈아탄 뒤 또 무슨 차엔가 실려서 봉은사까지 갈 수 있었다. 길에서 서너 시간은 허비한 셈이었다.

잘 놀고 나서 돌아오는 길에 똑같은 교통수단을 이용하려니 앞이 캄캄했다. 해는 저물고 갈 길은 멀었던 것이다. 그때 어느 나이든 학생이 이런 제안을 했다. "우리 강가로 걸어가서 배를 타고 뚝섬으로 가지." 일행은 그의 말을 따라 한강까지 길을 더듬어 나가서 나룻배를 타고 물을 건너 뚝섬 언저리에 내렸다. 거기서 동대문까지 기동차를 타고 마침내 '문안'에 들어설 수 있었다.

요즈음 서울 강북에서 봉은사에 가려면 영동대교를 건너 2km 남짓만 달리면 된다. 교통체증만 없으면 서울역에서 자동차로 20분이 미처 안 걸리는 곳이다. 그런데 꼭 30년 전에는 사대문 안에서 반나절을 가야 거기 이를 수 있었으니……

다리 덕을 본 것이 어디 교통뿐인가. 장기영씨가 부총리, 김현옥씨가 서울시장으로 있던 70년대 초에 본격적으로 시작된 '영동 개발'은 반포에서 고덕에 이르기까지 한강 이남 지역의 땅값이 20여 년 동안 몇천배, 아니 몇만배 뛰게 만들었다. 나는 이렇게 극단적인 이야기까지 들었다. 71년 여름, 한 일간지 사회부에서 처음으로 영등포 지역 취재를 맡아 나간 나는 거기서 여러 해 동안 지역기자로 일한 한 선배에게서 많은 이야기를 들었다. 그중 입을 딱 벌릴 수밖에 없었던 사건들이 많지만 특히 한 고위관리의 축재가 아직도 기억에 남는다. '영동 개발'의 모든 것을 알고 있던 그는 개발계획이 발표되기 얼마 전에 말죽거리 일대의 땅을 한 평에 5원꼴로 수십만평 사들였다. 그 선배의 '증언'에 따르면 그 땅값은 계획이 공표되고 나서 얼마 뒤 1만여 배로 뛰어올라 평당 5만여 원에 거래되었다고 한다. 10만 평을 50만 원에 샀다면, 오른 뒤 땅값은 50억 원이 되었다는 말이 된다. 그 노기자는 이런 이야기말고도 정치인과 재벌과 언론사 간부들이 비슷한 방법으로 재산을 불린 사례도 들려주었다.

특권층뿐 아니라 농사를 짓거나 소를 기르거나 과수원을 하면서 살던 사람들이 벼락부자가 된 경우도 수두룩했다. 땅 한 마지기 200평에 1000원 안팎이던 것이 1000만 원이 넘게 되었으니 그 횡재를 어떻게 감당할 수 있었겠는가. 개발 정보를 모르고 조금 후한 값에 땅을 팔아넘긴 사람들 중에는 땅을 치다 못해 울화병으로 세상을 떠난 이들도 많았다고 한다.

그로부터 20여 년쯤이 흐른 지금, 벼가 자라던 논에는 고급호텔과 룸쌀롱과 안마시술소가 솟아 있고, 미나리꽝을 묻어 만든 집터에는 어른도 청소년도 향락으로 밤을 지새는 '먹자, 마시자, 즐기자' 판이 벌어져 있다. '말죽거리 사람들'로 대표되는 원주민들 중 땅부자로 살아 남은 사람은 손가락으로 꼽을 정도이고 영동은 한국사회에서 특권을 가장 많이 누리는 계층의 배타적 주거지역으로 자리를 굳혔다. 강남지역이 특권층의 전유물은 아니지만 그곳의 소비문화와 학군은 우리 사회에서 첫손가락에 꼽힌다.

어리석게 들릴는지 모르지만 여기서 나는 이런 가정을 해본다. '만약 강남과 강북을 잇는 다리들이 없었다면 오늘의 저 어지럼증나는 강남문화와 그 지역의 초고속 개발이 이루어질 수 있었을까?' 아마 불가능했을 것이다. 노량대교와 광진교가 강남과 강북을 잇는 단 두 개의 수단이라면 사람들은 모든 관청과 기업과 학교가 몰려 있는 사대문 안을 떠나려 들지 않았을 것이다. 그러나 그많은 다리들은 그들이 쉽게 한강을 건너 남쪽으로 가도록 유인했고, 일찍이 강을 건넌 이들일수록 사회·경제·문화적 혜택의 부피가 컸다.

그러나 오늘 다리를 건너면서 그들은 불안하다. 한 신문의 기사를 보면 성수대교 붕괴 이후 서울에는 새로운 안전수칙과 풍속이

생겼다고 한다. 자동차를 운전하고 다리를 건널 때 다리가 무너질
것을 대비해서 안전띠를 매지 않거나 느슨하게 하고, 창은 열어두
며, 튜브나 구명복 같은 것을 상비해둔다. 그리고 가능하면 동창
회나 계 같은 친목모임은 다리를 건너지 않아도 갈 수 있는 데서
한다.

어디 다리뿐인가. 밤늦게까지 학교나 독서실이나 과외방에서 공
부하다 돌아오는 딸이 몇분이라도 더디 오면 "택시를 훔친 불량배
에게 잡혀갔을까, 인신매매단에 끌려갔을까" 하면서 가슴을 졸여
야 하고, 아들을 둔 부모들은 "이애가 어디서 대마초를 피우거나
술이 곤드레가 되어 길 가는 처녀들에게 '야 타'를 하지나 않는지"
걱정해야 한다. 모두가 그렇지는 않겠지만 이런 풍경이 강남의 한
속성임을 부인할 수 없을 것이다.

그렇다고 해서 강남 사람들만을 이런 환락과 퇴폐의 대표로 보는
것은 옳지 않다. 그곳 주민 가운데 다수는 성실하고 부지런하게 일
하면서 사회가 이 지경에까지 이른 것을 탄식하고 있을 것이기 때
문이다. 나는 이 말을 우리 사회 전체에 적용할 수 있다고 생각한
다. 4500만이 넘는 인구가 하나같이 의식이 썩어 있고, 오직 나와
내 가족만을 위해서 살아가는 개인주의의 극치에 이르러 있지는 않
을 것이다. 그리고 그 모든 사람이 막 가라앉으려는 배 안에서 몸
부림치는 처지에 있는 것도 아닐 것이다.

그러나 적어도 이 사회체제와 그것을 움직이는 정치권력에 관한
한, 나는 응급실에 누워 가쁜 숨을 몰아 쉬는 환자에 비유할 수밖
에 없다. 사회체제를 결정하고 지배하는 상부구조가 그렇기 때문
에 사회 전체가 응급환자가 되는 길을 벗어나지 못하는 것이다.

여기서 박정희 정권이 밀어붙인 고도성장이 빚은 결과를 살펴보
자.

경부고속도로는 닦은 지 20여년 만에 건설비보다 수리·보수비가 더 드는 '기네스북감'이 되었다. 서울 지하철 1호선은 그야말로 언제 어디서 대형사고가 날는지 모를 정도로 만신창이가 되어 있다. 다리 날림공사는 성수대교에서 뇌관이 터졌지만 다른 다리들도 언제 금이 가고 어느 상판에 구멍이 날는지 불안하기 짝이 없다. 짧아도 수백년, 길게는 천년을 바라보아야 할 다리, 수십만명을 날마다 건네주는 다리가 이제 목숨을 걸고 타야 하는 어름산이의 줄처럼 되어버린 것이다.

김영삼 정권이 '나는 모르쇠'로 일관할 수 없는 까닭은 모든 정부는 연속성을 지니기 때문이다. 한 국가를 구성하는 요건 가운데 가장 중요한 행정부는 나라살림을 맡긴 국민을 위해 그 이전의 정부들이 세운 모든 시설을 안전하게 관리할 책임이 있다. 그러나 김영삼 정권은 이 점에서 너무나 무책임하고 소홀했다. 그들에게는 이미 남해, 행주, 팔당에서 무너진 다리들의 교훈이 있었고, 임시국회에서는 '서울의 다리들이 무너질지 모른다'는 경고가 헤아릴 수도 없이 나왔다. 그런데도 팔짱을 끼고 있다가 성수대교가 무너진 뒤 지난 정권들의 잘못만을 탓할 수 있는가.

나는 반세기가 다 되도록 분단을 극복하지 못하는 것이 우리 겨레 전체의 비극이고 잘못이라고 믿는다. 문제를 남한사회에만 국한해서 볼 때 오늘 체제 전체를 응급실에 누운 환자처럼 만든 장본인들은 누구일까? 우리는 이 주제를 다룰 때 그 반세기 역사를 일관해서 총체적으로 따져보아야 한다.

신약성서는 '누가 누구를 낳고' 하는 식으로 이어져서 예수에 이른다. 성서식 표현을 따라 우리 사회의 '낳고 낳고' 계보를 따져보자.

겨레의 힘으로 이루지 못한, 다시 말하면 남이 가져다 준 해방은 외세의 지배를 낳았다. 유럽과 극동에서 사회주의의 남하를 막는 것을 최대의 목표로 삼던 미국은 한반도에서도, 이념적 진보성과 민족적 경륜과 반식민지 투쟁의 공적을 따지지 않고 반공을 표방하는 세력, 매판이건 반민족이건 자본을 독점한 자들을 새 나라의 지배계급으로 키웠다. 독립투사들을 사냥하던 일제의 앞잡이들과 친일을 일삼던 세력이 거기에 편승했음은 물론이다. 미군정의 그런 정책은 친미·보수적이고 분단 고착이나 비이성적 북진통일론에 기대어 권력을 유지하는 이승만 정권을 낳았다. 그 독재정권은 필연적으로 학생과 민주시민의 저항에 부닥쳐 몰락했으나 4월혁명은 진정한 민주정부와 자주적 정권을 낳지 못했다. 혁명의 주체였던 학생들이 권력의 주체가 될 수 없었기 때문이다.

미국에만 기대고, 나중에는 일본도 다시 끌어들이려 했던 장면 정권은 5·16쿠데타를 낳았다. 그 쿠데타는 끓어오르던 민족통일의 열기에 찬물을 끼얹고 굴욕적 한일회담, 미국의 '용병'이라는 비판을 받은 베트남 파병, 헌정체제를 부정하는 삼선개헌과 유신헌법, 그리고 마침내 긴급조치 시대의 기나긴 암흑을 낳았다.

박정희씨의 죽음은 민주화의 봄을 탄생시키리라는 기대를 안겨주었으나 어둠 속에서 튀어나온 신군부의 12·12, 5·17쿠데타와 광주학살이라는 기형아를 낳았다. 그 이래 87년의 6월항쟁까지 그 어둠의 자식은 갖은 부정과 공포정치를 일삼으면서 수많은 '성수대교'를 만들어냈다.

90년이 밝자마자 당시 제2야당 총재이던 김영삼씨는 구국과 개혁을 위해 결단을 내렸다면서 3당합당에 참여한다고 선언했다. 동시에 그는 "호랑이를 잡으려면 호랑이굴에 들어가야 한다"는 말도 했다.

그가 말한 호랑이굴은 무엇을 뜻하는 것이었을까? 그 자신이 명백히 말한 적은 없지만, 미루어 짐작하면 군사독재정권의 심장부를 가리켰을 것이다. 박정희, 전두환, 노태우씨로 이어지는 정권 안에 들어가 권력을 잡고 나서 군사독재의 악업을 청산하겠다는 각오 아니었겠는가. 어쨌든 그는 대통령이 되어 정권을 잡는 데 성공했다.

그러나 지금 무너진 성수대교 앞에서 차분히 생각해보자. 그리고 김영삼 대통령에게 물어보자. "당신이 잡은 호랑이는 어디에 가두어두었습니까? 그 호랑이를 때려죽였다면 가죽은 어디에 보관했나요?"

5공의 전두환씨는 가장 가까운 친구인 노태우씨에게 배신당해 백담사로 귀양살이 가서 이 빠진 호랑이가 되었다 치자. 그렇다면 김영삼 대통령이 잡았어야 할 호랑이 우두머리는 당연히 노태우씨여야 했다. 그러나 그는 노씨가 전직 대통령 예우를 받으면서 편안히 살게 해두고 그의 부하나 측근 가운데 몇사람과 대통령선거에서 자기에게 애를 먹인 정주영씨에게만 보복을 하려 들었다. 박태준, 박철언씨를 비롯해서 노태우 정권의 핵심에 있던 몇사람은 군사독재 청산을 위한 호랑이 사냥의 제물이 아니라 김영삼 대통령 개인의 앙갚음에 희생되었다고 보아야 할 것이다.

사냥당한 새끼호랑이들이 있기는 있다. 공직자 재산 공개에서 부정축재로 몰린 몇사람, 하나회라는 정치군부의 조직원들, 그리고 송사리급의 부패 공무원들이 바로 그 제물들이다. 그러나 그 호랑이굴은 전두환·노태우 정권 때나 다름없이 유지되고 있다. 다만 그 굴에서 힘깨나 쓰는 호랑이들이 대구·경북산에서 부산·경남산으로 바뀌었을 뿐이다. 이밖에도 자본가 호랑이, 보수·극우 호랑이들은 사회 모든 부분에서 지배세력으로 군림하면서 날마다 으르렁거리고 있다. 특히 그 호랑이굴 식구들에게 절대적 영향력을 갖고 있는 언론, 국민대중이 그 호랑이들의 뜻에 순응하도록 여론을 만들어나가는 언론은 또하나의 호랑이굴로서 위세를 떨치고 있다.

지금대로라면 김영삼 대통령은 그 호랑이굴을 인수한 데 불과하다는 평가를 받을 수밖에 없다. '군사독재 호랑이들'을 사냥해버리고 '민주·자주의 비둘기들'이 평화롭게 사는 나라를 건설하는 일은 그래서 이 정권에 기대하기 어려운 것이다. 그런 희망을 어디에서 찾아야 할까? 어둠 속에서 끊임없이 모색해야 할 일이다.

―― 1994년 12월·월간 말

# 대통령 무책임제?

요즈음 세상 돌아가는 모양을 보면서 떠오르는 말이 둘 있다. '송도 말년의 불가사리'와 '삼정 문란'이 바로 그것이다. 사전 풀이를 보면 전자는 "어떻게 손을 댈 수 없는 못된 행패를 하는 사람"을 일컫는 말이다. 삼정 문란은 중·고등학교 교과서에서 배웠듯이, 전정·군정·환곡이 어지럽게 돌아감, 다시 말하면 공직자와 군인과 상인 사회의 질서와 도덕이 땅에 떨어진 상태를 가리킨다.

## 송도 말년과 삼정 문란

송도 말년과 삼정 문란을 이 시대의 한 특징이라고 말하면, "그럼 지금 역성혁명이나 민란이 일어날 수도 있다는 뜻이냐"고 묻는 사람도 있을 것이다. 물론 그럴 가능성은 거의 없다. 역성혁명의 현대판인 쿠데타를 일으키는 군부라면 주권자인 국민의 가혹한 응징을 당할 것이고 쿠데타에 호응하는 정치세력도 구하기 어려울 것

이다. 민란의 현대적 표현인 대중봉기나 혁명의 기미도 보이지 않
는다. 그러나 나는 적어도 이렇게는 말할 수 있다. "지금 국가라는
이름의 조직 안에서 벌어지고 있는 갖은 부정과 부패, 정권담당자
의 독선과 비민주적 정치행태, 많은 공직자들의 불성실함과 기회
주의, 대자본가들이 보통 사람들과 중소기업을 향해 흔들어대는
독 묻은 문어발 같은 것은 이름없고 가난하고 고달픈 백성의 마음
속에 '소리없는 민란'을 부채질하고 있다"고.

달리는 여론조사기관이라는 택시를 타보면 어떤 운전기사들은
극언을 마다하지 않는다. 손님들에게서 들은 말과 자신의 생각을
직접 전하는 말들을 간추리면 대체로 이렇다. "지금 이 사회를 나
라라고 부를 수 있는가. 마음놓고 다리를 건널 수 있나, 안심하고
세금을 낼 수 있나, 아들을 군대에 보내놓고 편하게 잠을 잘 수 있
나, 전철을 타고 오금을 펼 수 있나."

편히 잠들지 못하는 이 '민생'은 그렇다 치고, 엊그저께 국회에
서 벌어진 '세기적 공연'은 법 아래서 순한 양처럼 사는 국민들이
담배 먹은 어린애처럼 어지럼증을 느끼게 했다. 누가 짠 대본인지
그 단막극은 헌법을 주제로 삼고 있었다. 국회의장이 '바람잡이'
노릇을 하는 동안 이춘구 부의장은 국회 지하주차장에서 엘리베이
터를 타고 2층의 지방기자 취재석으로 잠입했다. 민주당 원내총무
의 주장대로 "의원이 기자석이나 방청석에 있을 때는 출석하지 않
은 것으로 계산하는 것이 관행"인데 의사 진행자인 부의장이 기자
석에서 방망이도 두드리지 않고 무선마이크로 새해 예산안을 가결
시켰으니, 이것이 어떻게 헌법 수호이고 의회민주주의의 존중인
가. 하물며 그 예산안은 54조 원이 넘는 천문학적 액수를 다룬 것
으로, 국민의 세금을 한푼이라도 아끼기 위해 여당과 야당이 머리
를 맞대고 며칠 밤샘을 해도 모자랄 터인데.

김영삼 대통령과 민자당 간부들은 이렇게 항변할는지 모른다. "민주당이 국회를 떠나 장외투쟁을 한다고 아우성을 치면서 정기국회를 허송하다가 예산안 처리 법정시한이 돌아오자 국회에 들어와서 힘으로 막으려고 하니 별수없었다."

그러나 군사독재 시대부터 힘에 기대기를 즐겨 한 것은 정권 쪽이었다. 90년 3당합당으로 집권당에 들어가 대표가 된 김영삼 대통령도 국회에서 날치기를 주도한 기록을 갖고 있고, 대통령이 된 뒤에도 그런 일을 서슴지 않았다. 야당은 대의와 명분에서 뒤지지 않는 주장을 하다가 권력이 무시하거나 우롱할 때 대중에 호소하는 투쟁방식을 택했을 뿐이다.

69년 박정희씨의 공화당이 한밤에 국회 제3별관에서 도둑고양이처럼 통과시킨 삼선개헌안이 '쥐라기 공원'의 수법이라면 이번의 날치기는 권력의 체통도 합법성도 아예 팽개친 '송도 불가사리' 식이었다.

### 삼선개헌은 쥐라기 수법

날치기 바로 이튿날 사람들은 김대통령이 애용하는 깜짝 쇼에 얼을 뺏겨야 했다. 정부조직의 뼈대를 송두리째 뒤흔드는 개편안이 발표된 것이다. 해가 지고 다시 뜨니 외환제도 개혁안이 신문과 방송을 도배질했다. 잘만 운영하면 모두 좋은 제도가 될 것이다. 그러나 법과 제도만 탓할 일이 아닌 체제 속에서 정부조직을 크게 바꾸고 그 구성원들의 자질과 의식을 바로잡지 못한다면 그 결과는 어떻게 될 것인가? 그리고 해외여행을 할 때 1만 달러까지 비용을 쓰고, 외국에 3만 달러까지 예금을 할 수 있고, 부동산을 국외에서 30만 달러까지 살 수 있게 하는 것이 전셋집도 못 얻는 서민이나 단돈 몇백만원을 못 구해 목숨을 끊는 중소기업 경영자들과 무슨 상관이 있는가. 이런 일을 세계화의 첫걸음이라고 생각한다는 것인가?

　나는 지금 우리 사회가 앓고 있는 중병은 가장 큰 원인이 대통령의 무책임한 자세에서 나온다고 믿는다. '개혁'이라는 말이 이제 한낱 구두선처럼 들리는데도, 벼랑 앞에 선 국가 운영의 위기에 대해 스스로 책임을 지거나 하급자들의 책임을 엄중히 묻지 않는다면, 그것을 대통령 책임제라고 부를 수는 없는 일이다. 나는 '문민독재'라는 말에 이어 대통령 무책임제라는 용어가 이 시대의 정치지도를 규정하지 않게 되기를 바란다.

───1994년 12월 · 한겨레신문

# 국가라는 부실기업

다리를 건너기가 두렵다. 아파트에서 잠을 자다가 천장부터 무너져내리는 악몽에 벌떡 잠을 깬다. 배를 타고 강이나 바다나 호수에서 놀이를 하려 해도 배가 갈앉거나 불길에 휩싸일 듯해서 소름이 끼친다. 날아가던 비행기가 언제 산에 부딪히거나 땅에 떨어져 박살이 날지도 알 수가 없다. 기차가 궤도를 벗어나거나 맞부닥치는 일도 무섭다. 예비군 훈련을 가면 어디서 폭발사고가 날는지 걱정을 하면서 시간을 때워야 한다. 군대에 아들을 보낸 부모는 "그 애가 소대장에게 반말이나 주먹질을 하다가 영창에 가지는 않았는지" 걱정이 태산이다. 딸을 둔 어버이들은 귀가시간이 조금만 늦어도 "혹시 택시를 탔다가 납치당해 성폭행을 당한 뒤 목이 졸린 채어느 산기슭에 묻혔는지" 애간장을 태우다가 "이 무슨 불길하고 방정맞은 생각이람" 하면서 홰홰 고개를 저을 것이다.

앞의 서술은 20세기 말의 남한사회를 완벽하게 그린 글이라고

볼 수는 없지만 적어도, 다음 세기를 여섯 해 앞둔 이 시기 대중의
일상적 정서를 대변한 것이라고 생각한다. 대통령부터 시장에 좌
판을 놓고 나물장사를 하는 아주머니에 이르기까지, 다리를 안 건
너고는 살 수가 없다. 도시 주민 대다수는 벌집 같은 아파트에 사
는데, 건설회사들의 고질인 부실공사 때문에 평안한 날들을 보내
기 어렵다. 며칠이 멀다 하고 일어나는 대형사고와 강력범죄는 '안
녕'이란 말의 진정한 뜻을 날마다 생각하게 한다. 이 공포와 불안
의 사회에서 가장 오그라들어 있는 이들은 아침저녁으로 전철을 타
고 출퇴근을 해야 하는 서민들이다. 내장이 터질 듯한 혼잡에 시달
리다가도 지하철 어디가 무너지지나 않을까, 철교를 건너다가 전
동차가 송두리째 강물에 곤두박질 치지나 않을까 상상하면 차라리
비명이 나올 정도의 전동차지만 '그저 무사히 목적지까지 실어다
주기만 했으면' 하는 생각이 기도처럼 머릿속을 맴돌 것이다.

　93년 2월 25일 김영삼 정권이 들어선 뒤 스무 달 남짓이 흘렀
다. 그의 임기는 5년이므로 3분의 1이 이미 지나간 것이다. 이제
김영삼 정권의 '등록상표'인 신한국이니 개혁이니 하는 구호는 귀
신 씨나락 까먹는 소리 아니면 자다가 봉창 뜯는 소리쯤으로 들리
는 판이니 새삼 시비할 흥미가 일지 않는다. 다만 지적하고 싶은
것은 국가는 무엇이고 권력은 어떻게 작동해야 하는가에 관해 대통
령과 고위관리들 그리고 정치인들이 제대로 된 생각을 갖고 있는가
하는 점이다. 결론부터 말하면 '아니다'이다. 길지도 않은 스무 달
동안에 온갖 사고와 사건이 터진 끝에 마침내 수도의 심장부를 잇
는 다리가 무너지고, 호수에서 뱃놀이를 하던 사람들이 화형을 당
하거나 물에 빠져 목숨을 앗기는 참사까지 일어났다.

　나라 꼴이 이 지경에 이르기까지 이 정권에 교훈을 주는 사건들
은 충분할 만큼 잦고도 많았다. 간추려보아도 그 명세서는 길다.

무궁화호 열차가 뒤집히고, 예비군부대 포사격장에서 폭발사고가 일어나고, 영화를 찍던 헬리콥터가 강물로 떨어지고, 항공기가 산에 머리를 들이받고, 해군 헬리콥터가 추락했다. 바다를 달리던 고속여객선이 침몰하고, 공군참모총장이 탄 헬리콥터가 폭발했다. 전철 과천선은 개통된 뒤 스무 번이 넘게 고장이 났고, 룸쌀롱 화재로 떼죽음이 빚어졌다. 그리고 마침내 '성수대교'와 '충주호'가 나타났다. 죽었다 하면 수십명이고 많을 때는 300명 가까이가 목숨을 잃었다.

김영삼 대통령은 참으로 짜증을 넘어 절망과 무기력을 느꼈을 것이다. 아무리 끔찍한 일이 일어나도 국민에게 사과하는 적이 아주 드문 그가 모처럼 고개와 허리를 숙여 성수대교 사건에 대해 사과 성명을 발표하려던 참에 충주호에서 그렇게 소름끼치는 대형사고가 또 터졌으니…… 그 바람에 신문들은 그의 사과를 옆으로 밀어내고 네이팜탄을 맞은 듯한 유람선 사진을 머리에 내세웠다.

대통령은 이런 일들에 대해 혼자 책임을 지기는 억울했는지, 지난 시대 군사정권들의 잘못 때문에 벌어진 사건들이라고 강조하는 발언을 했다. 자신은 '부실기업'을 인수한 죄밖에 더 있느냐는 항변으로 해석할 수도 있는 말이다. 그러나 이것은 국가운영의 최고 책임자로서는 너무 단순하고 비합리적인 생각이다. 나라살림의 주체인 정부는 계속성을 갖는다. 지난 정권들을 아무리 군사독재라고 몰아붙이고 '문민'임을 유난히 강조해도, 이 정권은 '그때 그 사람들'이 기둥을 이루고 있다. 더구나 김영삼 대통령은 제2야당 시절 보수세력인 민정·공화당과 손을 잡고 3당합당을 해서 그들의 정치적 기반에 힘입어 대통령이 되지 않았는가. 그러니 그는 억울하다고만 말할 수가 없는 것이다.

다른 나라의 경우를 들어 이 문제를 생각해보자. 가령 미국 뉴욕

의 맨해튼과 브루클린구를 잇는 브루클린교가 동강이 나서 그 위를
달리던 차들이 이스트강에 떨어져 많은 사람들이 목숨을 잃었다고
하자. 그 다리는 지금부터 111년 전인 1883년 5월 26일에 개통했
으니 클린턴 대통령은 당시 대통령인 체스터 앨런 아더에게서 '부
실기업'이나 마찬가지인 정부를 물려받았다고 볼멘소리를 해야 할
것인가? 그야말로 코흘리개 아이라도 웃을 소리이다.

물론 김영삼 대통령이 억울하게 여길 대목들이 없지는 않다. 성
수대교는 15년 전인 1979년, 대통령 박정희씨가 죽음을 당하기 며
칠 전에 개통식을 가졌다. 그 시절은 민족중흥 또는 고도성장이라
는 미명 아래 개발독재가 절정으로 치닫던 때였다. 헌법을 짓밟고
영구집권을 꾀하던 박정희씨가 국민 앞에 자랑할 것이라고는 "이제
보릿고개는 없어졌다"든지 "수출이 100억 달러를 넘어섰다"는 따
위의 홍보자료뿐이었다. 거기에 경부고속도로나 서울 지하철 건설
이 덧붙여졌고, 성수대교 같은 것도 정부의 치적으로 내세워졌다.
'하면 된다'는 구호를 앞세워 군사작전 식으로 밀어붙인 공사들이
100년 앞은커녕 20년도 내다보지 못한 졸속과 부실로 끝날 수밖에
없었을 것은 자명하다.

이런 사실을 감안한다 하더라도 김대통령이 책임을 벗어날 수 없
는 이유는 이렇다. 국가를 운영하고 관리하는 정부는 15년이 아니
라 500년 전에 세워진 다리라도 안전하게 관리해서 국민의 생명을
보호할 임무를 지닌다. 철도, 도로, 항만, 공항을 비롯해서 정부
의 감독과 관리 아래 있는 모든 시설은 정권이 바뀌면 자동적으로
인계되는 것들이다.

여기서 나는 우리나라 정치권력뿐 아니라 사회 모든 분야에 널리
번져 있는 조급성과 짧은 안목이 나라와 민족의 현재는 물론이고
장래를 얼마나 갉아먹는가를 지적하려고 한다. 우리 사회의 진보

적 지식인들 가운데는 미국의 정치와 문화, 그리고 일본의 그것까
지도 일방적으로 부정하는 풍조가 있지만, 실제로 현지에서 보면
우리가 배워야 할 일들이 너무나 많다. 미국과 일본의 다리들은 과
학적 설계와 엄격한 사후 관리에 힘입어 제풀에 무너지는 법이 없
다.

　화제를 돌려 도시계획만 보더라도, 미국의 도시와 농촌은 대체
로 바둑판처럼 정연한 구조를 갖고 있다. 그러니 교통부터 주소 찾
기, 화재나 강력범죄 발생 때의 구조작업에 이르기까지 효율성이
높을 수밖에 없다. 일본의 도시계획도 과학과 합리에 바탕하고 있
음은 물론이다. 유럽의 선진국들은 말할 나위도 없다. 그러나 부
끄럽게도 우리나라의 서울, 부산, 인천, 대구, 광주 같은 대도시
들은 바둑판이기는커녕 난마처럼 얽히고 누더기처럼 기워진 구조
로 이루어져 있다. 게다가 자동차는 날마다 수백대씩 늘어나는데
도로 확장이 거기 발을 맞추지 못해 혼잡은 갈수록 심해진다. 여기
서 발생하는 사회경제적 손실은 해를 거듭할수록 천문학적 숫자로
불어난다. 하물며 우리나라에서는 석유 한방울도 안 난다는 사실
을 생각하면 국민경제의 앞날을 걱정하지 않을 수 없다. 세계에서
가장 잘사는 축에 든다는 스위스의 도시들에서는 직장 가까이에 집
을 마련하고 자전거로 출퇴근하는 것이 대세를 이루고 있어서 건강
에도 좋고, 교통체증과 대기오염을 저절로 해소하는 효과도 거둔
다는데 한국에서는 왜 그런 운동을 일으키지 못할까. 만약 정부가
자전거로 출퇴근하기 운동을 벌이면서 자전거 전용도로를 대대적
으로 건설한다면 자동차회사들과 관련업체들이 필사적 로비로 방
해공작을 펼 것이다.

　이렇게 살펴보면 우리나라의 장래는 암담하기 짝이 없다. 늘 하
는 말대로 민주적이고 자주적인 정권이 들어서야 진정한 선진국으

로 향할 수 있다고 할 것인가?

나는 여기서 그 어떤 전문직보다 문화예술인들이 감당해야 할 몫을 강조하고 싶다. 정치인들과 관료들이 경영이 악화되는 부실기업 같은 국가를 수술해서 살려야 하는 책임을 갖고 있다면, 글을 쓰거나 예술작품을 창작하는 사람들은 문화적 방식으로 대중을 일깨우는 작업에 힘을 쏟아야 한다. 그런데 요즈음의 문화예술 풍토를 보면 현실에 발을 딛고 날카로운 비판정신으로 창작을 하는 리얼리즘보다는 과학기술의 발달을 따라가기에 숨 가빠하면서 인간의 감성에 주로 호소하는 작품들이 주류를 이루고 있다. 그래서 나는 동강난 성수대교와 불타는 유람선을 보면서 이 시대는 그 어느때보다 '위대한 리얼리즘'의 부활을 필요로 한다고 생각한다.

───1994년·실천문학 36호

# 어디로 가는 배냐

지금부터 5년 남짓 뒤인 2000년에 1994년의 신문을 펼쳐보는 역사학자들이나 정치학자들은 '도대체 그해에는 왜 그렇게 사회가 가라앉기 직전의 배처럼 어수선하고, 날만 새면 소름끼치는 사건들이 꼬리를 물었는가' 하는 의문을 품을 것이다.

### '치안'을 공포와 위압으로

요즈음 우리는 "이 나라가 어디로 가고 있는가, 주권자인 국민에게서 나라살림을 위임받은 정부는 무엇을 하고 있는가"라고 탄식하는 소리를 자주 듣는다. 밤에 집으로 돌아가는 여성들은 택시 타기를 꺼린다. 법정에서 진실을 밝히는 일도 목숨을 담보로 잡힐 용기 없이는 어려운 일이 되었다. 그 잔인하고 흉포함을 일일이 묘사하기가 망설여지는 범죄들이 일상적으로 일어나자 정부는 사형수 15명을 교수대에 올려 공포와 위압으로 치안을 강화하려 했지만, 그

약효는 생강 냇뿌리 정도도 되지 않았다. 끔찍한 범죄는 여전히 정부를 비웃고 있다.

며칠 전 나는 오늘의 정치와 언론에 관한 이야기를 해달라는 부탁을 받고 어느 대학에 간 자리에서 학생들에게 이런 질문을 던져보았다. "93년 2월 25일 김영삼 정권이 들어선 뒤 한 해하고 여덟 달이 가까워지는 지금 다른 분야는 제쳐두고 남북문제에서 긍정적으로 평가할 업적은 무엇이라고 생각합니까?" 200여 명쯤 모인 학생들 가운데 2, 3분이 지나도록 손을 드는 사람은 하나도 없었다. 물은 내가 답답해질 정도로 꽤 오랜 시간이 흐른 뒤 한 남학생이 이렇게 말했다. "지난번에 김일성 주석하고 정상회담을 갖기로 한 것은 좋은 일 아닙니까?" 나는 구태여 그 말에 반대하지는 않았지만 이렇게 반문했다. "전두환, 노태우씨도 대통령으로 있던 때 남북정상회담을 추진하지 않았습니까? 어쨌든 그런 합의가 현명한 판단이라면 김주석이 사망한 뒤 실질적 후계자를 상대로 정상회담을 빨리 열었어야 얼음구덩이에 묻힌 남북관계에 따뜻한 바람을 불어넣을 수 있지 않았겠습니까?"

이 정권의 통일정책에 대해 너무 야박하고 인색한 평가로 들릴 수도 있었겠지만 나는 이런 말을 덧붙였다. "내 기억에는 이인모 노인을 고향의 가족 품으로 돌려보낸 일 한가지가 떠오릅니다. 그것도 당시 통일부총리이던 한완상 교수가 아주 적극적으로 추진해서 이루어진 일입니다. 그는 결국 보수 정치인들과 언론의 매카시즘에 몰려 그 자리에서 밀려났습니다. 신공안정국에서라면 그런 일을 추진할 엄두도 못 냈겠지요."

참으로 보기에 딱한 일이다. 미국의 클린턴 행정부는 북한 정권이 마음에 들거나 그쪽 인민들을 가엾게 여겨서가 아니라 자기 나라 이익과 자신의 정치적 장래에 대한 계산 때문에 북한을 상대로

갖은 지혜를 짜내며 인내를 보이고 있는데, 남쪽 정권의 책임자가
'속도 위반' 경고를 보낸다고 해서 쉽사리 돌아서겠는가. 김영삼 대
통령은 미국에 대고 불평과 엄포를 놓을 것이 아니라 같은 겨레인
북한 사람들과 마주앉아 민족문제를 풀겠다는 자세를 보여야 한
다.

지금 우리 사회의 대중에게는 신명이 없다. 경제는 오랜만에 호
황으로 올라섰다고 하지만, 중소기업들이나 영세상인들은 사업이
나 장사하기가 더 어렵다고 하소연한다. 배추를 비롯한 농산물 값
이 금값이 되어도 농민들에게는 돌아가는 것이 거의 없다. 지금
'1000만 노동자' 가운데 신바람이 나서 못 견디겠다는 사람이 몇이
나 되겠는가.

이런 마당에 지성과 양심의 대표라고 자처하던 정치인들이 당권
과 정치자금에 눈이 어두워져 유신독재 시대에 정보기관의 부추김
을 받은 야당 정치인들이나 하던 짓을 재공연해서 가뜩이나 지치고
시름에 빠진 사람들을 더 우울하게 만들었다. 어느 여론조사에서
다음 대통령감으로 40%나 되는 고득점을 했다는 박찬종씨와, 글
과 강연으로 많은 지지자를 확보하고 있는 '링컨 연구가' 김동길씨
가 뿌린 재는 오래 지워지지 않을 것이다.

87년 6월항쟁 때는 신명이 휘몰아쳤다. 어떻게 해서든지 장기집
권을 하려고 안간힘을 쓰던 전두환 정권에 맞서 최루탄도 몽둥이도
감옥도 마다않고 거리를 휩쓴 대중에게 민주화의 투지와 승리의 희
망이 있었던 것이다. 노태우 정권 때도 지금처럼 정치가 무중력상
태에 빠져 허우적거리지는 않았다. 민주와 독재라는 분명한 전선
에서 치열한 공방전이 벌어졌다.

### 신명나는 정치를 대중에

그런데 군사정권을 극복했다고 주장하는 이 정권은 중대한 문제가 일어날 때마다 침묵과 책임 떠넘기기를 일삼으면서 비판도 문책도 국민의 권리가 아니라는 듯한 태도를 보이고 있다.

물신(物神)의 시대에 인간을 행복하게 하는 첫째 조건은 물질이겠지만, 그래도 사람들은 정치를 최고의 예술로 여기면서 정치가 신바람을 일으켜주기를 기대한다. 그런 신명이 일어나도록 정치인들은 토론과 대화를 통해, 때로는 치열한 싸움을 통해 정치에 활력을 불어넣으려고 노력해야 할 것이다. 나라의 주인들이 황포돛대를 부여안고 '어디로 가는 배냐'를 서글프게 읊조리지 않도록.

———— 1994년 10월·한겨레신문

# 주사파 논쟁과 한총련

지난 여름은 모든 사람이 파김치와 녹초가 될 지경으로 무더웠다. 날마다 35도가 넘는 고온에 진땀이 나는 습기까지 몰려와서 자연이 사람을 얼마나 무력하게 만들 수 있는가를 여실히 보여주었다.

날씨는 인간의 힘으로 어떻게 할 수 없다 하더라도 사람이 사람을 향해 쏘아대는 감정의 폭탄은 이성으로 이겨내야 할 텐데, 그렇게 할 뾰쪽한 수단이 없었으니 당하는 쪽에서는 답답하기만 할 뿐이었다. 서강대 총장 박홍 신부가 터뜨린 '남한 학생운동의 공산화 움직임'에 관한 주장은 대통령과 대학 총장들이 점심을 함께 하는 자리에서 나왔다는 사실 때문에 화끈한 뉴스가 되기에 안성맞춤이었다. '신공안정국' 속에서 '뭐 근사한 소재가 없을까' 하고 송골매처럼 눈을 빛내던 수구세력과 언론은 그 먹이를 덥석 물어 '뻥튀기' 기계에 집어넣었다. 박신부가 입만 뻥끗하면 거기서 쏟아져나온

강냉이들이 그대로 주먹만한 튀밥이 되어버렸다.

　구체적 증거라고는 거의 없는 박신부의 폭로는 온 나라를 '주사파' 대 반공세력의 대결장으로 몰아넣은 듯했으나, 주사파가 구체적으로 누구인지는 전혀 드러나지 않았다. 한국판 매카시즘이나 마녀사냥이라는 비판을 받은 박총장은 8월 25일 여의도 클럽이 주관한 초청토론회에서 '주사파의 문제점과 치유책'이라는 기조발언을 하고 나서 4명의 토론자와 문답식 대화를 나누었다. 그날 그가 한 말 중에서 가장 놀라운 대목은 "주사파의 수가 750여 명이란 말은 어떤 근거에서 나온 것인가"라는 물음에 대한 대답이었다.

　"87년부터 94년까지 각 대학의 총학생회장만 따져보아도 550명이 된다. 총학생회 간부까지 치면 한 대학에서만 20~50명꼴이다. 이 둘까지 전국적으로 따진다면 1200명, 1500 아니 1만 5000에서 3만 명에 이른다고 보는 사람도 있다. 주사파 수 750명은 내가 알고 그들도 아는 숫자다. 주사파 학생들이 내게 직접 한 얘기다. 이런 숫자는 최소한으로 말한 것이다."

　박신부의 말이 완전한 무지와 가설에서 나온 것임은 물론이다. 흔히 NL이라고 부르는 민족해방 계열과 PD라고 하는 민중민주 계열을 아울러 주사파라고 몰아붙이는 것은 양자의 사상적·실천적 경향을 획일화하는 고의 또는 악의에서 나온 것이라 치자. 90년대 들어 일부 대학에서는 비운동권을 자처하는 학생들이 총학생회장으로 뽑혔는데 그들까지 주사파로 본다니 낚시꾼이 붕어와 피라미를 구분하지 못하는 것이나 다름이 없다.

　주사파가 남한을 공산화하려 들고 있다는 박신부의 '경고'는 예수가 광야에서 외친 소리처럼 여러 신문과 방송과 권력의 극찬을 받았다. 그는 "우리 시대의 가장 용감한 성직자이자 교육자"라는 칭송이 울려퍼지는 가운데 날이 갈수록 더 충격적이고 섬뜩한 내용을 터뜨렸다.

그러나 그는 마녀재판의 검사로서는 너무나 법적 지식이 모자라고 피고들을 다루는 자세에서도 편견과 독선이 지나쳤다. 모든 재판은 증거를 바탕으로 유무죄를 가려야 하는데 그는 "타슈켄트에서 동포에게 들었다"느니 "삐이징에서 북한 학생에게 들었다"느니, 심지어 "교회의 고해성사에서 들은 내용"이라느니 하는 식으로 말을 바꾸면서 구체적 인명도 물증도 제시하지 못했다. 그는 마치 자신은 어떤 말을 해도 잘못이 없다는 듯한 태도였다. "교황은 오류가 없다"는 가톨릭의 해묵은 교설을 따라 그런 것인가, 아니면 마녀라고 낙인만 찍히면 불더미 위에 던져 태워버리는 중세적 야만과 독선을 흉내낸 것인가.

어느 신문은 박신부가 휘두르는 홍두깨를 보고 감격했는지 '이제 할말은 하자'는 시리즈를 장기간에 걸쳐 1면에 연재하기까지 했다. 우리나라 언론이 언제 할말을 못한 적이 있는가? '10월유신'이라는 헌정쿠데타로 영구집권을 노리던 박정희씨가 죽자 '절세의 영웅'이자 '민족의 지도자'가 세상을 떠난 듯이 호들갑을 떨어 대중이 엉거주춤한 사이, 이른바 '신군부'가 12·12와 5·17쿠데타를 일으킬 구실을 마련해준 것도 언론이었고, 광주를 피로 물들인 학살의 책임자들을 "혼란을 극복하고 국가를 위기에서 구한 탁월한 무장들"이라고 추켜세운 것도 신문과 방송이었다. 민중에 대한 배신과 기득권 세력의 야합으로 민주화를 뒷걸음치게 한 3당합당을 '구국의 결단'이라고 미화한 것도 바로 그들이었다.

바로 그 펜과 그 마이크에서 "극렬 좌파 학생들이 공산화 통일을 외칠 때 당신들은 어디 있었는가"라는 질책이 나오니 같은 언론계에 몸담고 있는 사람으로 얼굴이 화끈거려 견딜 수 없다. 그들은 과격하지 않은 학생들까지도 "우리 사회에서 격리시키자"고 앞장서서 주장한 장본인들이다.

그렇게 한 달이 넘도록 소란을 피운 끝에 박홍 신부와 언론 그리고 정권이 얻은 것은 무엇인가? 어디엔가 잠복해 있는 주사파가 겁을 먹고 영영 지하로 들어가게 만들었는가? 이대로 가면 남한사회가 온통 새빨개지리라는 경각심을 일으켰는가? 그도 아니면 정권을 탄탄한 반석 위에 올려놓았는가? 아무것도 아니다. 박신부가 주장하는 주사파는 애초에 개념이나 실체 규정이 잘못되었으니 어디로 숨을 리가 없다. 지각있는 사람들이라면 그 '신부님'이 근거도 없이 불자동차 경적을 울려대니 '늑대가 온다'고 거짓말을 하던 소년으로 여기는지도 모른다. 그리고 김영삼 정권이 이번의 매카시즘 대공세로 어떤 득을 보았는지에 관해서도 명백한 대차대조표는 나오지 않는다. 이 정권이 안고 있던 정치적 부담인 조계종 사건, 상무대 의혹, 우루과이라운드 국회비준을 앞둔 농민의 저항 같은 것에는 적당히 물을 뿌렸다 하더라도 그것은 잠정적일 뿐이다. '개혁'을 간판으로 하는 정권이 이제 개혁이라는 말을 거의 하지 못할 정도로 공안세력은 권력의 핵심을 뒤흔들어버렸다.

남북관계와 외교에서 이 정권은 참으로 우왕좌왕과 갈지자걸음을 거듭하고 있다. 북한과 미국의 협상대표들이 제네바에서 특별사찰이나 관계 개선에 관해 중대한 결정에 이르면, 그것을 뒤집거나 협상의 진전을 막으려고 안간힘을 쓰고, 중국과 일본이 북한―미국의 국교 수립을 지지하면서 국익에 신경을 쓰는 태도를 보이면 그 나라들을 원망한다. 이러다 보니 민족문제인 남북 교류와 대화에서 주도권을 잡지 못하면서 늘상 방어에 치중해야 한다. 북한이 "경수로는 독일형으로 하겠다"고 나서면 "한국형이 아니면 안 된다"고 한다. 정통한 소식통들은 북한이 김정일체제로 무리없이 옮겨가고 있다고 하는데 남쪽에서는 "갑작스런 통일에 대비해야 한다"는 기상예보를 낸다. 국민은 누구를 믿고 따라야 하는가? 이렇게 되고 보니 대통령의 국정수행 능력, 특히 민족문제 해결의 방안과 북한 정보 수집의 방법에 대한 불신이 높아진다.

나는 이 글의 초점을 매카시즘 소동에 두려고 하지는 않는다. 박홍 신부와 보수언론 그리고 공안세력의 공세가 논리적·심리적 균형이 잡히지 않은 한 대학 책임자의 입에서 나온 주장들에 바탕한 것이라 하더라도 그것을 반면교사로 해서 학생운동이 무엇을 반성하고 어떻게 건강한 노선을 지향할 수 있을까를 생각해보려고 한다. 이제 그쪽으로 화제를 돌려보자.

나는 한총련이 온통 주사파로 이루어져 있다는 주장을 터무니없다고 보지만 적어도 이 조직이 보이는 주사파적 편향에는 문제가 있다고 생각한다. 이런 경향을 대표적으로 보여준 것은 지난 5월 말에 나온 '한총련 2기 출범 선언문'이었다. "미국 반대 김영삼 타도의 자랑찬 성전에서" "미국놈들 몰아내고 조국을 통일하자" "반도남단 청년들에게는 강도 미제의 식민사슬을 끝장내고 조국과 민족의 운명을, 세계의 미래를 밝힐 불패의 투쟁역사가 있다" "우리 한총련 백만 청년은 김영삼 정권을 매국정권, 대결정권으로 명확히 낙인찍어버리고 이제 새롭게 자주적 민주정부 수립투쟁의 한길에 다시 일어섰다" "생활도 학문도 투쟁도 주체의 요구대로 밝혀나가자"

솔직히 말하면 나는 신문에서 그 선언문 전문을 읽고 곤혹스러웠다. 이것은 누구를 향한 소리인가? 한총련 산하에 있는 총학생회들인가, '백만 학도'인가? 그리고 선언문은 일반 국민에게도 읽힐 텐데 그 글을 작성한 '주체'는 그것을 고려했는가?

의문은 끝없이 이어진다. 그러나 선언문이 안고 있는 핵심적 문제들만을 짚어보자.

'미국 반대'는 한총련의 전신인 전대협보다 훨씬 이전에 학생운동의 중심적 구호로 자리를 잡은 것이고, 민족자주의 입장에서 그 타당성을 인정할 수도 있다. 그러나 '김영삼 타도'는 갑작스럽고 과격하다는 느낌을 준다. 나는 김영삼 정권이 문민정부라는 데 동의하지도 않고, 바람직한 민주정부라고 생각하지도 않으며 문민독재로 흐르고 있다고 보지만, 학생운동이 합당한 비판과정을 거치지 않고 '타도'를 외치는 것은 대중성과 거리가 멀다고 믿는다. 이 정권은 박정희 이래의 군사독재정권들과는 달리 과거에 민주화운동을 한 야당 사람들이나 재야인사들이 핵심에 자리잡고 있어서 개혁을 강력히 추진하리라는 기대를 주었다. 그러나 정치군부의 숙정이나 모순투성이의 금융제도를 부분적으로 바로잡은 것말고, 공직자 재산공개 같은 것은 일회적 '전시용 개혁'으로 지나가버렸다. 특히 우루과이라운드 타결 과정에서 김영삼 정권이 보인 대미 종속적 외교는 자주성과는 한참 거리가 멀었다.

이런 사실을 깨어 있는 국민들이 모를 리가 없다. 그러나 보수언론의 '수상한' 여론조사를 믿지 않는 사람들이라 하더라도 이 정권이 당장 타도되어야 할 대상이라고 여기지는 않을 것이다. 이 시점의 남한사회에서는 정치권력과 언론의 밀착, 군부의 상대적 약화 때문에 쿠데타가 가능하지도 않고 민중 주도의 혁명은 더욱 불가능하다. 학생대중을 동원할 수는 있지만 야당과 재야를 이끌어나가기에는 힘이 모자란 학생운동이 어떻게 김영삼 정권을 '타도'할 것이며, 누가 거기 호응할 것인가? 그 말이 아무리 선언적 의미에 치우쳤다 해도 한총련이 대중의 정치의식 수준과 동떨어진 투쟁노선을 택한다면 그것이 실패로 끝나리라는 것은 자명하다. 오히려 '미국을 향한 자주화, 김영삼 정권 비판'을 구호로 삼고 정권이 민주화와 통일을 등지는 것이 분명해져서 국민 다수가 정권 교체를 요구할 때 민주대연합의 강화를 통해 그 길을 모색해야 하지 않겠는가?

나는 또 말에 대한 과학적·주체적 인식과 사용에서 선언문이 안고 있는 심각한 문제를 지적하려고 한다. 말은 한 사회 또는 공동체에서 구성원들의 사상과 감정의 교환을 매개해주는 수단이다. 그런데 한총련의 선언문은 분단된 나라의 남쪽 절반에 사는 겨레가 쉽사리 이해하기 어려운 용어들을 담고 있다. '자랑찬 성전' '불패의 애국대오' '주체의 요구대로 밝혀나가자' 같은 말이 그렇다. 남과 북이 반세기 동안의 물리적·문화적 분단 때문에 같은 우리말을 쓰면서도 여러 분야에서 용어와 표현방식에 다른 점을 보이는 것은 사실이다. 이런 문제는 분단이 더 굳어지기 전에 남북의 정권과 전문가들이 해결해야 할 것이다. 그런 작업이 이루어지기 전까지 남한의 그 어떤 운동이든 '이곳 사람들'이 알아듣고 공감할 수 있는 말을 써야 할 것이다.

이런 문제들에 관해, 수배당해 쫓기고 있는 한총련 김현준 의장은 지난 8월 30일 부산에서 어떤 기자를 만난 자리에서 이렇게 말했다.

"지난 7월에 상반기를 자체 평가하면서 한총련의 정책과 노선이 너무 정치투쟁과 좌편향이었다는 얘기가 내부에서도 많이 나왔다. 우선 전국 80만 유권자 대학생들이 참여하는 '의견개진운동'을 통해 수렴된 의견에 따라 조직을 과감히 혁신해나가겠다."

그는 상반기 활동을 총평해달라는 주문에는 이렇게 대답했다.

"그동안 문민정부라는 가면에 가려진 현 정권의 반민중적이고 친미적인 속성을 폭로한 점이 가장 큰 성과라고 평가하고 있다. 그러나 남북정상회담이나 김일성 주석 사망 등 급변하는 한반도 정세 속에서 대중의 요구를 제때에 제대로 읽지 못하고 이끌려온 듯한 점은 크게 반성해야 한다. 출범식 선언문과 조문투쟁의 방식이 올바른 것이었는지에 대해서는 심각한 내부 비판도 있었다."

나는 그가 북한에 대한 한총련의 입장을 정리한 말도 뜻이 깊다고 본다.

"한총련이 북한체제의 우월성만 강조해온 것은 아니다. 북한 내부의 경제적 궁핍과 인권문제 등은 비판받아야 한다. 그러나 여기에 병행해 국가보안법 철폐와 대북한 정보의 개방도 매우 중요하다."

여기서 나는 오늘의 학생운동에 대해 진심으로 몇마디 충고를 하고 싶다. 기성세대의 그 어떤 인물도 스스로 완성된 인간이라고 말할 수 없겠지만, 학생은 더욱 그렇다. 나는 "학생들은 학업에만 전념해야 한다"고 말하려는 것은 아니다. 대다수 학생들은 성인으로서 참정권을 갖고 있다. 그들은 남한 사회운동의 깊고 넓은 전통과 토양 속에서 동지적 연대감을 다지면서 역사와 현실을 학습할 수 있다. 이것은 학생들의 특권이기도 하다. 그러나 학생들은 이런 독점적 혜택이 저절로 변혁운동에 대한 주도권으로 이어진다고 생각하면 안 된다. 학생운동은 1960년의 4월혁명에서는 분명히 독재타도의 주역이었고, 그 시민혁명을 민족자주·통일운동으로 발전시키는 데 앞장서기도 했다. 그러나 기성세대를 제치고 학생들이 중심이 되어 밀어붙인 통일운동은 61년에 5·16쿠데타에 빌미를 주는 전략적 실패였다는 비판도 가능하다. '신공안정국'의 찬바람이 불어닥치던 때 한총련 2기 집행부가 출범하면서 보인 편향 역시 비슷한 실책이라고 생각한다.

학생운동은 우리 사회의 중요한 역동적 움직임이므로 그것이 발을 딛고 있는 남한의 대중과 등을 질 수 없다. 이 말은 겨레의 갈라진 부분인 북한 동포의 사상이나 현실에는 눈을 감으면서 남한 대중만을 운동의 대상이나 객체로 삼으라는 뜻은 아니다. 갈라진 나라의 남과 북을 객관적으로 파악하면서 먼저 운동이 가능한 남쪽에서 민주화를 이루고, 북쪽에서도 합당한 상대역이 생길 때 통일을 향해 함께 달려가는 단계를 밟아야 한다는 말이다.

우리는 8·15 뒤 남한에 세워진 정권이 친일·친미 세력을 권력의 핵심이자 기반으로 삼았고, 북에서는 친일파 응징과 반민족주의자 숙청이 이루어졌으며 농지 무상분배가 실시되고, 남한의 매판적 정권에 비해 자주적 태도를 보였다는 사실 때문에 학생운동권의 일부가 전자를 깡그리 부정하고 후자 쪽에 정통성을 부여하려고 하는 경향이 있음을 알고 있다.

그러나 좌우대립과 6·25전쟁을 겪은 세대가 그런 생각조차 '이적'으로 모는 풍토에서 우리는 살고 있다. 그렇다고 해서 그들을 극우주의자라고 무시하기에는 남한사회를 지배하는 권력과 언론이 너무나 강력하게 그들과 함께 가고 있다. 권력과 언론은 국제사회에서는 이미 사라지고 있는 냉전논리의 울에서 아직도 벗어나지 못하고 오히려 그것을 정권안보와 기득권 지키기에 이용하려 들고 있다. 학생운동은 이렇게 높고 단단한 벽을 외면해서는 안 된다. 그것이 반드시 넘어야 할 벽이라면 대중과 함께 어떻게 넘어야 할 것인가를 슬기롭게 연구하고 실천해야 한다.

대중성은 하늘에서 떨어지지 않는다. 과학적 사고와 합리적 판단, 이웃에 대한 뜨거운 사랑, 민주화와 통일을 위한 헌신적 자세가 대중과 함께 가는 길을 활짝 열어줄 것이다.

―― 1994년 10월·월간 말

# 인간이 부르는 재앙

우리나라에서 근대적 기상관측이 시작된 이래 가장 무더운 날씨가 이어지고 있다. 이 책이 독자들의 손에 전해질 무렵에는 이 가마솥처럼 끓는 무더위가 싹 가셔버리고 논과 밭에 시원스레 빗줄기가 쏟아져내리면 얼마나 좋겠는가만, 이 글을 쓰고 있는 이 순간은 서울의 최고 기온이 38.4도로 신기록을 세웠다는 7월 24일을 하루 넘긴 날이다.

어제는 일요일이라서 산속이나 물가를 찾아간 사람들은 그래도 숨이라도 돌릴 수 있었겠지만, 집 안에서 하루를 보낸 이들은 그야말로 더위 고문을 꼼짝없이 당할 수밖에 없었다. 나와 아내와 아들은 선풍기 앞에서 더위를 달래려고 해보았으나 한낮이 되면서 그 바람기계에서는 아예 더운 바람이 쏟아져나와 오히려 더위에 부채질을 한 셈이었다. 찬물을 퍼부어도 몇분 뒤면 몸에서 다시 열이 뿜어나와 숨이 막혔다. 굳이 마음을 먹었다면 에어컨 하나를 월부로 살 형편이 못 되는 것은 아니나, 그것도 값이 배로 뛴데다 물건도 동이 나버렸다고 한다. 그래서 요즘 그 '문명의 이기'를 못 가진 사람들은 그 기계를 노상 쓰다 보면 몹쓸 냉방병에 걸린다면서 스스로 위안을 삼는다고 한다.

나는 비교적 더위나 추위를 덜 타는 편인데도 올 여름의 이 지독한 무더위에는 '살인적'이라는 표현을 쓰지 않을 수 없다. 이 더위는 맞잡고 씨름을 하기에는 너무 벅찬 상대라서 샅바를 잡기도 전에 아예 무릎을 꿇고 '어서 빨리 가달라'고 두 손 모아 싹싹 비는 길밖에 방법이 없겠다.

정신이 몽롱하고 온몸이 나른한 중에 문득 창 밖을 보니 파란 하늘에 뭉게구름이 흘러가고 있다. 하늘도 구름도 열기에 데어 고통을 받는 듯이 보인다. '그래도 하늘과 구름은 시원하구나.' 그 하늘과 구름이 잠시 더위를 잊게 하면서 나를 어릴 적의 고향으로 데려간다. 감은 내 눈 한구석에 참외와 수박이 낮은 포복을 하던 원두막이 떠오른다. 널빤지를 잇대어 마루를 삼고 볏짚으로 지붕을 올린 원두막은 요즈음의 에어컨이나 선풍기가 빚어낼 수 없는 천연의 바람을 불러모으는 곳이었다. 거기 누워 낮잠을 한숨 자고 나면 어지러운 꿈을 꾸지 않고 하룻밤을 잘 잔 것처럼 몸과 마음이 개운했다.

그러나 그것은 걱정도 근심도 없이 뛰놀던 어린 시절의 기억일 뿐이다. 지금 농촌 사람들은 설령 그런 원두막에 앉아 있다 하더라도 가슴이 바작바작 타들어갈 것이다. 논에 심은 모가 배배 틀린 채 숨결을 잃어가는데 무심한 하늘은 물기도 없이 햇볕만을 내리퍼붓는다. 가뜩이나 우루과이라운드라는 괴물 앞에서 잔뜩 움츠러들어 있는 농민들에게 수십년 만의 이 지독한 가뭄은 원수보다 더 밉고 지겨울 것이다. 그러나 아득한 옛적부터 우리 할아버지와 할머니들이 그랬듯이 순박한 농민들은 하늘을 원망하기를 두려워한다. 자칫 하늘을 탓하기라도 했다가는 천벌을 받을는지도 모른다고 믿는 것이다.

그러나 따지고 보면 이 재앙이 하늘에서만 오는 것이라고 보기는 어렵다. 인간 스스로 져야 할 책임이 더 무겁다. 왜 그런가? 참으로 진지하게 생각해야 할 문제이다.

지금부터 그다지 멀지 않은 옛날에 자연은 대체로 순리를 지켰다. 입춘이 오면 대지가 봄기운을 뿜을 준비를 했고, 초복이 되어야 본격적인 더위가 신고를 했으며, 한가위에는 산들바람이 불고 휘영청 밝은 달이 가을의 정취를 한껏 돋우었다. 겨울에는 한반도 특유의 삼한사온이 제대로 지켜져서 사흘 동안 추위에 움츠러들다가도 나흘은 어깨를 펼 수 있었다. 이것은 내 기억에도 아주 뚜렷하다. 우리가 국민학교에 다니던 1950년대에는 겨울이면 어김없이 강추위가 찾아왔다. 아이들은 추위를 못 이겨서 귀마개에 코마개까지 해야 할 지경이었다. 그러나 그런 겨울이 가면 절도있게 봄이 왔고 여름도 서둘러 봄을 몰아내지 않았다. 가을은 가을대로 아주 유장하게 머물다 갔다.

그러나 요즈음은 어떤가? 언제부터인지 봄이 오는가 하면 이내 삼복 같은 무더위를 동반한 여름이 성급히 찾아와서 기나긴 시간 심술을 부리는가 하면 가을과 겨울은 맺고 끊음도 없이 자리 물림과 이어받기를 한다. 겨울에는 적당한 추위가 있어야 이듬해 병충해가 적어 농사에 좋다는데 근래의 겨울은 미적지근하기 짝이 없다. 그래서 그런지 겨울에 아무리 날씨가 따뜻해도 이제는 이상난동이라는 말 따위는 쓰지 않는다.

우리나라의 계절과 날씨를 이렇게 변화시킨 주범으로는 공해가 꼽힌다. 대기오염을 비롯해서 아스팔트나 콘크리트가 일으키는 복

사열, 파괴된 오존층, 온갖 냉온방장치와 자동차들이 내뿜는 열기
는 지구의 기온을 급속히 덥히는 구실을 하기에 충분하다는 것이
다. 이런 현상은 물론 우리나라에만 국한된 것이 아니라 전세계적
이지만 이 땅에 사는 우리는 우리 나름으로 그 원인을 짚어보고 대
책을 세워야 할 것이다. 일찍이 박정희 정권이 무분별하게 추진한
고도성장 지향의 공업화, 그 후계자인 군사독재정권의 계획성 없
는 개발정책, 그리고 그 뒤를 따라가기에 여념이 없는 지금의 정
권. 이런 체제들이 아무리 자연을 보호하자고 외쳐도 그 자연은 이
미 보호받을 상태를 넘어서버렸다. 무작정 공장을 늘리기보다는
국제시장에서 경쟁력이 높은 산업 중심으로 공업화를 밀고 나가
며, 너도나도 자동차를 갖기보다는 함께 타는 습관을 몸에 익히
고, 재벌만을 살찌우는 자동차 대량생산을 지양하고 도로를 넓히
는 작업과 공해 없는 자전거 보급에 힘을 쏟을 일이다.

그뿐 아니다. 이른바 명문학교를 나와야 남을 누르고 잘살 수 있
는 교육제도 때문에 너도나도 대도시로 몰려드는 것을 막기 위해서
라도 비인간적 경쟁만을 부추기는 교육을 민주적 인간화 교육으로
바꿔야 한다. 이런 일은 참으로 도덕성과 정치적 역량을 갖춘 정권
만이 추진할 수 있는 작업이다.

―― 1994년 8월・함께걸음

# 돋보기 장애인

어느 날 겪은 일이다. 가까이 지내는 사람들과 식당에 들어가서 음식 주문을 하면서 나는 으레 그러듯이 바지 주머니에서 돋보기 안경을 꺼냈다. 돋보기를 걸치고 메뉴를 뒤적이는데 옆자리에 앉아 있던 후배가 놀란 목소리로 말한다. "아니 그렇게 큰 글씨가 안 보여서 돋보기를 끼세요?" 다른 사람들도 놀랐다는 얼굴이다. 나는 태연한 눈길로 그들을 바라보았다. 입 밖에 내지는 않았지만 '무슨 소리들을 하는 거야? 내가 돋보기를 쓰기 시작한 지가 언제인데' 하는 소리가 머릿속을 맴돌았다. 글쎄 그들이 나를 아직도 젊고 건강한 사람으로 보아주기에 그렇게 놀랐다면 한편으로는 고마운 일이지만 나는 오는 9월이면 만 쉰살이 된다. 글자 그대로 50대에 들어서는 것이다.

여기까지는 좋았다. 그 자리에 있던 한 후배가 그야말로 농담조로 말한 것이 쇠뭉치처럼 내 머리를 쳤다. "그럼 형님도 장애인이

군요.""장애인? 음, 그렇군." 나는 신음하듯이 대꾸했다. 그렇게 말하고 보니 왠지 비참하고 씁쓸한 느낌이 들었다. 그러나 곰곰이 다시 생각하니 나는 시력장애인임이 분명했다. 지난 몇해가 그 증명서 아닌가.

내가 돋보기 없이는 사전을 보기 어려워진 것은 다섯 해쯤 전이었다. 나의 눈은 아주 좋은 편이어서 40대 중반에 들어서도 양쪽 눈이 1.0 아래로 내려가지 않았다. 그리고 영한사전의 자잘한 글씨까지도 선명하게 읽을 수 있었다. 그러던 어느 날 나는 형광등 아래서 사전을 펼쳤다가 눈이 침침하고 아파지는 느낌을 받았다. 불빛이 어두운 탓이거니 여겼다. 그런데 날이 갈수록 사전을 읽다 보면 글씨가 흐릿해져가고 마침내는 눈에서 멀리 떼어야 형체를 알아보는 지경에 이르렀다. 그러나 그것은 그야말로 돋보기를 부르는 희미한 신호에 불과했다. 나는 전등불 아래서도 여전히 신문을 읽을 수 있었기 때문이다.

그런 시간은 그리 오래가지 않았다. 신문의 글씨들마저 흐릿해지는 시기가 오고 말았다. 누군가의 말이 떠올랐다. "돋보기를 쓰지 않으려고 안간힘을 쓰면서 신문 앞에서 눈이 아파 눈물까지 흘리는 이를 보았다"던 말이. '아, 내가 지금 그 꼴이 되어가는 거로구나.'

며칠 뒤 나는 마음을 다잡아먹고 동네 안경점을 찾아갔다. 안경사는 길게 묻지도 않고 컴퓨터로 시력을 재더니 돋보기를 만들어주었다. 그는 돋보기를 내 코에 걸쳐주고는 신문을 들이댔다. 글짜들이 또렷하게 다가왔다. 눈이 그렇게 시원해질 수 있다니! 내 눈은 새로 태어난 것 같았다.

그날부터 나는 돋보기 없이는 책이나 신문을 보기가 고통스러웠다. 처음에는 안경 없이도 그럭저럭 견딜 수 있었지만 몇달이 지나고 나니 아예 까막눈이 될 정도였다. 외국에 나가 공항에서 전화를 할 때 수첩에 적힌 깨알 같은 전화번호는 돋보기 없이는 아예 눈에 들어오지도 않을 뿐 아니라 식당 메뉴의 큰 글씨도 점점 흐릿해져 갔다.

한번은 지방 출장을 갔다가 안경을 잃어버리는 통에 아무 일도 하지 못했다. 어떻게나 답답했던지 그 뒤로는 예비 돋보기를 두 개 사서 하나는 사무실에, 나머지는 집에 두고 만일의 사태에 대비한다. 나들이를 갈 때도 제대로 된 안경은 주머니에 넣고, 접기 식으로 된 간이 돋보기는 가방에 넣는다. 그러다 보니 여러 해 동안에 잃어버린 안경이 몇개나 되는지 모를 지경이다. 돋보기 값이 지출에서 차지하는 비중도 적지 않아졌다. 그러던 참에 누군가가 안경은 남대문 전문상가에 가면 싸다고 귀띔을 해주었다. 과연 그랬다. 다른 데보다 3분의 1은 헐한 듯하다. 그래서 나는 남대문 안경상가의 단골이 되었다.

그렇게 살면서도 나는 자신이 장애인이라는 생각은 한번도 한 적이 없다. 지금 돌아보니 참으로 부끄럽고 뻔뻔한 일이다. 그러면서 장애우 권익문제연구소의 이사를 맡아 장애인들을 돕는 일을 거들기까지 했으니! 이런 생각과 행동은 참으로 끔찍하다는 반성이든다. 왜냐하면 나의 의식에는 '나는 장애인이 아닌 온전한 인간으로서 장애인을 돕고 있다'는 자만이 깔려 있었던 것이다. 이런 착각 또는 자기 기만에 빠진 사람은 나 혼자만이 아닐 것이다. 우리 사회에 사는 '성한 사람' 거의 모두가 그렇지 않을까? '나는 사지가 멀쩡하고 이목구비에 흠이 없을 뿐 아니라 정신도 바르고 건강하다.' 모두 이런 자신을 느끼면서 살아가고 있다.

내 경험에 비추어 거듭 말하지만 이것은 착각이거나 자만에 지나지 않는다. 사람은 늙게 마련이고 늙음은 온갖 장애를 동반한다.

늙음은 정신과 육체를 함께 압박한다. 뼈가 굳어져서 조금만 다쳐도 잘 낫지 않고, 관절이 삐걱거리며, 눈이 침침해지고, 몸 속의 온갖 기관의 기능이 떨어지고 마침내는 정신에도 장애가 생겨 치매증을 앓는 노인까지 나타난다. 그러나 이것은 인간이 자연스럽게 장애인이 되어가는 과정이고 기계문명이 지배하는 현대생활에서는 장애라는 지뢰를 품은 함정이 여기저기에 도사리고 있다. 대기와 물과 땅의 오염을 비롯한 환경공해, 어디서 튀어나올는지 모르는 교통사고, 산성비와 핵찌꺼기, 인간의 폭력에 이르기까지 장애를 '생산'하는 장치는 너무나 다양하다. 아무리 조심해도 본의 아니게 후천적 장애인이 될 소지가 큰 것이다.

나는 지난해 언젠가 텔레비전에서 독일의 장애인 실태와 국가정책을 현지 취재로 보도하는 것을 보고 깊은 감명을 받았다. 나라 전체가 장애인과 정상인의 평등을 향해 움직이고 있는데다 장애인을 돌보는 성한 사람들의 사랑과 우애가 너무나 따스해 보였다. 그러나 우리나라는 어떤가? 정부도 언론도 입으로는 장애인 복지를 말하면서 그들이 편하게 다닐 길이나 머물 쉼터를 만들어주는 일에는 신경을 크게 쓰지 않는다. 심하게 들릴는지 모르지만 장애인을 국민으로 여기지 않는 것이다. 장애인 고용에 관한 법의 내용을 강화한 지 오래지만 장애인들이 바람직한 일자리를 얻지 못하는 것이 엄연한 현실이다.

그래서 나는 이렇게 말하고 싶다. "목발을 짚은 사람과 돋보기를 낀 사람은 똑같은 장애인이다. 그리고 장애인을 업신여기거나 따돌리고 나와 가족만 행복하게 살겠다는 당신들도 정신적 장애인"이라고.

──1994년 7월 · 함께걸음

# 아픈 다리 서로 기대며

요즈음 서울 거리에서는 거지를 보기 어렵다. 더러 지하철역이
나 육교 위에서 동냥그릇 하나를 덩그러니 놓고 바닥에 얼굴을 묻
고 있는 사람들이나 거리의 '장님가수들'이 눈에 띄기는 하지만,
'재래식' 거지는 우리 눈앞에서 사라진 지 오래다. 우리가 어릴 적,
그러니까 1950년대 초의 명물은 거지였다. 내가 자라난 충청도의
소읍에는 닷새마다 한번씩 서는 장날은 물론이고 평일에도 거지들
이 무리를 지어 찾아오곤 했다.

"작년에 왔던 각설이 죽지도 않고 또 왔네"로 시작되는 타령을
부르며 그들이 깡통을 두들기고 춤을 추어대면 아이들은 덩달아 신
명이 나서 어깨를 들썩거렸다. 그렇게 몇집을 돌고 나면 그들의 큼
지막한 깡통에는 밥과 국이 그득 담겼다. 6·25전쟁을 치르고 난
그 무렵에는 밥도 반찬도·아주 귀했다. 웬만하게 산다는 집도 쌀에
보리를 섞어 끼니를 때웠고, 없는 사람들은 아예 굶기를 밥 먹듯

하던 시절이었다. 그래도 사람들은 거지들을 푸대접하지 않았다. 모자란 밥상에서 음식을 여투어 깡통에 부어주곤 했던 것이다.

내가 지금도 뚜렷이 기억하는 일이 있다. 우리 집에는 할머니와 그 어머니인 외증조모가 계셨는데, 거지들의 각설이타령만 들리면 어김없이 대문간으로 나가서 사랑 툇마루로 맞아들였다. 거기에는 비록 개다리소반이기는 하지만 그들을 위한 밥상이 마련되어 있었다. 외증조모와 할머니는 거지들이 둘러앉아 부지런히 숟가락과 젓가락을 움직이는 밥상머리에서 "많이 자시라"고 경어로 권하곤 했다. 다 해어진 잠방이를 입거나 벙거지 모자를 쓴 그 거지들이 풍기는 악취 따위에는 신경을 쓰지 않는 것이었다. 이런저런 우환으로 우리 집 살림이 아주 기울어버린 뒤에는 그런 광경을 볼 수 없었지만, 그 인심은 수십년이 지난 지금까지도 진한 그림으로 머릿속에 남아 있다. 우리 집뿐 아니라 그 마을에는 거지들을 그렇게 대접하는 집이 적지 않았다.

요즈음은 어떤가? 만약 서울의 어느 부자촌, 예를 들어 성북동 '성낙원'이나 강남의 호화주택가 아니면 평창동의 으리으리한 집 문간에 거지가 찾아왔다 하자. 그 거지는 초인종을 누르거나 최첨단 전자장치를 통해 주인을 불러야 할 것이다. "누구세요?" "네, 지나가던 각설입니다. 밥 한술 줍쇼." "누구라구요?" "거지인뎁쇼. 배가 고파 죽겠습니다요. 먹다 남은 밥이나 반찬 있으면 좀 주십시오." "그런 거 없어." 찰카닥 소리와 함께 수화기는 거칠게 내려질 것이다. 어디 고급 주택가뿐이랴. 어느 아파트에 가더라도 경비원부터 거지가 못 들어가게 막을 것이고 어쩌다 문간까지 올라가도 말대꾸나마 하는 집이 있을까? 그나마 어느 달동네에서 그 거지가 식은 밥이나 라면 한 그릇을 얻어먹을 수 있을는지.

나는 이런 현상만을 보고 1950년대는 인심이 좋고 인정의 샘이

흐르던 시절이었고, 90년대는 몰인정하기 짝이 없는 비인간의 시
대라고 단언하려는 것은 아니다. 세상이 이렇게까지 험하게 된 데
는 단순히 인간의 잘못만을 따질 수 없는 정치·사회·경제·문화
적 원인들이 깔려 있기 때문이다. 그리고 산업사회의 인간 파편화
와 핵가족제도, 극심한 생존경쟁이 그것을 부채질하고 있다.

무엇보다도 먼저, 수단 방법을 가리지 않은 이승만 정권의 영구
집권 음모가 정치윤리와 사회정의를 갉아먹으면서 권력과 돈과 명
예를 위해서라면 무슨 일이든지 해도 좋다는 풍조를 만연시켰다.
그러나 이승만 독재를 뒤엎은 4월혁명은 민주화의 꿈과 민족통일
의 염원이 꽃으로 피어날 절호의 기회를 마련해주었으나 5·16쿠
데타라는 반동에 부닥쳐 좌절을 겪을 수밖에 없었다.

박정희씨와 김종필씨가 뿌린 쿠데타의 씨앗은 그 제자들인 전두
환, 노태우씨에 이르러서 악의 꽃으로 활짝 피어나 80년 5월 광주
에서는 동족상잔의 전쟁 못지않은 살상의 참극을, 삼청교육에서는
야만의 극을 달리는 '수용소의 인간백정질'을 빚어냈다. 그들이 자
신의 인간됨을 부정하면서 민족공동체에서 일으킨 갈등과 분열을
어찌 다 적을 수 있겠는가?

군사정권과는 달리 '문민'이라는 간판을 달고 있는 김영삼 정권
은 그들과는 다른 의미에서 우리 사회를 혼돈과 몰인정과 자기중심
주의의 바다로 표류시키고 있다. 나는 이 정권의 본질적 모순은,
'30년 정통야당'을 표방하던 정치지도자가 어느 날 갑자기 '타도의
대상'이라던 군사정권의 우산 아래로 들어간 데서 비롯되었다고 본
다. 출발이 그러했으니 합법적 절차를 거친 선거를 통해 집권했지
만 군사정권의 인맥과 기반을 그대로 이어받아 권력을 지탱하고 있
으므로 진정한 민주화를 이루기가 어려운 것이다. 지금 정권이 부
닥쳐 있는 개혁의 장벽은 바로 그래서 더욱 높아지고 있다.

　집권세력은 그렇다 치고 야당이나 재야가 강력한 대중적 기반 위에서 수권 태세를 갖추어야 할 텐데 그렇지가 못하니 안타까운 일이다. 제1야당인 민주당은 지도부가 약하고 우리나라 정치의 최대 모순인 지역감정의 벽을 넘지 못하고 있어서 집권하기에는 힘이 부친다는 인상을 준다. 전통적으로 민주화와 통일 운동에 앞장서온 재야세력 역시 확실한 구심을 이루지 못한 채 지난 시대의 대중적 지지와 실천력을 복원하려고 애쓰고 있다.

　재야 이야기가 나와서 생각나는 일인데 최근에는 직업적 운동가를 구하기가 아주 어렵고, 기왕에 재야운동에 몸을 담은 이들도 옛날처럼 의욕이 솟지 않는다고 한다. 어디 그들만을 탓할 일이겠는가. 사회 여기를 보아도 저기를 보아도 나 혼자, 내 가족만 잘살자는 심리가 팽배해 있고, 이웃의 아픔에는 먼산바라기를 하는 것이 풍토병이 되어 있는 땅에서 재야운동이나 어느 특정한 부문의 사람들에게만 헌신과 우애와 높은 도덕성을 요구하는 것은 무리이다.

　나는 재야에 관해서 아름답고 흐뭇하고 짜릿한 추억이 많다. 유신독재가 기승을 부리던 70년대 후반에 감옥에 갔다 나온 학생이나 노동자나 농민이나 민주인사는 그야말로 진심에서 우러나는 환대를 받았다. 하물며 옥살이를 하는 정치범과 그 가족들은 따뜻한 보살핌과 존경을 아울러 받았다. 그들이 영웅이 되기를 바라서 그렇게 된 것이 아니라 이웃의 아픔을 나의 아픔으로 여기고, 민주화와 민족통일을 이루는 일에 몸바치는 것을 가장 높은 명예로 여기는 시대정신이 살아있었던 것이다.

　그러나 오늘 우리 앞에 펼쳐져 있는 사랑과 인정의 지도는 삭막하기만 하다. 이런 사막에서 아무리 권력을 잡고 재산을 쌓고 이름을 얻는다 해도 무엇이 그리 행복하겠는가? 나는 이 야멸찬 세태가 참말로 싫다. 나 자신도 그렇게 동화되고 있음을 절감하기 때문

이다. 그래서 나는 옆사람은 물론이고 스스로를 향해, 얼마 전 세
상을 떠난 김남주 시인의 노래를 불러준다. "가다 못 가면 쉬었다
가자／아픈 다리 서로 기대며／함께 가자 우리 이 길을／마침내 하
나됨을 위하여."

——1994년 6월·함께걸음

# 굶주림에 대하여

요즈음 온 세계 사람들의 눈길을 끄는 두 나라가 있다. 아프리카의 르완다와 카리브해의 쿠바가 바로 그 나라들이다. 르완다 사람들은 피가 피를 부르는 내전의 소용돌이 속에서 살상을 당하거나 피란길에 한뎃잠을 자며 굶주림에 시달리고 있다. 원수처럼 맞서 싸우는 두 파 가운데 한쪽이 세력을 잡으면 다른 쪽은 죽음과 고통으로 내몰리고 반대파가 득세하면 형세가 역전된다. 난민수용소에서 그야말로 뼈만 남은 어린이들이 눈동자가 튀어나올 듯한 얼굴로 먹을 것을 구걸하는 모습은 참담함을 넘어 절망을 느끼게 한다.

쿠바는 르완다처럼 끔찍하지는 않지만 가난에 짓눌린 사람들이 목숨을 걸고 바다를 건너 미국 땅을 찾아가는 사진을 보면 저 나라가 어쩌다 저렇게 되었나 하는 생각이 솟는다. 일찍이 스페인의 식민지가 되었다가 미국의 지배를 당하던 끝에 까스뜨로를 중심으로 한 사회주의 혁명에 성공해서 미국의 발치에서 눈엣가시 같은 존재

로 버티고 있던 쿠바. "들어라, 양키들아!"를 외치며 그 나라를
매춘과 가난과 착취의 소굴로 만들었던 미국인들을 질타하던 나
라. 쿠바는 옛 쏘비에뜨 체제가 무너지기 전까지만 해도 넉넉하지
는 못하지만 사탕수수를 주종으로 하는 농산물을 수출해서 그럭저
럭 나라살림을 꾸려나갈 수 있었다. 그러나 옐친이 집권한 뒤 원유
를 포함한 수입품에 들어가는 비용이 엄청나게 높아진데다 미국의
경제봉쇄까지 강화되어 까스뜨로 정권은 날로 심각해지는 가난에
속수무책이었다. 그래서 요즈음 하루에도 천 명이 넘는 사람들이
뗏목에 몸을 싣고, 코앞에 있지만 그 원시적 항해수단으로는 멀고
먼 미국의 플로리다를 향해 떠나가고 있는 것이다.

르완다와 쿠바를 보면서 우리나라 사람들은 무슨 생각을 할까.
특히 '신세대'라는 젊은이들과 어린이들은 가난이 강요하는 굶주림
에 대해 어떤 느낌을 갖고 있을까. 놀랍게도, 그들과 이런 주제로
이야기를 나눠보면 굶주림에 관해 마음도 몸도 무감각에 가까울 정
도이다. 우리 사회에는 수는 적지만 아직 국민학교에 결식아동이
있다. 그러나 대체로 굶주려서 목숨을 잃는 사람은 거의 없다고 볼
수 있다. 노동능력이나 부양자가 없는 사람말고는 라면으로라도
목숨을 부지할 수가 있기 때문이다.

나는 배고픔의 고통이 얼마나 지독한지를 몸소 겪어본 세대이
다. 6·25전쟁이 터졌을 때 나는 세는 나이로 일곱살이었다. 국민
학교에 들어가기 바로 전해였던 것이다. 우리 집의 남자어른들은
남쪽 어딘가로 피란했고, 어머니와 숙모와 나와 어린 누이동생은
30리쯤 떨어진 먼 일갓집을 찾아갔다. 실개천이 흐르는 깊은 산골
의 그 마을에는 보리밥도 귀했다. 나는 퉁퉁 불어터진 보리밥 몇숟
가락과 노랑내 나는 간장이 전부인 끼니를 하루에 두 번 먹기도 어
려웠다. 뱃속에서 쪼르륵 소리가 끊이지 않고 머리가 어질어질했

다. 허기를 못 이겨 밤톨만한 땡감을 따먹었다가 속이 뒤집히는 고
통을 겪기도 했다. 그럴 때마다 어머니는 우리 오누이를 껴안고 한
숨만 내쉴 뿐이었다.

피란 간 지 한달 보름쯤 지났을 때이던가. 7월 하순 어느 날 우
리는 집으로 돌아가는 길에 올랐다. 산길을 걷다가 갑자기 '쌕쌕
이'라고 부르던 제트기가 머리 위를 날면 소스라치게 놀라 땅에 엎
드렸다가 허우적허우적거리면서 우리 마을로 들어섰다. 집은 폭삭
주저앉아 있었다. 땅에 내려앉은 초가지붕에서는 아직도 연기가
모락모락 나고 있었다. 폭격을 맞은 모양이었다. 나는 없어진 집
이 안타깝기보다 어디 가서 먹을 것을 찾아야 할지 눈앞이 아득했
다. 우리는 한 마을에 살던 '두부집 할머니'를 찾아갔다. 그 분은
우리 할머니의 수양동생이었다. 나는 그 집에 들어서자마자 눈이
휘둥그래졌다. 인민군 1개 중대인가가 본부로 삼고 있는 그 집 대
청에는 광주리에 하얀 쌀밥이 그득그득 담겨 있었다. 나는 그 할머
니가 사발에 밥을 채우기도 전에 미친 듯이 달려들어 손이 안 보일
정도로 숟가락을 입으로 가져갔다. 고깃국도 있었다. 정신없이 밥
을 먹고 나니 거기에 낙원이 보였다. 아 그때 그 쌀밥과 고깃국의
맛이라니! 꼭 44년이 지난 지금도 나는 그때 그 행복한 기분을 생
생히 기억한다.

아마 인민군은 마을 사람들에게서 징발한 먹을거리로 그런 음식
을 장만했던 모양이다. 우리는 그 집에 얹혀살던 덕에 한달 남짓은
'이밥에 고깃국'을 먹으며 지냈다.

그러나 9월 중순 들어 인민군이 물러가면서 우리는 다시 보리밥
도 먹기 어려워졌다. 명절 때나 어쩌다 흰밥 구경을 할까, 웬만큼
산다는 집도 보리밥을 하루 세 끼 먹으면 흡족해했다. 끝도 없는
그 굶주림은 전쟁이 끝난 뒤에도 계속되었다. 춘삼월 보릿고개가

오면 아이들은 쑥에다 밀가루를 버무린 쑥떡이나 양조장에서 나오
는 술지게미로 허기를 달랬다.

우리 세대는 60년대 말까지도 온전한 영양을 섭취하지 못했다.
배고픔은 그대로 삶의 일부였다.

요즈음 아이들한테 이런 이야기를 들려주면 "그게 우리하고 무슨
상관이야"라거나 "밥이 없으면 빵을 먹지 그랬어"라고 쏘아붙인다
고 한다. 그들을 철없다고 나무랄 일은 아니다. 굶주림의 체험이
없이 그 아픔을 알 수 없기 때문이다.

다만 나는 이런 것을 걱정한다. 이 지구 위에는 먹고 입는 데 근
심거리가 없는 이들도 있지만 그렇지 않은 사람이 더 많다. 우리가
막연히 인류애를 말하는 데 그치지 않고 이웃이나 먼 나라 사람의
굶주림이 인간으로서 얼마나 견디기 어려운 것인가를 몸과 마음으
로 이해하지 못한다면 인류의 평등을 이루려는 자세를 가질 수가
없다. '나와 가족만 배부르고 등 따스하면 그만'이라는 생각이 팽
배한 곳에는 사랑과 동정이 있을 수 없다. 그래서 나는 오늘 저 젖
빛 얼굴을 하고 비만증까지 앓는 어린이들이나 이른바 신세대를 바
라보면서 '자기중심주의의 사막' 한가운데 서 있는 듯한 황량함을
느낀다.

─── 1994년 1월 · 함께걸음

# 사라지는 것들이 그립다

올해 첫새벽은 유난히도 춥다. 딱히 자연의 추위 탓이라기보다는 지난해가 저물기 전에 불어닥친 쌀과 농산물 개방의 찬바람이 농민들은 물론이고 이 땅에 발을 딛고 사는 사람들의 가슴을 얼어붙게 했기 때문이다.

'10년 유예'라는 단서가 붙어 있기는 하지만, 비행기로 농약을 뿌리는 미국을 비롯해서 중국과 동남아 여러 나라의 값싼 쌀이 야금야금 들어오기 시작하면 우리나라 농민들은 농사지을 의욕을 잃을 것이 분명하다. 쌀에 버금가는 농가 수입원인 소는 이미 개방된 지 오래인데, 머지않아 완전히 서양 소들에 대문을 열어준다고 하니 소 팔아 자녀 공부시키고 용채도 마련하던 농민들의 시름은 갈수록 깊어질 것이다. 어디 쌀과 소뿐인가. 무너지는 하늘을 피할 생각도 않고 넋을 놓고 있는 데가 제주도이다.

왕조시대에 '원악도'나 귀양살이섬으로 불리던 그곳 농민들은 감귤 덕분에 꽤 높은 소득을 올려왔는데 이제는 귤농사를 작파할 수밖에 없는 벼랑에 몰려 있다. 60년대에 "감귤나무 한 그루면 자식 대학 보낸다"고 하던 말은 첫사랑을 하던 때의 달콤한 밀어처럼 잊는다 해도, 농약과 씨름하면서도 짭짤한 수입을 올릴 수 있던 귤농사는 때깔이 더 좋고 생산비도 훨씬 싼 외국 감귤에 '싹쓸이'를 당할 것이 뻔하다. 제주 농민들은 몇해 전 바나나에서 이런 경험을 했지만 바나나와 감귤은 그 섬에서 차지하는 비중이 비교가 되지 않는다. 감귤은 다른 작목으로 바꾸려면 나무를 갈아엎어야 하는데 제주섬의 쓸만한 땅을 덮다시피 한 그 나무들을 어떻게 모조리 뽑아버릴 수 있겠는가? 기술을 개발하고 기업농을 육성해서 외국 감귤에 맞서면 된다고 주장할 사람도 있겠지만 그러기에는 시간이 너무 촉박하고 준비도 모자란다.

돼지, 닭, 고추, 마늘, 참깨, 보리, 감자, 옥수수, 콩, 고구마, 양파 그리고 유제품이 개방의 단두대에 올라 있다. 많은 농민들이 이 위기와 시련을 이겨내면 다행이지만 지금으로서는 그런 전망이 보이지 않는다. 나는 이미 서양 것에 밀려 사라진 밀밭을 보면서 어릴 적에 맡던 밀내음과 불에 볶아먹던 밀알의 추억에 가슴이 아릿해진다. 그런데 이제 밀뿐이 아니라 우리의 농촌공동체를 지탱해오면서 겨레의 먹을거리가 되어주던 짐승과 알곡과 채소들이 사라질지도 모른다는 데 생각이 미치면 눈앞이 아득해진다.

땅은 삶의 터전이고 농업은 모든 산업의 그루터기이다. 역사 속의 그 어느 나라도 농업과 농민을 업신여기거나 밟고 서서 경제와 정치의 발전을 이룬 적이 없다. 20세기 초까지도 '해가 지지 않는 제국'임을 자랑하던 영국이 저렇게 시들어서 경제의 2류국으로 전락한 원인도 농업을 살리지 못하고 먹을거리를 외국에 기댄 데서 찾을 수 있을 것이다.

우루과이라운드가 우리나라 농촌을 하루아침에 황무지로 만들지는 못할 것이고 끈질긴 생명력을 지닌 농민들이 모두 괴나리봇짐을 싸고 도시로 떠나지도 않을 것이다. 그러나 그러잖아도 젊은이들이 서울로 부산으로, 이런저런 도시로 떠나서 총각은 보기 드물고 처녀는 가뭄의 콩보다 더 귀하게 눈에 뜨이는 농촌에서 할아버지 할머니와 부녀자들까지 줄을 이어 대이동을 한다면 농촌사회는 뿌리부터 뒤흔들릴 것이다. 거듭 말하지만 농촌의 붕괴는 그 사회의 파멸을 뜻한다. 나는 경제성장과 과학화라는 이름 아래 인간의 본성을 뒤틀고 오그라뜨리는 요즈음의 '문명'을 보면서, 땅에 안기고 농민과 더불어 사는 삶이 되살아나지 않으면 언젠가 우리 사회는 삭막한 정신적 폐허가 될 것이라고 걱정한다.

내가 코흘리개이던 시절, 아이들은 굶주림과 추위에 떨면서도 신명나고 재미가 넘치는 삶을 살았다. 여름이면 마을 앞의 개천에서 알몸으로 헤엄을 치면서 물장구를 쳤다. 지금 아이들처럼 체육센터에 다니면서 수영 강습을 받는 것도 아닌데 물에 빠지면 제 한 목숨 구할 실력은 모두 갖추었다. 겨울이면 그 개천은 썰매장으로 변한다. 널빤지에 각목을 대고 철사로 '스케이트 날'을 삼은 썰매를 타면서 아이들은 요즈음보다 지독했던 그 시절의 강추위 속에서 온종일 신바람을 냈다.

어디 헤엄과 썰매뿐인가. 연날리기, 제기차기, 고기잡이, 씨름, 그네, 구슬치기, 사방치기, 돌싸움. 철 따라 다양한 놀이와 '생활체육'이 기다리고 있었다. 오늘의 아이들은 어떤가? 다 그렇지는 않겠지만 김치보다 햄버거와 피자를 좋아하고, 마음껏 뛰어놀 터가 없어서 방안이나 오락실에서 허리를 구부리고 앉아 전자오락을 하거나 부모의 강요에 못 이겨 음악·미술·체육 학원에 다녀야 한다. 거기에 어디 자연 속에서 우러나는 즐거움과 신명이 있겠는

가. 그래서 영양은 좋아 덩치는 크지만 턱걸이 한번 하려면 발버둥을 치는 아이가 적지 않고, 벗과 어울려서 노는 즐거움보다 남을 누르는 데서 쾌감을 맛보는 청소년도 많다.

어디 아이들만 그런가. 도시 아파트의 어른들은 옆집에 누가 사는지 모르는 경우가 수두룩하다. 마음놓고 마실 물도 공기도 없어서 출처가 아리송한 생수를 사서 마시고, 마음먹고 등산이나 낚시나 골프를 가야 신선한 공기를 들이마실 수 있다.

이 모든 비극은 우리에게서 농촌과 농민적 삶이 사라져가는 데서 빚어진 것이다. 농촌을 지키고 농민을 살리지 않으면 도시문화와 과학문명이라는 허깨비는 날이 갈수록 우리의 목을 더 거세게 조를 것이다.

공룡처럼 다가오는 이 괴물 앞에서 나는 사라지는 땅의 숨결과 농민의 생명력 넘치는 문화를 새삼 그리워한다.

—— 1994년 1월 · 함께걸음

# 자동차문화와 한국인의 '얼굴'

　요즈음은 문화라는 말이 하도 흔히 쓰여서 진부하다는 느낌을 받는다. 그러나 사람을 더 행복하고 편하고 즐겁게 살게 만드는 것이 문화라고 소박하게 정의한다면, 자동차라는 말 뒤에 이 말을 붙인다 해도 어색하지는 않을 것이다.

　내가 자동차운전면허를 받은 때가 89년 11월 중순이었으니 벌써 4년 가까이 된다. 모든 운전자들이 그렇겠지만 나는 그 짧지 않은 기간에 자동차문화에 관해 참으로 많은 생각을 했다. 어떤 날은 큰 사고를 당할 뻔한 위기를 겪고 밤에 악몽을 꾸기도 했다. 자동차는 분명히 내 것이라서 내가 주인인데, 지난 4년을 돌이켜보면 자동차가 나를 지배한 것 같다는 생각도 든다.

　자동차는 나를 한 지점에서 다른 지점으로 날라주는 기계에 불과한데, 나는 그 기계 안에서 즐거움과 안락함을 맛보기보다는 불쾌함을 넘어 혐오감과 증오심을 느끼는 적이 더 많았다. 특히 초보운

전 시절에는 앞뒤 옆을 가리지 않고 달려드는 거의 모든 자동차에
대해 짜증과 분노를 억누르지 못하고 경적을 마구 울려대거나 전조
등을 난폭하게 켰다 껐다 하곤 했다.

우리 집은 강동구 명일동이라서 나는 출근시간마다 올림픽대로
를 통해 반포대교를 건너 삼각지로 해서 마포구 공덕동의 신문사까
지 간다. 초보 때 시속 80km쯤으로 휑한 대로를 달리면 뒤에서
120km쯤으로 폭주하는 차들이 아슬아슬하게 추월하면서 겁을 주는
가 하면, 귀가 따갑게 경적을 울려대고, 어떤 사람은 아예 차창 밖
으로 종주먹을 흔들어댄다. 나는 잔뜩 비위가 상해서 입 속으로 쌍
시옷이 앞에 오는 욕지거리를 웅얼거린다. "운전하다 보면 수녀님
도 쌍욕을 하게 된다"는 말이 실감이 나던 것이다.

그런데 운전 경력 4년인 오늘의 나를 보면 어떤가? 올림픽대로
진입로로 들어서서 천호대교 아래를 지날 무렵이면 벌써 속도계는
시속 120km를 가리키고 있다. 일차선에서 100km쯤으로 알짱거리
는 차가 있으면 슬그머니 갑갑증이 난다. 과속이 몸에 배어버린 탓
일까, 아니면 병든 자동차문화 속에서 덩달아 오염된 것일까?

그런 때 나는 이렇게 마음을 추스른다. '아서라, 올챙이 적 생각
을 하자. 그리고 엄밀하게 따지면 저 초보자의 속도가 법규에 맞지
않는가.'

한 나라의 문화는 그 사회를 움직이는 대중의 얼굴이다. 문학,
예술, 음악, 미술, 연극은 말할 것도 없고, 전철 줄서기, 엘리베
이터 탈 때의 예절, 자동차 운전자의 교양과 상식까지도 그 나라
사람들의 문화적 수준을 보여준다.

우리나라는 오랜 전통과 자랑스러운 독창성을 가진 민족·민중
문화를 가지고 있지만, 공중도덕이라는 부문에서는 세계에서 아주
뒤떨어져 있음을 인정하지 않을 수 없다. 전철을 타다 보면 이런

일을 자주 겪는다. 승객이 적어 빈자리가 많이 보이는데도 내리는
사람의 가슴팍을 밀치고 전동차 안으로 뛰어드는 사람이 적지 않
다. 아파트나 큰 건물에서 엘리베이터를 타고 내릴 때도 그런 일을
자주 겪는다. 무엇이 그리 급한가.

  전철이나 엘리베이터를 타고 내릴 때 저지르는 몰상식은 당하는
이에게 불쾌감을 주고 끝나지만 운전자의 그것은 남의 목숨을 담보
로 한다는 데 심각성이 있다. 시속 100km가 넘게 달리는 차들 사
이를 요리조리 추월하면서 저 혼자만 빨리 가려는 사람은 도대체
무엇을 얻으려는 것인가? 도로가 주차장처럼 되어 모든 차가 엉금
엉금 기어가고 있는데, 몇십 센티미터의 틈만 보여도 다른 차선으
로 새치기를 해가는 차를 하루에도 무수히 본다.

  고속도로는 아예 '달리는 살인기계들'의 전시장 같다. 집채보다
큰 트럭과 관광버스가 난쟁이 승용차들에게 겁을 주어 움츠러들게
만들기 일쑤이고, 같은 승용차끼리도 전조등을 번쩍거리면서 온갖
짜증을 다 낸다. 고속도로로 네댓 시간 운전하고 가다 보면 잔등에
땀이 잔뜩 밴다. 시속 250km로 달린다는 독일의 아우토반에서 그
런 짓들을 한다면 하루에도 수백건씩 대형사고가 일어날 것이다.

  그렇다고 해서 나는 이런 운전자들을 덮어놓고 탓하지는 않는
다. 그들의 '얼굴'을 그렇게 만든 사회와 체제의 문제를 생각하기
때문이다. 어린이 적부터 벗과 이웃을 누르고 올라서야 명문대학
에 갈 수 있고, 남보다 동작이 빨라야 더 잘살 수 있다는 통념이
신앙처럼 굳어진 사회에서 그 체제의 아들딸들이 여유있고 너그럽
게 자동차 운전을 하기를 기대하기는 어려울 것이다. 그래도 빛나
가려는 자신을 억제하면서 온건한 운전을 하는 사람들이 다수라는
것이 큰 위안이다.

  우리나라는 세계 제1위의 교통사고율에서 빠지는 해가 거의 없

다. 이 부끄러운 기록은 건전한 자동차문화를 이룩함으로써 사라
지겠지만, 그것은 무슨 도덕재무장운동 같은 것을 통해 되지는 않
는다. 정직하고 성실한 사람들이 땀 흘려 일한 만큼 잘살 수 있고,
비인간적 경쟁을 강요당하지 않는 민주적 체제를 이루어야 인간의
얼굴을 한 자동차문화가 꽃을 피운다는 것이 나의 변함없는 믿음이
다.

―― 1993년 · 교통안전

# 집단이기주의를 어떻게 볼 것인가

우리 사회에서 요즈음 흔히 쓰이는 말로 집단이기주의라는 것이 있다. 요즈음 여론을 들끓게 했던 한·약분쟁은 집단이기주의의 표본으로 여겨지면서 정부와 언론의 호된 공격을 받았다. 많은 사람들이 그 분쟁은 국민건강을 위협하는 밥그릇싸움이라고 비난했다.

특히 약사 쪽이 폐업을 강행했을 때 권력은 집단이기주의를 단호히 응징하면서 사법권을 휘둘렀고, 약사회는 황급히 폐업 결정을 취소했다.

집단이기주의 현상의 대표적 보기로 꼽힌 사건들은 이밖에도 많다. 국무총리실이 분석한 자료를 보면, 전교조 문제, 군사시설 관련 민원, 핵폐기물 처리장이나 쓰레기 소각장 건설 반대, 어업 피해보상, 그린벨트 완화 주장, 고속도로 노선 조정과 소음 피해 해결 요구 같은 것이 집단이기주의의 표현이라고 규정되어 있다.

한마디로 이것은 그다지 과학적이거나 합리적인 규정이라고 보기가 어렵다. 왜냐하면 그런 문제들에는 단순한 이기주의가 아니라 생존권 차원의 쟁점이 걸려 있는 경우도 적지 않기 때문이다. 그리고 나는 우리 사회에서 이기주의라는 말이 잘못 쓰이고 있는 것도 지적하고 싶다.

서양철학의 에고이즘(egoism)이란 말을 우리말로 옮긴 이기주의는 본디 부정적인 뜻을 가진 것이 아니다. 문자 그대로 자기를 이롭게 하는 행동이나 정신을 가리키며, 이것은 인간의 본성이기도 하다. 이에 비해 에고티즘(egotism)은 자기중심주의를 의미한다. 지금 우리 사회에서 말하는 집단이기주의는 바로 이것이다. 용어가 이렇게 잘못 쓰이고 있음을 먼저 알고 나서 '집단이기주의'를 어떻게 볼 것인가를 생각해보는 것이 옳다고 믿는다.

지금도 잠복한 분쟁으로서 언제 다시 폭발할지 모르는 한·약싸움부터 검토해보자. 약사들 쪽에서는 한의사는 진단과 처방만 내리고 약사가 한약을 조제해야 한다고 주장한다. 완전한 의약분업을 하자는 것이다. 한의사 쪽에서는 한약조제는 약대에서 짧은 한의학 교육을 받은 약사들이 할 수 없는 일이라고 주장한다. 여기까지는 논리적 대결로 볼 수 있다. 그런데 아직 약사도 한의사도 아닌 전공학생들이 수업거부 같은 극단적 방식으로 자신의 주장을 관철하려 들고, 약사회와 한의사회가 엄청난 광고비를 쓰면서 상대방을 무차별 공격하는 데서 문제가 생긴다.

한방의 전유물인 보약 값이 양약 일반보다 크게 비싸다는 사실을 모르는 사람은 없다. 한의사들이 그 조제권을 포기할 리 없고, 양약만을 팔아서는 큰 수익을 올릴 수 없는 약사들이 한약조제를 독점하려는 것은 이윤추구의 한 방편일 것이다. 그러나 약대나 한의대 학생들은 아직 현업에 종사하지도 않을 뿐 아니라 미래의 생업

에 대한 기득권을 미리 다지려 든다는 점에서 극한적 행동의 정당
성을 인정받기 어렵다. 상충하는 이해관계 때문에 모든 대학의 전
문분야 학생들이 수업을 거부하거나 강경투쟁에 나선다면 그들 모
두를 만족시킬 해결책은 찾을 수가 없다.

집단이기주의와 더불어 부정적 평가를 받는 현상으로 님비
(nimby)라는 말이 있다. '우리 집 뒷마당에서는 안 된다'(Never in
my backyard)는 영어글의 약자인 이 말은 학문적 주제라기보다는
다분히 저널리즘의 용어로 굳어진 듯하다. 우리나라에서도 언론매
체들이 이 말을 자주 쓰고 있는데, 때로는 집단이기주의와 동의어
가 되기도 한다.

얼마 전에 주민들의 격렬한 시위까지 일으킨 서울 노원구 상계동
쓰레기 소각장 건설 반대운동도 집단이기주의로 몰렸다. 몇해 전
충남 안면도의 핵폐기물 처리장 반대투쟁도 마찬가지였다. 정부는
전교조 문제까지도 집단이기주의의 대표적 사례로 꼽은 바 있다.
나는 이런 사건들은 집단이기주의와는 다른 각도에서 보아야 한다
고 생각한다.

바로 자기 마을에 끔찍한 공해물질인 다이옥신을 뿜어내는 쓰레
기 소각장이 들어선다고 할 때, 주민들이 환경을 파괴하고 생명을
위협할 가능성이 큰 그런 계획에 반대하는 것을 단순한 자기중심주
의라고 볼 수는 없을 것이다. 더구나 그런 사업계획이 관료들의 편
의주의와 비합리적 의사결정에 바탕을 두고 추진된다면 주민들은
당연히 반대할 권리를 갖는다. 이런 움직임을 아파트 값이 떨어질
것을 두려워하는 주민들의 이기적 행동이라고 보는 것은 너무나 편
협한 생각이다. 최근 '탈퇴 뒤 복직'으로 결론이 내려진 전교조 문
제만 해도 그렇다. 적어도 1500여 명의 교사가 생업을 버리면서까
지 밀고 나간 '참교육운동', 그리고 수만명의 현직교사가 지지한

교육개혁운동이라면 그 동기와 과정을 더 진지하게 고려해야지 그저 집단이기주의로 단정하는 것은 너무 경솔하지 않은가.

새 정권이 들어선 지 여덟 달인데, "한국병을 고치고 고통을 분담하자"는 구호는 여전히 요란하게 들린다. 이 말 자체에 반대할 사람은 없겠지만, 정말 고쳐야 할 한국병은 무엇이고 고통은 누가 어떻게 나누어야 하는지를 이성적으로 판단하려는 사람들은 많이 보이지 않는다. 자기의 병은 결함이 아니고 남의 잘못만을 들추어 비난하려 드는 태도가 바로 자기중심주의임을 깨달아야 하지 않겠는가.

———— 1993년 11월 · 삼미사보

# 군사독재와 문민독재

정권이 바뀐 지 반년하고 며칠이 지났다. 노태우씨가 대통령으로 있던 정권을 6공화국이라고 부르던 것과는 판이하게 김영삼 정권의 칭호는 '문민정부'로 굳어져 있다. 1961년부터 군부 출신의 '쿠데타 장군들'이 법을 유린하고 인명살상을 서슴지 않으면서 펼치던 군사독재를 증오하는 대중에게 문민정부라는 용어는 새로운 느낌과 더불어 이제 다시는 독재정치가 없으리라는 믿음을 줄 수도 있을 것이다.

김영삼 대통령이 제7공화국이라는 말을 굳이 거부하면서 현 정권이 4월혁명과 광주 5월항쟁의 정신을 계승했음을 강조하고, 멀리 상하이 임시정부까지 거슬러올라가서 법통을 찾으려 드는 것은 이승만, 박정희, 전두환, 노태우씨의 독재를 부정하려는 의도의 반영임이 분명하다.

김대통령은 취임하자마자 국민들이 정신을 차릴 수 없을 정도로

많은 일을 추진했다. '개혁'과 '사정'으로 요약되는 그 작업은 정
치·경제적으로 기득권을 누리던 인물 여럿을 권좌에서 떨어뜨리
거나 감옥으로 몰아넣었고, 마침내는 금융실명제라는 기습으로 돈
많은 사람들을 안절부절못하게 만들면서 보통 사람들의 절대적 지
지를 끌어냈다.

지난 반년 동안 대통령을 향해 쏟아지는 박수소리는 참으로 요란
했다. 언론매체들이 제 손으로 조사하거나 이런저런 여론조사기관
을 통해 들은 '국민의 소리'에서 김대통령의 개혁에 대한 지지는
90%에 가깝거나, 적어도 70%를 웃돌았다. 여론조사의 표본 추출
에 고의성이 있거나 설문에 작위성이 있다 하더라도 아주 높은 지
지율임에 틀림없다.

대통령이 이렇게 높은 지지를 받고 있다면, 그가 주도하는 정치
와 나라살림이 나날이 나아지고 밝아져서 "갈수록 행복해진다"고
말하는 국민의 소리도 커져야 할 텐데 현실은 그렇지가 않다. 그리
고 야당과 일부 언론에서는 문민독재를 경고하는 말까지 나오기 시
작했다. 또 김영삼 개혁은 법과 제도를 바로잡는 근본적 수술이 아
니라 정치적 보복에 치우치거나 핵심을 피해가는 겉치레 사정이라
는 비판도 일어났다.

나는 김대통령이 지난 반년에 이룬 일들 가운데 '하나회' 해체나
금융실명제 실시 같은 것은 대단한 결단이라고 평가한다. 이밖에
도 군사독재 시절에 쌓인 모순들이 얼마쯤 해소되었음을 인정한
다. 그러나 "지금 우리 사회가 군사독재를 청산하고 참된 민주주의
를 향해 가고 있는가"라는 물음에 선뜻 "그렇다"고 대답할 수는 없
다. 왜냐하면 민주주의의 요체인 절차와 토론의 민주성이 보장되
어 있지 않기 때문이다.

얼마 전 한 신문이 1면에서 크게 다루었듯이 "정치는 실종"되었

고, 토론은 사라졌으며, 여당도 야당도 정책 개발에서 소외되고
대통령을 견제하거나 비판하는 기능을 제대로 못하고 있다. 특히
민자당이 심하다. 당 대표라는 사람은 "그분은 기러기나 고니이고
우리는 제비나 참새"라면서 자유당 정권 때 내무장관이 이승만씨한
테 아부하던 것을 흉내내고 있다. 이런 대표가 가세한 가운데 민
정·공화계와 민주계는 주도권 다툼으로 날을 보내고 있다. 국회
에 원내교섭단체를 가진 유일한 야당인 민주당은 더러 대통령의 독
주를 비판하지만 대중의 뜨거운 호응을 받기에는 아직 힘이 약해
보인다.

대통령만 두드러져 보이고 다른 정치인들이나 비판세력의 소리
가 잦아들게 하는 데 결정적 '기여'를 하는 것이 언론임은 물론이
다. 유신독재 때는 긴급조치와 기관원이 무서웠고, 전두환·노태
우 정권 때는 보도지침과 촌지에 길들여졌지만, 이 정권 아래서는
대부분의 언론매체들이 왜 이렇게 열성적으로 '권력의 나팔수' 노
릇을 하는지, 정보에 어두운 사람들은 짐작이 안 갈 것이다.

대통령 자신이 그 누구보다 앞장서서 언론을 '끌어가고' 있는 것
이 첫번째 이유일 것이다. 그렇게도 여러번이나 언론사주들의 재
산 공개를 촉구했으나 듣는 사람이 없는데도 김대통령은 지금 아무
반응을 보이지 않고 있다. 그러면서 그 어느 부문 사람들보다 자주
언론인들을 청와대로 초청했다. 사주에서 편집·제작 책임자들,
특정 전문직에 이르기까지 청와대 모임에 참석했다. 웬만한 재벌
보다는 언론인들이 청와대 문턱을 쉽게 넘고 있다. 대통령이 언론
을 가장 중시하고 있다는 증거일 것이다. 이제는 군사독재 때의
'권력-언론 유착'을 넘어 '밀월'의 시대로 들어간 듯하다.

걱정은 여기서 생긴다. "대통령이 잘한다"는 소리만 들리고 "이
런 잘못은 이렇게 고쳐야 한다"는 비판과 충고가 아예 없거나 외면

당할 때 '문민독재'가 고개를 들게 된다. '민주'의 이름을 빌린 문
민독재는 노골적인 군사독재보다 위험할 수도 있다.

———1993년 9월 · 한겨레신문

# 당신은 일본을 얼마나 아는가요

올해의 8월은 우리 겨레가 일본 제국주의의 식민지배에서 벗어난 지 47돌이 되는 달이다. 1945년 8월 15일로부터 반세기 가까운 세월이 흐른 지금, 그날 해방의 기쁨을 노래하던 세대와 오늘의 젊은이들은 일본을 어떻게 생각하고 있을까?

우리나라 국민의 일반적 경향을 보면, 8·15 이전에 태어난 세대도 그 다음의 세대도 일본을 아주 잘 알고 있다고 생각한다. 그러나 내가 책이나 매체를 통해 알고 있는 일본과 짧은 기간이지만 직접 본 일본은 한국 대중의 일반적 인식과는 상당한 거리가 있었다.

그 '거리'가 무엇인가를 알기 위해 먼저 일본의 밝은 곳과 일본인들의 장점부터 소개해보겠다. 89년 봄, 평양에 갔다 일본에 온 문익환 목사를 취재하러 토오꾜오에 간 나는 처음 발을 딛는 일본 땅이라서 잔뜩 긴장하고 있었다. 나리따 공항에서 전철을 타고 우에

노 역에서 내려 택시를 잡았다. 운전사는 '어서 오십시오'라고 큰
소리로 말하고는 부드럽게 웃으면서 행선지를 대기를 기다리고 있
었다. 일본말을 거의 못하는 나는 미리 적어간 주소를 보여주었
다. 일본경제신문사 별관이 내가 가려는 곳이었다. 그는 '닛께이
베깡이 여러 군데'라면서 한 별관으로 차를 몰았다. 거기는 내가
찾는 곳이 아니었다. 그는 두어 군데를 더 들렀다. 그러나 거기에
도 내가 만나려는 현지 주재기자는 없었다. 할 수 없이 나는 택시
를 돌려보내면서 300엔인가 되는 거스름돈을 운전사에게 주려고
했다. 그러나 그는 단호히 말했다. "아닙니다. 제가 서툴러서 목
적지를 못 찾아드렸으니 오히려 요금을 덜 받아야 합니다."

나는 정신이 얼떨떨해졌다. 멍한 머리에, 미안하게도 내 나라의
택시 운전사들이 떠올랐다. 손님이 타면 '어서 오십시오'라고 빈말
이라도 하는 사람은 백에 하나를 보기 어렵고, 행선지를 말해도 벙
어리처럼 대답이 없이 달리고, 승객의 의향도 묻지 않고 합승을 하
려고 여기저기를 기웃거리고, 서너 명이나 합승을 시키고도 요금
은 한푼도 깎아주지 않고, 십릿길을 가는데 수도 없이 교통법규를
어기는 그들.

며칠 동안 내가 일본에서 만난 수십명의 택시 운전사들은 하나같
이 친절하고 성실했다. 나는 그 까닭을 곰곰이 생각해보았다. 이
것이 이른바 국민성일까? 국민성이라는 것이 유전적 요인이라고
믿지 않는 나는 사회체제의 산물이라는 일차적 결론을 내렸다. 일
본의 운전사들은 합승을 하지 않아도, 교통법규를 지키면서 차를
몰아도 먹고 살고 여가를 즐길 수 있을 정도의 임금을 받는다. 그
러나 우리나라의 영업용 택시 운전사들은 사납금을 채우지 못하면
임금이 깎이고, 생활급은커녕 생존급을 벌기도 힘들다. 그들은 어
떤 수단을 써서라도 가족과 함께 살아남으려고 합승도, 난폭운전

도 하게 된다. 하루에 10시간도 넘게 중노동에 시달리다 보면 몸
은 솜뭉치가 되고 짜증이 날 대로 나서 손님에게 입도 뻥긋하기 싫
어질 것이다. 그렇다. 한국의 운전사를 불친절한 무법자로 만들
고, 일본의 운전사를 친절한 봉사자로 만드는 가장 중요한 요인은
사회체제의 반영인 노동조건이다. 우리나라의 운전사들이 하루 8
시간을 안전하게 차를 몰고도 넉넉한 임금을 받을 수 있다면 승객
의 원성을 사는 지금 같은 '써비스'는 하지 않을 것이다.

  그런데 택시 운전을 대상으로 한 한국과 일본의 국민성 비교만으
로는 이해하기 어려운 일본인의 장점들이 있다. 출퇴근 시간이 아
니어서 앉을 자리가 넉넉한 전철인데도 내릴 사람 가슴팍을 밀어붙
이고 들어가는 모습을 일본에서는 거의 보기 힘들다. 하물며 새치
기는 더욱 그렇다. 나는 그동안 여러 분야의 글을 써오면서 일본과
일본문화에 관해서는 아주 격렬한 비판을 가했다. 그런데 지금 이
글의 앞부분을 일본인들의 좋은 점을 칭찬하는 일로 시작한 까닭은
이렇다. 우리나라 사람들의 대부분은 일본과 관련해서 정작 심각
한 사건이 터질 때만 감정에 치우친 비난을 하다가 그 일이 끝나면
국가 대 국가, 민족 대 민족으로서 일본과 일본인을 어떻게 대해야
할까를 진지하게 생각하지 않는 잘못을 자주 저지른다. 일본이라
는 한 나라가 우리나라에서 거두는 무역흑자는 한국의 무역적자 총
액을 넘어서기 일쑤이다. 일본이 전자, 자동차, 기계설비 같은 부
문에서 이룬 첨단기술은 한국이 앞으로 수십년 동안 따라잡기가 불
가능한 수준이다.

  왜 이렇게 뒤처졌는가? 개인과 개인, 기업과 기업, 지역과 지
역, 직종과 직종의 협업과 분업이 제대로 이루어지지 않고 먼 장래
를 내다보는 투자가 미미하기 때문이다. 나는 여기서 다시 '당신은
일본을 얼마나 아는가요?'라는 물음을 던진다. 일본인들은 친절하

고 성실하고 부지런한 품성만 가지고 있는가? 결코 그렇지 않다.
일본이라는 나라는 하나의 공동체로서는 다른 나라들보다 높은 수
준의 단합을 보이지만, 이 '뭉침'이 밖을 향할 때는 제국주의, 군
국주의, 식민주의, 경제침략의 성격을 띤다. 최근 시끄러웠던 조
선인 정신대 문제에 관해 대다수의 일본인들은 가책을 느끼지 않는
다. 그것은 자민당 정권과 극우세력이 수십년 동안 진실을 감추
고, 바른 역사 교육을 하지 않았기 때문이다. 그래서 일본 국민들
은 집단적으로 정치·사회적 문맹이 되어버리는 것이다. 일본인들
이 특히 부끄러워해야 할 현상은 문화적 사대주의와 '혼혈문화'이
다. 일본인들은 노소를 가릴 것 없이 서양의 낱말을 자기 말에 섞
어 쓰기를 좋아하고, 미국과 유럽의 퇴폐적 대중문화와 스포츠를
맹목적으로 받아들인다. 일본의 많은 청소년들은 본바닥 못지않게
마이클 잭슨이나 마돈나에 열광하고, 야구와 미식축구에 광적으로
빠져든다. 물론 일본은 잘 지켜져온 전통문화를 가지고 있지만,
그 나라의 혼혈문화 또는 잡종문화는 이성이나 창조력과는 거리가
멀다.

이런 허깨비문화가 한국을 공략한 것은 어제오늘의 일이 아니
다. 65년에 두 나라의 국교가 정상화된 뒤에 일본의 퇴폐문화는
돌림병처럼 한국을 휩쓸고 있다. 노래에서 만화, 의상에 이르기까
지 청소년들과 기성세대는 자기도 모르게 그 허깨비의 포로가 되어
있다.

이제 너도나도 부르는 노래와 입은 옷, 머리모양을 다시 보면서
'당신은 일본을 얼마나 아는가요?'라고 스스로 물어야 할 것이다.

───1992년 8월·금강

# 미국의 꿈과 미국의 환상

로스앤젤레스의 한인촌(코리아타운)은 그 자체가 하나의 도시를 이루고 있다. 거기에는 서울에 있는 것 중 딱 한가지만 빼고는 모두가 있다. 설렁탕집과 해장국집은 물론이고 떡방앗간과 대중싸우나도 있다. 기원과 당구장도 심심치 않게 눈에 띄고 서울식 까페도 있다. 단 하나 보신탕집만 없을 뿐이다. 보신탕이 있기는 있다. 염소고기를 잘게 썰어 개장국처럼 만들어 개고기 좋아하는 동포들의 향수를 달래주는 것이다.

한국 사람만 수십만명이 모여 있다는 한인촌은 영어로 된 간판들만 없다면 그대로 우리나라의 도시와 다를 바 없다. 그 지역에서는 영어를 한마디도 못하는 할머니, 할아버지들도 아무런 언어장벽에 부딪히지 않는다. 경로당에 가도 가게에 가도 '순조선말'만 쓰기 때문이다. 한인촌은 그래서 고국에서 찾아간 사람들이 이국정서와 함께 친밀감을 느끼게 한다.

한반도 밖에서는 우리 겨레가 가장 많이 모여 사는 그곳이 쑥대밭이 되어버렸다. 흑인이 중심이 되고 중남미 출신과 백인 청소년들이 가세한 폭동이 한인촌을 전쟁 뒤의 폐허처럼 만들어버린 것이다. 잿더미가 된 가게 앞에서 넋을 잃고 주저앉아 있는 중년부부의 사진은 너무나 참담하다. 그들의 모습은 이번 폭동으로 전재산을 날린 많은 동포들을 상징한다.

고국에서보다 행복한 삶을 찾아 미국에 이민 가서 일요일에도 쉬지 않고 잠도 하루에 서너 시간밖에 자지 않으면서 모은 돈으로 세탁소나 잡화상을 차리고 조금 더 성공하면 주유소를 내거나 자영업체를 세워 조금씩 저축을 해서 자녀들을 하버드나 스탠퍼드 같은 명문대학에 보내는 것을 더없는 행복으로 여기는 사람들. 이것이 대부분의 재미동포들이 꾸는 '미국의 꿈'이다.

이 꿈이 더 진해지면 이렇게 될 것이다. 할부금을 물지 않는 명실상부한 '내 집'을 장만하고, 상류사회의 백인들을 불러 파티를 열고, 나아가서 풍광이 수려한 데다 별장을 짓고, 은퇴한 뒤에는 미국의 곳곳과 한국을 오가며 안락한 생활을 즐기고…… 그러나 정작 재미동포 사회에서 이렇게 살 수 있는 사람은 1%도 안 될 것이다. 달마다 꼬박꼬박 내야 하는 할부 집값, 터무니없이 높은 갖은 보험료, 자동차세와 유지비, 한 해에 2만 달러가 넘는 사립대학의 등록금 같은 것이 동포들을 짓누른다.

이민 간 지 10년도 넘어 고국을 찾는 동포들은 그야말로 눈이 뒤집히고 가슴이 답답해진다. 자기가 팔고 간 집의 값이 열 배도 넘게 뛰어 있고, 동창생들은 재산이 10억이다 100억이다 자랑을 하는데 '나는 무엇이란 말인가'. 허리띠 졸라매고 졸린 눈 비벼가면서 20여 년 가까이 모은 자산이 겨우 20만 달러. 한국 돈으로 1억 6000만 원인데, 서울에서는 웬만한 동네에서 30평짜리 아파트도 못 살 돈이란다.

이제라도 고국으로 돌아갈까? 그러나 집은 어떻게 마련하고 아이들 교육은 또 어떻게 한단 말인가? 걸핏하면 시민을 잡아넣는 정권과 혼잡하기 짝이 없는 교통, 불로소득에 혈안이 된 무리들 속에서 살아갈 용기가 도저히 생기지 않는다. 그래도 미국에는 그 나름의 질서와 규칙과 안정이 있는데……

지금 미국 전역에 100만 명이 넘는다는 한국 동포들의 대다수는 이런 여러 겹의 고민을 안고 살고 있는 것이다. 그나마 열심히 일만 하면 보람도 느끼며 살 수 있을 로스앤젤레스의 한국인들은 미국사상 가장 큰 폭동 때문에 온 몸과 마음이 천길 낭떠러지로 떨어진 듯한 심정일 것이다.

그들이 고국을 떠나던 때 가슴에서 부풀었던 미국의 꿈은 그 나라에 발을 디딘 지 오래지 않아 환상임이 드러났겠지만, 인종폭동은 그래도 남아 있던 꿈의 조각을 가루로 만들어버렸을 것이다.

안타깝고도 딱한 일이지만, 너무나 늦게 미국 백인지배계급의 본질을 깨달은 동포들은 앞으로 그 나라에서 더 비참한 일을 당하기 전에 정신과 몸을 바로 세워야 한다. 먼저, 백인정권은 결코 소수민족이나 유색인종의 벗이 아니라 지배자이며, 흑인을 돈벌이의 대상으로만 여기면서 업신여기는 한국인은 언제라도 폭동의 희생자가 될 수 있다는 사실을.

함께 억눌리고 빼앗기는 집단으로서 흑인을 따뜻하게 끌어안으면서 백인인종주의자들에 공동으로 맞서지 않으면 동포들은 인간다운 삶을 누릴 수 없을 것이다.

—— 1992년 5월 · 새누리신문

# 당신의 고향은 어디입니까

어쩌다 경부선 열차를 타고 여행길에 올라 천안을 지난 다음이면 아무리 캄캄한 밤이라도 나는 졸음을 떨치고 창 밖을 본다. 기차가 가쁜 숨을 몰아 쉬며 고개를 넘으면 35년 전에 떠나오던 때도 그랬 듯이 지금도 급행열차가 무정하게 지나쳐버리는 그 소읍이 나온 다. 여름에는 고추를 드러내고 물장구를 치고, 겨울에는 얼음을 신나게 지치던 개울가의 우리 집에서 흘러나오는 불빛을 보면 가슴 깊은 곳에 고여 있던 향수가 더욱 짙어진다.

고향! 누구에게나 그리운 이름이다. 그러나 이 말이 정치라는 단어에 가서 붙으면 그만 숨이 막혀버린다. 14대 총선을 딱 열흘 남긴 지금은 더욱 그렇다.

이제까지와는 달리 대통령선거보다 먼저 치러지는 이번의 선거 는 앞으로의 권력구조를 결정하는 데 절대적 영향을 끼칠 것이므로 여당도 야당도 필사적인 싸움을 벌이고 있다.

국회의원은 지역의 대표인 동시에 헌법기관이며, 정치조직의 일원으로서 생산적인 정치를 하기 위한 집권을 최대의 목표로 삼는다. 그래서 유권자들은 총선에서 지역대표를 뽑는 동시에 이 시점에서 가장 좋은 정치를 할 수 있다고 보는 정당의 후보들에게 표를 던져야 하는 것이다. 그런데 이 단순한 논리가 우리 사회에서는 거의 철저히 외면당하고 있다. 후보자의 고향, 그가 속한 정당 지도자의 정치적 기반이 어느 지역인가에 따라 표가 몰려다닌다.

87년의 대통령선거 때도, 88년의 13대 총선 때도 그랬지만 선거가 '지역전쟁'으로 전락하는 현상은 요즈음 더 심각해졌다. 노태우 대통령의 대구·경북, 민자당 김영삼 대표의 부산·경남, 김종필 최고위원의 충청도, 민주당 김대중 대표의 호남은 이미 굳어진 정치적 기반인데, 한 사람이 더 뛰어들었다. 국민당의 정주영 대표가 바로 그 사람이다. 정주영씨는 엄밀히 말하면 지금은 북한 땅인 이북 강원도 출신인데, 지역감정의 무풍지대나 다름없던 강원도에서 바람을 일으키려 하고 있다.

비극이다. 정치를 파괴하고 민족공동체를 갈기갈기 찢는 행태가 여기서 어디까지 더 갈 것인가? 지역감정이라고 불리는 대중의 파괴적 정서가 어제오늘 생긴 것은 물론 아니다. 삼국시대에도, 왕씨와 이씨의 왕조 시대에도 지역 사이의 갈등과 권력의 차별정책은 있었다. 그러나 지금처럼 지역감정이 권력의 향방을 결정하는 절대적 요인으로 작용하지는 않았다.

지역감정을 추악한 이데올로기로 만들고, 거기 업혀서 영구집권을 하려는 대중조작의 창시자가 박정희씨임은 말할 나위도 없다. 그는 1971년의 대통령선거 때 '전라도 사람이 대통령이 되면 경상도 사람들은 망한다'는 위기의식을 부추겨 표를 몰아 가졌다. 전두환씨와 노태우 대통령은 박정희씨보다도 훨씬 노골적으로 권력의 핵심부를 특정 지역 출신으로 구성했다. 지역문제 연구가 남영신 씨의 용어에 따르면 5공과 6공은 '지역패권주의' 정권이다. 5공 때는 고위관리의 43.6%가 영남 출신이었는데, 6공에 와서는 그 비율이 더 높아졌다.

대구·경북 출신이 권력의 정상을 독점한 세월이 30년이나 된 지금 영남의 부산·경남 지역에서는 "우리 고향 사람을 대통령으로"라는 구호가 호응을 받고 있다고 한다.

흔히 쓰이는 지역감정이라는 말은 80년대까지는 영남과 호남의 대립을 가리키다가 이제는 호남 대 비호남 또는 경상도, 전라도, 충청도, 강원도가 어지럽게 벌이는 정치적 대결을 표현하는 말이 되어버렸다.

우리 겨레의 처음이자 마지막 과업은 민주화와 통일이다. 그러나 남한사회에서 지역간의 통일과 화합도 이루지 못하면서 남과 북의 통일을 말할 수 있겠는가? 민자당 정권과 언론이 정치적으로 악용하는 지역문제의 본질을 명확히 파악하지 못하면 그들에게 언제까지나 속을 수밖에 없다.

지역모순은 경상도 민중과 전라도 민중 사이의 감정적 대립에서 나오지 않는다. 경상도가 역대의 군사정권 아래서 상대적으로 혜택을 더 받았지만, 특권층은 소수에 지나지 않는다. 호남, 특히 광주에서는 80년 5월 이른바 신군부의 학살부대에 죽음을 당한 사람이 수백명이었다. 바로 그 얼굴들이 지금도 권력을 잡고 지역패권주의로 치닫고 있는 현실을 뜻있는 호남의 대중이 용납할 수는 없을 것이다. 그래서 그들은 이런 정권을 청산하기 위한 정치적 대안을 찾고 있는 것이다.

오늘날 지역모순은 창으로 뚫을 수 없는 방패처럼, 방패로 막을 수 없는 창처럼 굳어져 있다. 이 모순을 깰 주체는 정치인들이 아

니라 그 피해자인 민중이다. 그러므로 지역패권주의와 분열정책을
깨려면 유권자들은 "당신의 고향은 어디입니까?"라고 묻지 말고
"당신은 어떤 정치를 하겠습니까?"라고 따져야 한다.

———— 1992년 3월 · 한겨레신문

# 휘영청 밝은 한가위 달 아래

1950년의 추석은 양력으로 9월 26일이었다. 그해 6월 25일에 시작된 전쟁은 기나긴 여름을 넘기고 가을에 들어 국군과 유엔군의 반격이라는 국면에 접어들고 있었다. 전쟁의 참화에는 아랑곳없이 한가위 명절은 찾아와, 굶주림에 지쳐 눈이 푹 꺼져버린 우리 마을 사람들은 신주단지처럼 모셔둔 돗박쌀로 송편을 빚으려고 산에 올라 솔잎들을 따고 있었다. 그때 세는 나이로 일곱살이던 나는 석 달이 넘도록 주린 배를 제대로 채우지 못해 허기가 질 대로 져 있어서 할머니의 손을 잡고 산등성이를 오르는데 다리가 후들후들 떨렸다. 그래도 신바람이 절로 났다. 내일은 추석이니 흰 쌀밥에 고기 한 점이라도 얻어먹을 수 있지 않은가.

우리 겨레가 조상을 섬기는 마음은 참으로 눈물겹게 갸륵한 바 있어서 한가위 전날에 마을의 골목은 전을 부치고 송편을 빚는 집집에서 흘러나오는 은은하고 구수한 냄새로 가득 찼다. 그들은 조상의 차례상에 올리려고, 전쟁통에도 뒤란 깊이 쌀을 몇됫박씩 묻어두었던 것이다. 가끔 제트비행기가 쌕쌕 소리를 내며 북녘 어딘가로 사냥감을 찾아 달려가는 하늘에는 휘영청 밝은 한가위 달이 구름을 타고 흐르고 있었다.

날이 밝아 추석날, 마을 아이들은 모처럼 배를 잔뜩 채우고는 숨을 식식거리며 뒤뚱거리는 걸음으로 큰길로 모여들었다. 주린 배는 채웠지만, 입성은 때에 전 무명옷 아니면 삼베옷이었고 신발은 바닥이 닳고 코가 떨어져 발가락이 비어져나오는 볼썽사나운 것이었다.

우리는 1951년에 국민학교에 들어갔다. 미군의 폭격이 얼마나 심했던지 학교 건물은 절반 이상이 날아가버렸고, 뼈대만 남은 교실에는 유리창 같은 것은 아예 없어서 가마니로 막은 교실 안에서 추운 겨울에도 날바닥에 앉아 '공부'를 했다. 전쟁이 끝나고 다시 한가위가 어김없이 돌아왔다. 명절을 쇠고 나면 아무리 가난한 집이라도 며칠 동안은 부침개나 고깃조각이 남아 있게 마련이다. 그런데 추석이 지난 어느 날, 점심시간이 지나고 수업이 시작되려는 참이었다. 학교에서 멀지 않은 곳에 사는 아이들은 집에 가서 점심을 먹고 오는 것이 관행이었다. 막 분필을 집어든 선생님이 한 아이를 보더니 얼굴이 새파랗게 질렸다. 그 아이의 얼굴은 벌겋다 못해 거무튀튀했다. 선생님은 그 아이를 앞으로 불러냈다. "너 술 마셨지?" 아이는 아무런 대답도 못했다. 겨우 3학년밖에 안 된 녀석이 술을 마시다니! 그 아이가 엄한 벌을 받았음은 물론이다. 그러나 진상은 며칠 뒤에 같은 마을에 사는 아이를 통해 밝혀졌다. 그 소년의 부모는 추석 뒷물에도 점심 끼니를 때울 수가 없어서 양조장에서 얻어온 술지게미로 주린 배를 채운 것이었다.

오늘 이 이야기를 듣는 어른들은 감회가 깊을 것이다. "그래, 그

때는 정말 춥고 배고팠지. 지금은 얼마나 행복한가.” “그러니 전쟁
이 다시는 없어야 돼요. 또 난리가 날 수도 있다면 나는 아예 이민
을 가버리겠어요.” 이렇게 말하는 사람들도 있을 것이다.

세상은 그때에 비하면 참으로 많이도 변했다. 서울의 이름난 백
화점에 가보면, 산해진미에 호화로운 옷이 넘쳐흐른다. 비까번쩍
하는 외국산 승용차를 타고 몇백만원짜리 핸드백을 든 여인들이
10만원권 수표를 뭉턱뭉턱 꺼내어 물건을 한아름씩 사들고 유유히
백화점을 나선다. 그렇게까지는 잘살지 못해도, ‘중산층’ 이상이라
는 소리를 듣는 정도의 사람들은 국산 자동차를 타고 갈비짝과 양
주를 사러 가는 일이 그리 부담스럽지 않다. 대단한 변화라고 할
수밖에 없다.

물질적 풍요를 애써 삐딱하게만 볼 일은 아니다. 그러나 1989년
의 이 흥청거리는 추석, 휴일이 닷새나 이어져 황금이라는 수식어
보다는 다이아몬드라는 말로 장식을 해야 할 이 한가위는 참으로
많은 것을 생각하게 한다. 저 거리를 메운 자동차들, 선물꾸러미
를 들고 어디론가 부지런히 달려가는 사람의 무리는 진정으로 ‘행
복한’ 사회의 얼굴인가? 이 물음에 선뜻 수긍할 수 없는 데에 우
리 사회의 불행과 모순이 뒤엉켜 있다.

정부의 통계에 따르면, 우리나라의 국민소득은 64년의 102달러
를 시작으로, 77년에 1007달러를 넘어 지난해에 3098달러에 이르
렀고, 올해에는 4000달러를 넘어서리라고 한다. 통계의 장난이나
마술을 고려해도 대단한 성장임에 틀림없다. 그러나 이 통계숫자
는 가난한 사람들의 한가위를 더욱 우울하게 만든다. 대도시의 주
민 가운데 열에 여섯은 남의집살이를 하고 있고, 그중에는 단칸방
에 일고여덟 식구가 새우잠이나 칼잠을 자야 하는 사람들도 많다.
물론 그들이 추석에 밥을 굶는 것은 아니다. 그러나 흰 쌀밥에 고

깃국을 먹어도 그들의 배는 부르지 않다. 뼈가 삭고 등이 휘도록 일해도 10평짜리 아파트 한 채 살 날은 보이지 않는다. 절대적 빈곤은 많이 사그라들었으나 상대적 빈곤의 골은 더 깊고 넓게 파였다.

1950년의 맑고 밝던 달로부터 꼭 마흔번째의 한가위 달을 본다. 그때는 모두가 허기져서 '평등한' 절망감을 안고 바라보던 저 달이 오늘은 어떤 이들에게는 기름지고 넉넉한 달로, 어떤 사람들에게는 원망스럽고 짜증나는 달로 떠올라 있다. 저 달이 한 겨레의 구성원 모두에게 밝고 명랑한 달로 비칠 날은 언제인가?

―― 1989년 9월 · 한겨레신문

# 새해에는 화엄의 바다로

올해는 우리 겨레가 일본 제국주의의 식민지배에서 벗어난 지 꼭 쉰 돌이 되는 해이다. 어느새 반세기가 지나가버린 것이다. '어느 새'라고 말하는 것은 우리 할머니 할아버지 들이 새파란 청춘으로 '해방 만세'를 외친 지 50년이 지났는데도 두 동강이 난 국토가 아직도 하나가 되지 못함을 통탄하는 뜻을 담고 있다.

1944년에 태어난 나는 8·15의 감격을 알지 못한다. 그날 나는 걸음마를 할까말까 한 아기였다. 그래서 나는 그 유명한 사진들을 통해 그날의 감격과 환희를 체험할 수밖에 없다. 서대문형무소 문이 활짝 열려 그 안에 갇혀 있던 독립투사들이 밝은 세상으로 달려 나오고, 종로도 광화문도 남대문도 동대문도 얼싸안고 눈물을 흘리는 조선 사람들로 가득 찬 광경을 보여주는 사진들. 그때 20대였던 우리 어머니는 이제 일흔을 넘긴 노인이 되었고, 할아버지 할머니와 아버지는 세상을 떠난 지 오래되었다.

'왜놈들만 물러가면 우리 겨레끼리 오순도순 행복하게 살 수 있을 텐데⋯⋯' 그렇게 순진한 기대를 가졌던 백성의 꿈은 감격의 그날 뒤 하루하루가 흘러갈수록 실망과 낙담으로 바뀌었다. 제 힘으로 이룬 해방이 아니라 남의 나라 군대가 일본을 몰아내고 가져다 준 겉치레만의 '독립'이 그런 길을 걸을 것은 처음부터 분명했다. 이렇게 아픈 역사적 사실을 인정한다 하더라도 아직까지 우리가 진정한 해방과 독립을 이루지 못한 것을 변명만 할 수는 없다. 세계 최후의 분단국가라는 오명은 그래서 새해 첫날 우리를 더욱 부끄럽게 한다.

우리 겨레치고 통일을 바라지 않는 사람은 없을 것이다. 통일이 되면 지금 누리는 온갖 특권과 혜택을 잃을 것이 뻔한 기득권 세력도 입으로는 통일은 반드시 이루어져야 한다고 말한다. '통일' 소리만 해도 불순분자로 몰리던 이승만 정권 때나 평화공존을 '적화통일에 대한 동조'로 보던 박정희 정권 시절과 달라서 지금은 누구나 통일을 말하고 그 방법을 주장할 수 있다. 그런데도 통일은 사막 저편 하늘에 떠 있는 신기루처럼, 먼 산에 걸린 무지개처럼 우리 겨레에게 다가오지 않는다.

왜 그럴까? 남과 북 모두에서 권력이 그 오랜 세월 동안 통일을 위해서는 무엇이든지 버리겠다는 각오를 하지 않았고, 민중은 그들대로 통일을 주체적으로 이루어낼 역량을 갖추지 못했기 때문이다.

정치체제의 민주화와 민족의 통일을 위해 헌신적으로 일해온 재야인사들은 여러 해 전부터 1995년을 통일 원년으로 만들자는 운동을 벌여왔다. 특히 지난해 1월 18일 세상을 떠난 문익환 목사가 그 운동에 앞장섰는데 그는 통일의 캄캄한 길에 횃불만 높이 올린 채 동지들의 곁에서 멀어져갔다.

나는 불교계에서도 겨레의 하나됨을 위해 통일불사에 힘을 쏟아
온 분들이 많음을 알고 있다. 이름이 알려진 스님들은 물론이고 풀
잎처럼 사는 우바이·우바새 속에도 그런 일꾼들이 많을 것이다.
우리나라 불교의 가장 큰 집안인 조계종은 지난해에 역사적인 개혁
과 쇄신의 길에 들어섰기 때문에 새해에는 민족의 앞날을 밝게 하
는 작업에도 관심을 많이 기울일 것이라고 기대한다.

어느 시인의 표현이라고 기억하는데, 나는 '화엄의 바다'라는 말
을 아주 좋아한다. 부처님의 넓고 깊은 가르침을 한마디로 줄이는
데 이보다 더 적절한 말이 없을 듯하다. 특히 민족통일과 불교를
생각할 때 나는 화엄의 바다로 나아가는 길이 곧 하나됨이라고 믿
는다.

한반도의 통일이 독일의 그것처럼 한쪽이 다른 쪽을 흡수하는 방
식으로 될 수 없음은 물론이다. 서독과 동독은 남북한처럼 분단의
장벽을 사이에 두고 대립한 것이 사실이지만 오랜 기간 서독의 텔
레비전이 동독으로 전해지고, 서독 국민학교의 교과서에 맑스레닌
주의의 뼈대가 소개되는 것 같은 열린 교육을 통해 서로를 이해하
는 길을 걸어왔다. 그리고 경제적으로 절대적 우위에 있는 서독이
동독을 흡수한 뒤에도 갖은 어려움을 겪으면서 동독의 체제를 동화
시키려는 노력을 기울였다. 그러나 가상해서 한반도에서 남한이
북한을 흡수통일한다고 볼 때, 서독 국민총생산의 6분의 1밖에 안
되는 남한이 북한을 자본주의 체제로 전환시키는 일은 불가능할 뿐
아니라 50년 동안 김일성 주석 체제에서 단 하나의 사상 아래 살아
온 북한 주민들을 남한의 자본주의에 복속시키는 작업도 쉽지가 않
을 것이다.

바로 이런 한반도의 특수한 조건 때문에 통일은 한쪽이 다른 쪽
을 일방적으로 굴복시키거나 흡수하는 방식으로는 이루어질 수 없

다고 본다. 이런 점에서 나는 화엄의 바다를 생각한다.

흔히 서양에서 들어온 종교들은 자기의 신과 신앙만이 절대적이라고 주장한다. 우리의 신만이 영생과 구원을 보장한다는 것이다. 이런 믿음 때문에 지난 2000여 년 동안 서양의 제국들이 국교로 삼은 종교는 배타적 태도로 일관해왔다. 그런 신앙은 다른 믿음을 가진 민족이나 지역을 상대로 한 전쟁을 유발하기 일쑤였다.

부처님의 가르침은 이 점에서 크게 다르다. 석가모니는 "나만이, 또는 나의 사상과 이념만이 절대로 옳고 남의 것은 그르다"고 설법하지 않았다. 석가의 이런 철학은 "누구나 제 안에 불성을 가지고 있다"는 깨달음을 불자들 사이에 일으켰고, 모든 사상과 이념을 화엄의 바다에 포용하는 불교정신의 바탕이 되었다.

남북을 통일하려 할 때, 나아가서 남북이 통일의 길에 들어선 단계를 가정할 때 벌어질 일들을 생각해보자. 남쪽의 사상이 북쪽을 향해 "이제 너희는 우리의 체제와 종교만을 받아들여야 한다"거나 "너희의 생활방식을 모두 버리고 자본주의 세계에서 살라"고 한다면 그것이 이질적 세계에서 반세기나 살아온 동포들에게 어떻게 받아들여지겠는가? 북쪽 사람들이 비슷한 주장을 해도 마찬가지일 것이다.

같은 뿌리를 가진 민족이 50년 동안 갈라져 살았다면 정치체제는 물론이고 문화적 토양이 크게 달라져서 동질성을 되찾는 데 기나긴 시간이 걸릴 것이다. 그때 필요한 것은 '7·4남북공동성명'의 정신인데, 이것을 한마디로 말하면 화엄의 바다를 펼치는 일이다. 아집과 독선을 버리고 서로를 이해하고 상대의 존재를 인정하자는 것이다.

통일의 길에 들어서면 더할 나위 없이 행복하겠지만, 통일로 다가가는 준비단계에서도 우리는 언제나 화엄의 바다 위를 항해하듯

열린 마음으로 나아가야 할 것이다.

　불자들은 화엄 하면 만행(萬行) 만덕(萬德)과 대방불경(大方佛
經)을 연상할 것이다. 고백하지만 나는 불교에 등록한 신자는 아
니다. 그러나 적어도 우리 겨레의 오늘과 앞날을 생각하면서 나는
화엄경의 가르침을 따를 각오가 되어 있다고 약속할 수 있다.

──1995년 1월·대중불교

아픈 다리 서로 기대며 ⓒ 김종철 1995

1995년 2월 25일 초판 발행
1995년 3월 20일 2쇄 발행

지은이 김 종 철
펴낸이 김 윤 수
펴낸곳 (주)창작과비평사

121-070 서울 마포구 용강동 50-1
전화 718-0541 · 0542 (영업)
718-0543 · 0544 (편집)
716-7876 · 7877 (독자관리)
FAX. 713-2403
지로번호 3002568
대체구좌 010041-31-0518274
등록 1986. 8. 5 제10-145호
조판 동국전산주식회사/인쇄 경문인쇄

ISBN 89-364-7021-3 03300 값 7,000원